双面诡臣
和珅传

吕志勇 著

华中科技大学出版社
http://www.hustp.com
中国·武汉

图书在版编目(CIP)数据

双面诡臣：和珅传/吕志勇 著．— 武汉：华中科技大学出版社，2017.2（2022.3重印）
ISBN 978-7-5680-2309-2

Ⅰ．①双… Ⅱ．①吕… Ⅲ．①和珅(1750~1799)-传记 Ⅳ．①K827=49

中国版本图书馆 CIP 数据核字(2016)第 258782 号

双面诡臣：和珅传　　　　　　　　　　　　　　　　　吕志勇　著
Shuangmian Guichen：Heshen Zhuan

策划编辑：亢博剑
责任编辑：黄　验
封面设计：刘红刚
责任校对：张　琳
责任监印：张贵君

出版发行：华中科技大学出版社(中国·武汉)　　　电话：(027) 81321913
　　　　　武汉市东湖新技术开发区华工科技园　　　邮编：430223

印　　刷：天津中印联印务有限公司
开　　本：710mm×1000mm　1/16
印　　张：16.5
字　　数：274 千字
版　　次：2017 年 2 月第 1 版第 1 次印刷　2022 年 3 月第 1 版第 8 次印刷
定　　价：38.00 元

本书若有印装质量问题，请向出版社营销中心调换
全国免费服务热线：400-6679-118　　竭诚为您服务
版权所有　侵权必究

【序　言】

近年来，随着一些影视剧的热播，清代权臣和珅逐渐为世人所熟知。作为历史上的大贪官，和珅在他生活的那个时代可谓显赫一时，风光无限。

和珅是满族人，出生于清朝乾隆年间，他自幼父母双亡，同弟弟和琳与继母相依为命，靠仅剩的家财艰难度日。大约10岁时，和珅被选入咸安官官学学习。苦读数年后，和珅学业有成，逐渐成长为一个文采斐然的学子。一个偶然的机会，他攀上了大学士冯英廉这个高枝，成了冯英廉的孙女婿，这对他日后的仕途产生了很大影响。婚后不久，和珅参加了科举考试，他志在必得，却意外落榜。可以说，科举不第是他一生的遗憾。由于屡试不中，他决定另辟蹊径，放弃科举，凭借冯英廉的关系，入官做了身份低微却有机会接近天子的侍卫。苦熬数年后，和珅凭借机敏应答乾隆偶然间的一句问话，深受赞许。经过一段时间的相处，乾隆觉得和珅是个人才，破格提拔他为户部侍郎。从一介侍卫到户部侍郎，受宠若惊的和珅从此正式步入仕途。不久，乾隆又将和珅升入军机处，任职军机处行走。初入官场的和珅诚惶诚恐，兢兢业业，还是颇为清廉的。乾隆对他的表现很满意，继续对他委以重任。而和珅第一次以权谋私是从户部侍郎任上开始的。他收受户部笔帖式安明的贿赂，利用职务之便巧妙周旋，助安明得到了户部司务一职。后来，安明因隐瞒父丧一事被朝廷问罪，乾隆以失察之罪警告和珅不要以身试法，但在敲打和珅的同时又决定继续重用和珅。基于和珅在户部的突出表现，数年后，乾隆任命和珅管理内务府相关事务。和珅受命后，妙招频出，努力为内务府开源，终于使原本债台高筑的内务府库逐渐充盈起来。与此同时，大量不义之财也源源不断地涌入和珅的口袋。和珅虽是个贪官，但他查起别的贪官来却毫不手软。在受命查办云贵总督李侍尧贪赃枉法一案时，和珅巧用计谋，重创李侍尧犯罪集团。不过，深明圣意的和珅知道乾隆并不想处死李侍尧，于是顺水推舟地为李侍尧减轻罪责。乾隆见和珅办事如此得力，从此更加宠信他。后来，甘肃捐监冒赈案案发，乾隆再次委派和珅前往甘肃肃贪，当时的案情盘根错节，涉案官员多如牛毛，整个甘肃官场从上到下沆瀣一气。几经周折，和珅才摸清甘肃官场的情况。出于贪官的本性，他在办案过程中仍不忘顺手牵羊，做一些损公肥私的事情。后来，和珅被任命为四库全书馆总裁，负责修典。在这期间，他无意中读到了尚属禁书的《石头记》（后改名为《红楼梦》），并认定这是一部旷世奇书，于是有意将其解禁。他煞费苦心地找到当时颇有名气的作家高鹗改编《石头记》，将书中违禁的内容剔除，终于使该书得以刊行于世，并广泛流传。

乾隆末期，清廷财政拮据，为摆脱经济困境，乾隆任命和珅为户部尚书，要求他厉行改革，开源节流。为了充盈国库，和珅竟推出议罪银制度。金钱作为一种赎罪的工具，开始披着合法的外衣招摇过市，各级官员通过交议罪银而免于刑罚。于是乎，吏治更加混乱，叛乱四起，乾隆赶紧叫停了这一制度。

和珅的儿子丰绅殷德长大后，乾隆将自己宠爱的十公主下嫁给丰绅殷德。从此，乾隆与和珅不仅是君臣，还成了儿女亲家。凭着这层关系，和珅独步乾隆朝二十余年，成为当时的第一权臣。朝中重臣福康安、阿桂等人多次上表弹劾和珅贪赃枉法，但乾隆有意庇护，使得和珅每每化险为夷。随着和珅在朝中的权力日隆，大小官员无不想方设法巴结和珅，和府门前终日车水马龙。与此同时，和珅也开始在全国各地大量培植亲信，结党营私，对愿意归附自己的官员予以照顾，而对不屑与自己为伍的清廉之士则必欲除之而后快。

　　作为中国历史上有名的贪官，和珅从不满足于贪污所得，他对敛财有着一种与生俱来的敏感，从不放过任何可以赚钱的商机。加上权力的庇护，不管做什么生意，他总能赚得盆满钵满。重臣阿桂去世后，和珅取代阿桂成为首席军机大臣，在朝中只手遮天、作威作福，他的身边也聚集了一批趋炎附势的奸猾之徒。然而，物极必反，和珅在达到人生的巅峰后，不可避免地要走下坡路了。乾隆在做了60年的皇帝后，毅然宣布退位，自为太上皇帝。不过，嘉庆即位之初，手中并没有实权，因为乾隆依然对权力恋恋不舍。和珅知道嘉庆对自己没有什么好感，决心最大限度地利用太上皇来打击他，同时穷尽各种政治手段为自己揽权。对此，嘉庆一时也无可奈何。四年后乾隆驾崩，嘉庆开始亲政，和珅嚣张跋扈的日子也就走到了尽头。乾隆刚刚去世，嘉庆便果断下令让和珅及其死党福长安为乾隆守灵，断绝他们与外界的联系，将和珅软禁起来。随后，嘉庆授意朝中忠义之士上表弹劾和珅，而和珅之前的党羽见和珅失势，纷纷响应，顺势上表弹劾和珅。在倒和珅的汹涌浪潮中，嘉庆下令将正为乾隆守灵的和珅逮捕入狱，同时罢免他在朝中的一切职务。很快，嘉庆将和珅所犯二十条罪状昭告天下，并命其自尽。"清朝第一大贪官"就此黯淡收场！和珅死后，嘉庆下令抄没其家产，而和珅的家产甚巨，普遍的说法是折合白银达10亿两！

权力是一把双刃剑，既可以给人带来荣光，也可以给人带来祸患。迷恋权力者，势必被权力所吞噬！

本书虽名为传记，但为了更好地描述和珅的各种事迹，采取的是《三国演义》"七分史实，三分虚构"的写法，对很多历史人物和事件进行了重新演绎，比如对国泰、成海、李侍尧、纪晓岚、和琳、福康安等人物及其生平，比如王锡侯案、徐述夔诗案、两淮盐引案、甘肃捐监冒赈案、马戛尔尼使团访华、台湾林爽文起义等历史事件，其中可能会有张冠李戴之"嫌疑"，望广大读者理解。

笔者纵览和珅一生，不由得感慨万千，特作诗一首，聊表心怀：

曲意知逢迎，承资遂跋扈。
家财徒万贯，白练赴黄泉。

目 录
Contents

第一章　失双亲少年老成 ················· 1

　　和珅是不幸的,因为他父母早亡;和珅也是幸运的,因为他的继母对他视如己出。作为福建副都统常保的儿子,和珅毫无悬念地就读于当时大清最好的学校——咸安宫官学,在这里,他遇到了两个对他早年生活影响极大的人,他们分别是老师吴省兰和大诗人袁枚。胸怀大志的少年和珅深受他们二人的赏识。

第二章　攀高枝科举落榜 ················· 9

　　作为咸安宫官学中的高材生,出类拔萃的少年和珅引起了一个人的注意——乾隆朝的大学士冯英廉。冯英廉官居一品,屡任朝廷要职,初次遇到和珅的时候,他时任刑部尚书。冯英廉虽然地位显贵,但家中人丁稀薄,仅有的一个儿子早亡,留下一个小孙女,后来成为和珅的结发妻子。

第三章　当侍卫曲线入仕 ······································· 16

科举落榜后，和珅进宫做了一名侍卫。皇宫侍卫虽然算不上什么好差事，但却有一个好处，可以经常见到皇上。与一般的侍卫不同，和珅的强项不是武功，而是文采。在机缘巧合之下，乾隆无意中与和珅说了几句话，并对和珅的表现印象深刻，随即提拔他为贴身侍卫。

第四章　沐皇恩平步青云 ······································· 28

乾隆晚年经常感到很无聊，身边的侍卫和太监大都没读过什么书，唯有和珅头脑灵活，又博学多才。于是，乾隆寂寞的时候总是把和珅叫来聊天解闷。慢慢地，乾隆发现和珅是个可造之材，让他当侍卫实在是太屈才了。

第五章　挟私怨弹劾海成 ······································· 39

清朝的文字狱影响广泛，满族入关后对汉人的思想钳制极为严格。时有江西文人王锡侯编了一本叫《字贯》的工具书，没想到正好赶上朝廷查缴禁书的运动，江西巡抚海成想借王锡侯案向朝廷表忠献媚。不曾想螳螂捕蝉，黄雀在后，在和珅的运作下，禁书作者王锡侯和江西巡抚海成被朝廷一并论罪。

第六章　匿父丧安明入罪 ······································· 51

和珅出任户部侍郎后，户部笔帖式安明拼命巴结和珅，和珅也对安明投桃报李，帮助他得到了户部司务一职。其实，安明原本就是户部司务，只因得罪户部尚书而被降为笔帖式，无奈之下，安明只能从笔帖式重新做起。如今二度出任户部司务，安明高兴不已，不料他在户部司务的板凳上还没坐热，老家便传来了父亲的死讯，纠结不已的安明决定铤而走险，对丧父一事匿而不报。

第七章　开财路执掌税关 …………………………… 64

和珅在户部当了几年差后，乾隆发现他是位理财能手，于是将内务府总管的职位授予他，委托他管理皇家财政。在清朝，皇家财政跟朝廷财政是分开的。由于乾隆好大喜功、挥霍无度，皇家财政濒临枯竭，和珅临危受命，接管内务府，为了使乾隆的手头宽裕一些，他频频出手，想方设法为内务府开源。

第八章　结朋党提携故旧 …………………………… 76

和珅在政坛上迅速蹿红后，身价也跟着水涨船高，成为很多人竞相巴结的对象。这些人最后也如愿以偿，获得连年升迁，这正应了一句老话："年年升迁有靠山，朝中无人难做官。"而和珅也深知建立官场人脉网络的重要性，在利益的驱使下，尽管聚集在他身边的多为贪慕钱财、虚荣势力的小人，但只要这些人能效忠于他，为他办事，他也就睁一只眼闭一只眼了。

第九章　下江南重提旧亲 …………………………… 90

乾隆想去江南游玩，朝中大臣皆表示反对，和珅却力排众议，促成了乾隆的江南之行。和珅随乾隆一起来到扬州时，两淮盐政殷勤接待。

和珅见扬州如此繁华，盐商生活奢侈，觉得两淮盐政平日给自己的进献有些寒酸，便想趁机敲他一笔。两淮盐政为此求助于自己的幕僚汪如龙，没想到汪如龙借机与和珅搭上了关系，把两淮盐政撇在一边。

第十章　查贪腐威逼利诱 ················· 100

作为乾隆朝重臣，云贵总督李侍尧向来不把和珅放在眼里，和珅因此怀恨在心，于是，暗中指使贵州按察使海宁上表弹劾李侍尧贪纵营私。乾隆随即派和珅赴云南查办李侍尧，此次和珅的办案才能得到了充分施展，李侍尧被连根拔起，不过乾隆并不想置优于办贡的李侍尧于死地。

第十一章　修典籍续梦红楼 ················· 113

盛世修典，和珅在担任四库全书馆总裁期间，无意中读到了四大名著之一的《红楼梦》。当时《红楼梦》被朝廷列为禁书，和珅是爱书之人，不想让《红楼梦》这本旷世奇书毁于襁褓之中，决定请人进行改编，修改书中违禁的内容，终于使《红楼梦》成功出版。

第十二章　千叟宴奉迎圣意 ················· 121

在乾隆七十大寿之际，和珅别出心裁地举办"千叟宴"为乾隆贺寿。在他的精心筹划下，"千叟宴"得以顺利进行，而且声势浩大、不同凡响。仅凭这一功劳，和珅就足以讨得乾隆的欢心。

第十三章　肃威刑甘肃反腐 …………………… 126

乾隆后期，陕甘地区大旱，朝廷无力救济，于是下令恢复原有的捐监制度，用捐监得来的粮食赈济灾民。甘肃的贪官们从中看到了机会，决定将捐监常态化，连续几年向朝廷谎报灾情，冒领赈灾粮食。东窗事发后，乾隆派和珅处理甘肃捐监冒赈案。

第十四章　弃国泰明哲保身 …………………… 140

在和珅的关照下，国泰从一个小小的县令一路升迁至山东巡抚。在山东巡抚任上，国泰露出了贪得无厌的真面目，但他在山东贪赃枉法的消息很快就传到了京城，乾隆派和珅与刘墉同赴山东查办国泰。关键时刻，和珅选择了明哲保身，又一次化险为夷。

第十五章　查疑案敲山震虎 …………………… 149

对待异己者，和珅从不手下留情。朝中重臣阿桂的门生海升杀妻一案，使和珅得到了一个绝佳的机会，既打击了纪晓岚，又向阿桂显示了威风。同时，为了在军机处站稳脚跟，他还极力拉拢福长安，以便与阿桂一派分庭抗礼。

第十六章　骋疆场和琳建功 …………………… 153

和珅的弟弟和琳也非等闲之辈，从咸安宫官学毕业后，他一直担任吏部笔帖式。和珅在朝中得势后，举荐和琳去军队里任职，后来和琳奉命转战四方，为大清立下了赫赫战功。

第十七章　平叛乱举荐有功 ………………… 165

在镇压台湾叛乱一事上,和珅举荐福康安可谓机关算尽:若福康安得胜回朝,他便可坐享举荐之功;若福康安败北,也能利用这个机会打击其嚣张气焰。事情的发展果然如和珅所料,福康安凯旋而归,而和珅因举荐有功,被封为三等忠襄伯。

第十八章　议罪银敛财有道 ………………… 170

到乾隆末期,康乾盛世已成强弩之末,朝廷财力衰竭。为了摆脱财政拮据的不利局面,乾隆问计于和珅,和珅作为户部尚书兼内务府大臣,解决财政问题是他义不容辞的责任。几经衡量,他推出了议罪银制度。

第十九章　逞主威刘全惊心 ………………… 179

和珅的管家刘全是个能力很强的多面手,在和珅府中的地位仅次于和珅,里里外外的大小事情,和珅都会征求他的意见,久而久之,刘全也变得骄横跋扈起来。监察御史曹锡宝看不惯刘全狐假虎威的丑恶嘴脸,暗中收集了一些刘全欺行霸市的证据,上表弹劾刘全。

第二十章　逐英使无意通商 ………………… 190

17世纪,欧洲发生了划时代的工业革命,而东方的中国正从极盛走向衰败。为了与清王朝建立外交关系,英国派了一个外交使团来中国参观访问，但仍然奉行闭关锁国政策的乾隆对英国根本不屑一顾。

第二十一章　结皇亲攀龙附凤 ……………… 197

和珅的儿子丰绅殷德也是一个青年才俊，乾隆慧眼独具，早早就将自己的女儿十公主许配给他。十公主16岁时，乾隆为他们举办了豪华的婚礼，这场政治联姻给和珅带来了巨大的荣耀。

第二十二章　除福崧党同伐异 ……………… 203

眼看乾隆已经行将就木，和珅不得不加快巩固自己在朝中的地位。由于浙江巡抚福崧不买他的账，和珅一心想除之而后快，于是让人注意搜集福崧的罪证，并借机栽赃。当乾隆下令彻查时，和珅趁机举荐自己的心腹庆桂为钦差大臣，前往浙江查办福崧。最终，福崧在未犯重罪的情况下，竟被置于死地。

第二十三章　贤妾多不负此生 ……………… 216

和珅家里的妻妾不仅个个貌美如花，而且多才多艺。除了结发妻子冯氏外，艳名和才名最为响亮的还有善于持家的长二姑和诗词文章俱佳的吴卿怜。

第二十四章　斗新君机关算尽 ……………… 225

在位60年的乾隆终于宣布退位，将皇帝的宝座让给嘉庆。但嘉庆正式登基为帝后，手中仍没有实权，由乾隆继续训政。和珅试着讨好新皇帝，不料嘉庆完全不买他的账，在这种情况下，和珅决定铤而走险，疏远嘉庆，甚至不惜借太上皇乾隆之手处处打击嘉庆。

第二十五章　旧主逝劫数难逃 …………………… 239

88岁的太上皇乾隆驾崩了，嘉庆决心彻底铲除和珅，他在第一时间命令和珅为乾隆守灵，借此将和珅软禁起来。随后，文武百官在嘉庆的授意下，纷纷上表弹劾和珅，很多原来依附和珅的大臣也主动与和珅划清界限，和珅在劫难逃。

第一章　失双亲少年老成

乾隆十五年（1750年）五月二十八日，和珅在北京西城区驴肉胡同东口（今北京西城区西四北头条胡同东口）出生，此时距清军入主中原已有百余年。和珅的父亲名叫常保，满族人，钮祜禄氏，在当时也算是有头有脸的人物。清军入关时，和珅的五世祖尼牙哈纳因军功被朝廷钦赐三等轻车都尉，这是一个三品爵位，可以世袭罔替。俗话说，虎父无犬子。常保大有先辈之风，他披坚执锐，冲锋陷阵，杀敌无数，被任命为福建副都统，官居二品。

然而，祸福相依，官运亨通的常保家中很快便遭遇了不幸。乾隆十八年（1753年）的一天，常保正在军中教演士卒，北京的快马带来丧报：和珅的母亲在生和珅的弟弟和琳时因难产而死，幸运的是，和琳安然降临人世。常保闻此噩耗，弃戎务于不顾，风驰电掣般赶回北京，他刚进家门，年仅3岁的和珅就扑入他的怀中，父子二人抱头痛哭。

中年丧妻乃人生一大不幸，常保虽然悲痛欲绝，但还是在半年后迎娶了吏部尚书伍弥泰的女儿，这位伍弥氏便是和珅、和琳兄弟的继母。常保因有军务在身，长期在福建戍边，和珅、和琳兄弟便与继母一起生活。

乾隆二十五年（1760年），不幸再次降临到和珅身上，他的父亲常保在福建因戎马倥偬、积劳成疾，不幸染病身亡。讣告一到，和珅与继母伍弥氏张皇失措，号啕大哭。紧接着，朝廷的恩旨也来了："朕得悉福建副都统常保将军以身殉职，不胜哀悼，敦请家中妻儿节哀顺变。为告慰常保将军在天之灵，朕特赐抚恤金5000两白银，已着户部拨给，钦此！"伍弥氏抹了两把眼泪，赶紧接旨谢恩。

伍弥氏的父亲伍弥泰得到消息后，忙前来探访，他对自己的女儿说："女儿呀，为父对不起你，没想到常保是个短命鬼，如今他撒手西去，留下和珅、和琳两个儿子，而你膝下又无子嗣，这个家不待也罢，以后为父再给你找个好人家改嫁算了。"

伍弥氏闻言正色道："父亲所言差矣，一日为妻，一世从夫，我生是常保家的人，死是常保家的鬼。我虽然没有生育，但和珅、和琳兄弟二人视我为生母，两个孩子十分可爱，我也将他们兄弟二人视如己出。"伍弥泰见女儿心意已决，也只能由她去了。（一说伍弥氏不能善待和珅兄弟，只顾争夺家产，导致和珅兄弟从小缺爱、生活困窘。）

伍弥泰刚走不久，和珅的舅父明保也来了，他在常保灵前拜祭一番后，与伍弥氏聊了几句便打算告辞。临走时，明保将和琳抱在怀里，和颜悦色地对和珅说："和珅，你以后要好好照顾弟弟，帮你额娘料理家事，最重要的是要努力学习，将来考取功名，光耀门楣。"和珅点点头说："舅舅放心，我记下了。"

常保在世时曾给和珅兄弟聘请坐馆先生，和珅4岁起便在家馆中学习四书五经、诸子百家。坐馆先生名叫张宏，三十来岁，是一个秀才，博学广闻，也是和珅的启蒙老师。

当时和珅家中有一管家名叫刘全，比和珅大十来岁。常保死后，刘全继续留下来打理家中事务。伍弥氏对刘全很是看重，觉得他为人敦厚老实，值得信赖。自从常保去世后，和珅也一口一个刘叔叫得刘全心里乐开了花，觉得自己虽为家奴，倒也颇受主家尊重，干活也就更加卖力了。

常保为官清廉，没有留下多少财产，家中唯一值钱的是位于河北保定的一块官封地，有100多亩（一说1500亩）。另外，常保死后，朝廷给了5000两白银的抚恤金——只要和珅一家不挥霍无度，这笔钱倒是可以保证他们在很长一段时间内衣食无忧。

伍弥氏还算是持家有道，自从丈夫亡故后，为避免坐吃山空，她主动削减了自己的衣装钱,穿着打扮都很朴素;她还精简府中人员,辞退了10余名仆从和杂役。对于和珅、和琳兄弟,她更是言传身教、悉心照料,非常重视他们的教育问题,时常要求家中的坐馆先生要严加管教。

一天,和珅、和琳兄弟觉得烦闷,在征得伍弥氏同意后便外出郊游去了。伍弥氏趁机设宴款待家中的坐馆先生张宏,席间她问道:"张先生,我这两个儿子如何?"张宏说:"回夫人,两位少爷悟性极高,甚是聪颖,有朝一日定可金榜题名,光宗耀祖。"伍弥氏也粗通文墨,便细问道:"何以见得?"张宏说:"大少爷记忆力惊人,经常过目成诵;二少爷也很刻苦用功,不输其兄。"伍弥氏闻言十分高兴,又问:"他们兄弟平日都喜欢哪些科目?"张宏说:"大少爷喜读诗词,二少爷好看兵书,都是手不释卷。"伍弥氏说:"张先生,我这两个儿子能否顺利考入咸安宫官学就全看你的啦。"张宏说:"夫人尽管放心,以二位公子的才华,进入咸安宫官学并非难事。"

果不其然,大约10岁这年,和珅与和琳被选入咸安宫官学(一说常保去世前将其送入),开始接受正式的官学教育。

咸安宫官学最早由雍正皇帝建立,是一所名副其实的贵族学校,为教育内务府三旗子弟及景山官学中的优秀者而开设。原址在寿康宫后长庚门内,乾隆十六年(1751年)改建咸安宫为寿安宫,咸安宫官学移至西华门内旧尚衣监,乾隆二十五年(1760年)复移于器皿库之西,共有房27楹,东向(今建筑无存)。

咸安宫官学的学生由清一色的满族官员后代组成,汉人子弟无论家世多么显赫都无法进入,因此,咸安宫官学中的学生均为旗人。雍、乾两代,这里走出了包括和珅在内的很多达官显要,深受清朝统治者的重视。咸安宫官学的任教老师大部分是翰林,至少也得是进士、举人出身,还有少数名满海内的饱学之士,比如后来成为和珅恩师的吴省兰。

吴省兰,字泉之,举人出身,先考取咸安宫官学教习的职位,后升任国子监助教。吴省兰在担任咸安宫官学教习的时候,与和珅的舅父伍弥乌逊交好，经常一起谈诗作对。后来，经伍弥乌逊介绍，吴省兰成了和珅的老师。

咸安宫官学开设文武两科，武科设有骑马、射箭、摔跤、火器操作等课程；文科则设有四书五经等儒学经典，以及蒙文、藏文；另外，学校还非常重视培养学生的书法和绘画技能。朝廷每年都要对咸安宫官学的应届毕业生进行考核，对符合稽核要求的翘楚授予相应的官职。

和珅兄弟进入咸安宫官学后，伍弥氏感到自己的生活有了盼头：两个儿子日渐长大，以后出将入相，自己也算对得起亡夫的在天之灵了。和珅、和琳兄弟与伍弥氏关系也很融洽，尤其是和琳，刚出生就失去了生母，是伍弥氏一把屎一把尿地把他拉扯大，可谓母子情深。和珅对自己的生母倒是有些记忆，但见继母如此关爱自己与和琳，他也慢慢将伍弥氏视如生母一般爱戴。

一天，和珅正在家中闲逛，无意中听见管家刘全对伍弥氏说："夫人，老爷在世时将保定的100多亩官封地交给家奴赵青打理，命我纠察监督。没想到赵青忘恩负义，趁老爷去世中饱私囊，屡次以土地歉收为名克扣地租，今年所收地租有三分之二都进了他的腰包。我还听说他企图勾结当地官府私吞老爷地产，这可如何是好？"伍弥氏闻言大惊，怒道："赵青这狗奴才，老爷在世时，他像绵羊一样恭顺，如今老爷一走，他便如此欺负我孤儿寡母。待我亲自去河北一趟，了结此事。"

刘全正要回话，一直在门外偷听的和珅推门而入，愤愤地说："区区鼠辈，何须额娘亲自出马！我和刘叔一同前往，便能摆平此事。"伍弥氏犹豫道："你只是一个10岁的孩子，恐难成事。"和珅上前凑在伍弥氏耳畔低语数句，伍弥氏不觉笑逐颜开，转身对刘全说："我儿既肯与我分忧，就让他随你去一趟吧。"

当下，和珅与刘全辞别伍弥氏，两人同乘一马，快马加鞭赶往保定，直奔赵青家。赵青见刘全与和珅前来兴师问罪，不由得一阵慌张，但他转念一想：刘全不足为惧，和珅乳臭未干，能奈我何？于是，他慢慢镇定下来。双方礼毕坐定，和珅开门见山地说："赵叔，我此行别无他意,只希望你能悬崖勒马,回头是岸,只要你能服从刘叔的安排,你就仍然是这里的庄主。"赵青说:"我这个庄主是老爷在世时封的,与刘全有什么关系。少爷年幼,不谙世事,还是早点回去吧。"刘全闻言勃然大怒,上前揪住赵青的领口骂道:"你这狗奴才,竟敢对少爷如此无礼。"

和珅正要上前劝解,赵青已三拳两脚将刘全打倒在地,并大叫道:"快点滚回京师去。"赵青不容刘全与和珅争辩,怒气冲冲地将他们赶出大门,然后"咣当"一声将大门锁上了。

被轰出来后,刘全对和珅说:"少爷,赵青这厮如此蛮横无理,该怎么办呢?"和珅说:"刘叔不必急躁,我们到保定知府那里告他去。"和珅这边一告,赵青立马收到了消息。是夜,赵青带着100两银子,悄悄来到保定知府穆璇璋家中,见钱眼开的穆璇璋答应帮赵青摆平此事。

次日,穆璇璋升堂审案,和珅、刘全、赵青三人跪在堂下。穆璇璋说:"被告赵青,原告告你贪污主家地租,你可知罪?"赵青说:"知府大人,这完全是诬告,请知府大人为小人主持公道。"

只听惊堂木一响,穆璇璋问和珅道:"和珅,你可有证据?"和珅从容答道:"知府大人,小人乃咸安宫官学的学生,当今天子常御驾临校训导,皇上曾说,'我大清法度严明,如今天下承平日久,你们都是天子门生,将来出去外面,一定要代朕巡牧各处,不可使不法者逍遥法外。'"

穆璇璋不明就里,心中暗忖:这和珅是京城官学的学生,当今天子好为人师,经常躬临官学训导,今日此案若不秉公办理,他日可能乌纱帽不保。想到这里,他怒斥赵青道:"刁民赵青,贪污主家地租,今又行贿本府,意图不轨,罪加一等。来人啊,先将他押入大牢,再作处理。"和珅忙叩头道:"谢知府大人明断!"赵青害人终害己。

退堂后,刘全恭维和珅道:"少爷英明睿智,真是不简单啊!"和珅说:"刘叔,我思来想去,保定这块地与其交给不可靠的人打理,不如变卖掉,现在家里不太宽裕,正好救急。"刘全劝道:"少爷,这块封地是老爷留下来的遗产，今日草草变卖，恐怕别人会说你是败家子啊！"和珅反驳道："时也，势也。大丈夫能屈能伸，我与和琳将来当了大官，多置一些地产便是。"于是，和珅与刘全便在河北张榜卖地，保定知府穆琏璋以1000两银子的价格将这块地收入囊中。

家中棘手之事解决完毕，和珅也了了一桩心事。这以后，他在咸安宫官学中发奋攻读，还得了个外号叫"书蠹"，他的老师吴省兰看在眼里，喜在心头。吴省兰酷爱读《三国演义》，人送外号"三国先生"。和珅与吴省兰走得很近，耳濡目染，也对《三国演义》产生了浓厚的兴趣，师生俩经常在课后品评三国人物。

一天，吴省兰问和珅："和珅，你都喜欢《三国演义》中的哪些人物呢？"和珅回答说："我最喜欢孙策、孙权兄弟二人。"吴省兰说："为什么？"和珅说："孙策与孙权兄弟二人早年丧父，栖身于袁术帐下，袁术很喜欢孙策，经常对众将感叹道：'假如我有像孙策一般的儿子，死了也不会有什么遗憾了！'后来，孙策将其父孙坚留下的传国玉玺质押给袁术，换得三千精兵。从此，孙策如蛟龙入海，短短时间内就率兵征服了江东六郡八十一州，雄才大略与其父孙坚相比有过之而无不及。后来，孙策遇刺身亡，将江东基业传给弟弟孙权。孙权执掌江东后，招贤纳士，开疆拓土，通过赤壁之战大败曹操、荆州战役大败刘备，最终鼎定江南而成帝业。"吴省兰问道："孙策与孙权可谓虎兄豹弟，你与你弟弟和琳敢望其项背乎？"和珅谦虚地说："我与弟弟和琳能及孙氏兄弟一半足矣。"吴省兰说："你们兄弟将来如果真能出将入相，千万不要忘了老师今日的谆谆教导。"和珅说："一日为师，终身为父。我定当谨记先生的教诲。"

光阴似箭，岁月如梭，转眼间，和珅、和琳兄弟已经在咸安宫官学中学习了三年。这三年间，和珅好文，四书五经皆烂熟于心，诗词书法也颇有造诣；和琳尚武，好骑射，能百步穿杨。每天晚上回家后，和珅总会钻研一番蒙文和藏文，有一次恰好被伍弥氏撞见，伍弥氏颇感诧异，问道："你学这些民族的语言有用吗？"和珅回答道："额娘，我将来辅佐皇上治理天下，若能通晓其他民族的语言，定可胜人一筹。"伍弥氏听了，连连点头称是。

不久，和珅有幸与大诗人袁枚相遇，并得到其赋诗颂扬。

话说乾隆年间有两位文学大师，被时人称为"南袁北纪"，其中，"北纪"是指纪晓岚，"南袁"就是袁枚。袁枚与和珅的老师吴省兰有些交情，二人时有走动。和珅久闻袁枚大名，只是一直没有机会拜晤。

有一次，袁枚专程来北京探望吴省兰，见面后，吴省兰调侃他道："袁兄乃世外高人，日日巡游，真是让人羡慕！"袁枚说："为兄闲云野鹤惯了，怎比得上你在这官学中做老师来得惬意。"吴省兰叹道："你有所不知，这咸安宫官学中的学生多为八旗子弟，家中有世袭的爵位可以继承，个个牛气冲天，真心向学者寥寥无几。"袁枚好奇地问道："我知道你爱才，不知可有得意门生？"吴省兰沉吟片刻，说："要说门生，真正拿得出手的唯有和珅、和琳兄弟二人。"袁枚说："可领来与我一看。"

不多时，和珅、和琳便来了，兄弟二人见了袁枚，倒头便拜。和珅激动地说："学生久慕先生大名，如雷贯耳，今日一睹尊容，足慰生平渴仰之思，不胜荣幸！"袁枚定睛细看，只见和珅面如冠玉，身高八尺，仪表堂堂，英气逼人；再看和琳，外表略逊其兄，长得虎背熊腰，显然是个武将胚子。

袁枚看毕，对和珅兄弟说："自古成大事者皆有文韬武略，富有机谋，若只知咬文嚼字，只能算是书虫罢了。我今天不考你们诗词文章，但问你们古今兴衰。"和珅、和琳异口同声道："学生洗耳恭听，老师请讲！"袁枚说："隋文帝杨坚英明神武，荡平四海，一统华夏，开皇之治，盛世空前。隋炀帝杨广也是雄才大略，却为何十年而亡，天下易主？"和珅从容答道："学生以为，隋炀帝虽为雄主，更是暴君，他开运河，下江南，不恤民力；又穷兵黩武，征高丽、伐突厥，血肉捐于草野，百姓系于倒悬，故而天下分崩，四海沸腾，隋朝二世而亡。"

"好，说得好，鞭辟入里！"袁枚赞道，转而又问和琳，"和琳，我听说你喜读兵书,我且问你,《三国演义》里的将军,你最喜欢哪个?"和琳说:"我最喜欢姜维,他继承诸葛亮遗志,九伐中原,匡扶汉室,虽功败垂成,但其丹心永铸,堪为我等精忠报国之丰碑。"

袁枚听罢哈哈大笑,转身对吴省兰说:"你这两个学生果然见识非凡,异乎常人。拿笔来,我送他们两句诗。"吴省兰赶紧奉上笔墨纸砚,袁枚随即挥毫泼墨,写下两句:"擎天兼捧日,兄弟各平分。"

从诗中可以看出,袁枚当时已经看出和珅兄弟二人截然不同的性格,并据此预言了兄弟二人不同的前途。同时,我们也可以看出,和珅兄弟在咸阳宫官学学到了很多知识,这为他们日后的飞黄腾达奠定了坚实的基础。很快,大诗人袁枚为和珅、和琳兄弟题诗的佳话便在京城传开了,兄弟二人自此小有名气。

第二章　攀高枝科举落榜

咸安宫官学的几年求学生涯，使和珅初步具备了为官处世所必需的知识和能力，应该说是万事俱备，只欠东风了。就在这时，他幸运地遇到了生命中的第一位贵人，这个人就是冯英廉。和珅后来的飞黄腾达与冯英廉有着直接关系。

冯英廉，雍正年间中举，历任直隶总督、内阁大学士、户部尚书、刑部尚书等朝廷要职。和珅在咸安宫官学上学时，英廉担任刑部尚书，家大业大，怎奈家中人丁单薄，仅有的一个儿子也因为在地方官任上犯错误而被朝廷处死。他的儿子死后，儿媳没几年也死了，只留下一个孙女。每到夜深人静，英廉都忍不住仰天长叹："悠悠苍天，其奈我何！"冯夫人见英廉经常长吁短叹，便劝他招一个上门孙婿以延续冯家香火。

随着孙女一天天长大而自己日益老迈，英廉也觉得招孙婿之事不可再拖下去。他想过很多招孙婿的途径，比如抛绣球、比武招亲，但都觉得不太可行；随便找个其貌不扬、五大三粗、胸无点墨的纨绔子弟，他又觉得委屈了孙女。久闻咸安宫官学的学生都是人品、相貌、才学样样出众的精英，于是，英廉打定主意要在咸安宫官学物色孙婿。

一天，英廉早早回家，冯夫人见他一副怡然自得的样子，颇感诧异，便问道："老爷，今天撞上什么好事了？莫不是皇上又给你加官晋爵了？"英廉说："夫人，我这个岁数，对高官厚禄早就腻烦了，我想在咸安宫官学中为咱们孙女物色一个如意郎君，你觉得如何？"冯夫人说："咸安宫官学是京城名校，听说那里的学生个个仪表堂堂、学识渊博，但他们几乎都是满族高官的子弟，恐怕没有人会愿意入赘我们冯家来做上门孙婿。"英廉摇摇头说:"夫人有所不知,如今满人入主中原已经100多年,当今皇上常三令五申,号召满汉一家亲,我们家正好赶这个时髦。咸安宫官学里有个老师叫吴省兰,与我有些渊源,此事可托付于他。"冯夫人点头表示同意:"那老爷明天去咸安宫官学瞧瞧。"

次日,冯英廉备了厚礼,出门升轿,约两个时辰后,他的一品大轿在咸安宫官学门口缓缓停了下来。此时正是下课休息时间,学生们都在操场上嬉闹,英廉见这些学生一个个身材魁梧、眉清目秀、生龙活虎,心中大喜。

这时,吴省兰满脸堆笑地迎了上来:"尚书大人大驾光临,失迎,失迎!"英廉回过神来,笑道:"好久没与吴先生诗词酬唱了,心里痒得很,今天特来拜晤,略备薄礼,聊表敬意!"吴省兰说:"尚书大人日理万机,还想着我这个穷酸书生,吴某真是受宠若惊啊!"

随后,吴省兰带着英廉进入内室,他察言观色,试探道:"尚书大人此番亲自前来,定是有要事相嘱,请大人明示,吴某当殚精竭虑,绝不拂意。"英廉笑道:"看来什么都逃不过吴先生的法眼啊!实不相瞒,吴先生也曾到我府中做客,我偌大一个冯府人丁单薄,只有我这么一个糟老头子。我的儿子早亡,留下一个小孙女。不孝有三,无后为大,我怕百年之后无颜去见列祖列宗了。"吴省兰是个聪明人,马上听出了英廉的弦外之音:"尚书大人是想给您的孙女物色一个如意郎君吧?"英廉点头道:"正是,最好是能入赘冯家的。"吴省兰面露难色,说:"尚书大人您也知道,这里的学生大都出身于大富大贵之家,且多是八旗子弟,想让他们倒插门,恐怕难以办到啊!"英廉说:"咸安宫官学人才如过江之鲫,你仔细想想,有没有一些情况比较特殊的?"

吴省兰站起身来,徘徊良久,忽然想起了一个人:"尚书大人,说起来还真有这么一个好苗子。此人名叫和珅,其父常保在福建戍边时为国殉职,生母也早亡。家道中落后,和珅和他的弟弟由继母抚养长大。和珅相貌俊美,酷爱读书,可以说品学才貌兼具,虽有家传三等轻车都尉的爵位,但实际上没有多大的家庭背景,不像其他八旗子弟那样骄横跋扈。"英廉说："你把他叫过来，我看一下。"

少顷，吴省兰领着和珅进来，和珅进门便拜："学生和珅拜见尚书大人。"英廉见和珅长得浓眉大眼、身材修长，活脱脱一个美男子，心中一阵欢喜，对和珅说："和珅，听吴先生说你乃众学生中之翘楚，文理通达，尤其擅长书法与绘画，又通晓蒙文和藏文。我对蒙古文化颇感兴趣，家中有几本蒙文书籍，一直以来都想一读为快，只可惜无人翻译，现在想请你到我府中代为翻译，誊抄副本，不知你肯效力吗？"和珅说："承蒙尚书大人垂爱，学生愿效犬马之劳。"

从此，和珅拿到了冯府的通行证，每逢休息日，他便到冯府代为翻译、誊抄蒙文书籍。

英廉的孙女冯霁雯与和珅年纪相仿，长得倒也清丽可人。自打和珅出入冯府以来，冯霁雯便遵从英廉的安排，暗中观察和珅。某日，和珅走后，英廉叫来冯霁雯，问道："你觉得和珅这个人怎么样？能称你心否？"冯霁雯说："爷爷，我觉得他言谈举止甚是优雅，从他的眼睛可以看出他是个正人君子。"英廉笑道："那你言下之意就是欣赏和珅？你若如此确定自己的心意，我改日便向他表明此事。"冯霁雯未置可否，只是掩面而笑。

次日，和珅又来到冯府，英廉将他叫住，说："和珅，你今天不用去译书了，我有话问你。"英廉边说边将和珅带入后堂，和珅不明就里，问道："尚书大人叫学生过来，不知有何见教？"英廉也不拐弯抹角，直截了当地说："我欲将孙女冯霁雯许配于你，你可愿意？"

和珅闻言大喜过望。这些天来，他译书誊抄的时候，冯霁雯经常过来看望，殷勤相待，加上冯霁雯生得端庄秀丽，又是冯府千金，正值青春年华的和珅早就心猿意马了。他连忙扑通一声跪倒在地："爷爷在上，请受孙儿一拜。"英廉挥手道："你且慢拜，我想让你入赘冯府做我的上门孙婿。等我百年之后，所有财产尽归于你，你意下如何？"

和珅一听英廉想让自己倒插门，心里顿时凉了半截，他略作踌躇后回答说："儿女婚事，全凭父母做主，我本人虽有意，但不知母亲是否同意，请容我禀明母亲后再来答复。"英廉点头表示同意。

当天晚上，和珅从冯府回到家中，伍弥氏发现他有些心不在焉，便问道："看你有点心事重重的样子，是发生了什么事吗？"和珅说："额娘，我今天去冯府译书誊文，尚书大人说想让我入赘，做他的上门孙女婿。孩儿不敢擅自答应下来，请额娘做主。"伍弥氏说："你是家中长子，虽然家道中落，但也远非平民百姓可比。冯英廉是汉人，我们是满人，岂有满人入赘汉家之说？大丈夫何患无妻，此事万万不可！"和珅说："额娘，孩儿认为，大丈夫处世当从权变，现在我有上中下三策，请额娘定夺。"

伍弥氏点点头，示意他说下去。和珅侃侃而谈："下策呢，是坚决不入赘，彻底拒绝尚书大人的盛情；中策是无条件入赘，继承冯家的万贯家产；上策呢，就是折中一下，请求尚书大人将他的孙女下嫁于我，将来多生几个儿子，给冯府过继两个。额娘以为如何？"伍弥氏说："我儿心思缜密，依上策而行即可。"于是，和珅再次来到冯府，向英廉表明自己的意思，英廉慨然应允。

和珅正要叩谢，英廉话锋一转，对他说："我现在官居一品，将孙女下嫁于你，你好歹要有个爵位吧。听说你家有个三等轻车都尉的三品爵位，可以世袭罔替，你现在已经成年，去吏部承袭了祖上留下来的爵位后，再来冯府提亲吧。"和珅说："尚书大人所言甚是，我这就去办。"英廉笑道："你以后叫我爷爷便是。"和珅说："是，爷爷！和珅知道了。"

和珅从英廉府中出来，直奔吏部而去。到了吏部之后，他表明来意，没想到吏部官员表示："朝廷规定，凡是承袭祖上爵位者，一律缴纳袭爵税，由吏部代收后转交户部。一品爵位白银8000两，二品爵位白银5000两，三品爵位白银2000两。"

和珅碰了一鼻子灰，狼狈地回到家中与伍弥氏商议。伍弥氏为难地说："自你父亲去世后，我们孤儿寡母艰难维持，这2000两银子还真是一时无从筹措。现在只有两个人可以帮到你，一个是你舅舅明保，另一个是你外祖父嘉莫。你外祖父远在山东，舅舅明保则在天津，你可以先去他那里问问。"

和珅领了母命，风驰电掣般赶往舅舅明保家，表明来意："舅舅，我现在急需2000两银子，特来叨扰。"明保说："你家前两年借我1000两银子还没还呢，怎么又来开口？"和珅解释道："舅舅，刑部尚书冯英廉有意招我为孙婿，但有个条件，那就是在婚前必须承袭我祖上三等轻车都尉的爵位，但是我现在交不起袭爵税。"明保一听，痛快地答应下来。和珅感激地说："谢谢舅舅成全，他日我定当加倍奉还。"就这样，和珅从明保那里借了2000两银子，顺利承袭了父亲的爵位，然后托人去英廉府中提亲，一桩好事便水到渠成了。

乾隆三十三年（1768年），和珅18岁，顺利从咸安宫官学毕业。英廉兑现承诺，将自己17岁的孙女冯霁雯下嫁和珅，嫁妆一送就是2万两银子。两人大婚当日，驴肉胡同车水马龙，热闹非凡，参加婚礼的人多数是冲着英廉的面子来的。和珅逐个给来客敬酒，看着这一大群朝廷命官，他心中既欢喜又有些不是滋味。

不管怎样，迎娶冯霁雯使和珅一举成为朝廷一品大员的乘龙快婿，一时风光无限。

自与冯霁雯结婚以后，和珅暗下决心，一定要金榜题名，出人头地，为此他日日挑灯夜读，悬梁刺股，家人也对他抱着很大期望。

盼星星盼月亮，望眼欲穿的和珅终于迎来了京城的会试。乾隆三十四年（1769年），朝廷再次开科取士，全国各地考生云集北京，年龄从十几岁到六七十岁不等。憋了一肚子学问的和珅大有睥睨群雄的气势，他泰然自若地走进考场，打开考卷一看，考题正好是自己烂熟于心的两个典故，不由得心中暗喜，他不假思索，一挥而就，然后信心十足地走出考场。

回到家后，冯霁雯关切地询问考试情况，和珅笑道："金榜题名就在今朝。"管家刘全在门外听到此话，心想少爷此次必定高中，自己的好日子就要来了，他一时高兴，就在院子里手舞足蹈起来。

未等朝廷放榜，自鸣得意的和珅便在家中摆宴庆贺。和琳劝他说："哥哥，我们是不是有点高兴得太早了，万一……"和珅自信地说："弟勿多疑，舍我其谁？"

朝廷放榜后，和珅带着刘全兴冲冲地跑去看榜，可找来找去怎么也找不着他的名字。刘全急了："少爷，难道你落榜了不成？"和珅脑中一片空白，迈着沉重的步伐回到家中，把自己反锁在书房里，不见任何人，也不吃不喝，一待就是三天三夜。冯霁雯与伍弥氏好说歹说才把他劝出来。和珅伤心地说："我对不起你们，辜负了你们对我的殷切期望。"冯霁雯说："今年没考上，明年还可以再考，不必如此丧气，我们都支持你。"

几天后，和珅的舅父明保突然登门造访，他一见到和珅就单刀直入地说："听说你名落孙山啦？"和珅说："是的，我计划明年再考。"明保说："有钱能使鬼推磨，功名不考也罢，你干脆跟着我学做生意，开个当铺，我来帮你张罗。"和珅有些犹豫："这样一来，我十年寒窗苦读，岂不是付诸东流了？"明保说："朝廷不是鼓励捐官吗？等你挣了钱，买个官当不也一样吗？"

和珅觉得明保的话不无道理，而且开个当铺做买卖，家里也能多个收入来源。于是，他叫来刘全一起合计，紧接着便是选址、租门面，忙了数月后，和珅的第一家当铺便在北京东直门内开起来了。开业当天宾客盈门，唯独英廉没有露面，和珅心中有些忐忑，想当初自己颇受袁枚、吴省兰和英廉看重，现在却落得个混迹市井的尴尬局面，他心中不免有些酸楚。

不过，他的疑虑很快便被打消了。这天，冯霁雯从冯府探望祖父母回来后对和珅说："爷爷叫你过去一趟，好像有什么事情要跟你讲。"和珅不敢怠慢，连忙赶往冯府，一见英廉，他倒头便拜："孙儿不孝，多日未来探望，还请爷爷恕罪。"英廉说："你的当铺生意还好吗？"和珅说："尚可，多谢爷爷关心。"英廉说："我这个刑部尚书即将届满，想把你的当铺作为中转站，有人给我送礼时，我会让他们随便拿个物件去你那里当一下,你低价买入,当他们去赎取物件时,你尽管狮子大开口,明白了吗?"和珅点头道:"爷爷高明,孙儿谨遵爷爷吩咐。"

当时有个刑部司员一直想向冯英廉行贿以谋求升迁,英廉为他指点迷津,让他去和珅的当铺,如此这般行事即可。刑部司员会意,第二天便拿了一面铜镜来到和珅的当铺,指名要见和珅。早已得到消息的和珅将铜镜质下,随即取了50两银子给刑部司员。几天后,刑部司员带着50两黄金前来赎取铜镜,和珅毫不客气地收下了。

凡此种种,不胜枚举。后来,和珅自己官运亨通后也常常故伎重施,以当铺为幌子将权力变现。

第三章　当侍卫曲线入仕

当铺生意做得十分红火的和珅，内心实际上从未放弃对功名的追求。乾隆三十七年（1772年）正月，22岁的和珅略备薄礼，前往咸安宫官学拜访自己的恩师吴省兰。

双方寒暄一番后，吴省兰颇为感慨地说："你现在做了尚书大人的乘龙快婿，还能屈尊就驾前来探访为师，为师甚是感动！你上次科举不第，今后有何打算啊？"

和珅躬身道："学生愚钝，还请老师指点迷津。"

吴省兰说："当今天下承平日久，盛世下沉疴迭现，科场舞弊现象极为严重，很多不学无术的浪荡子弟托关系找门路，千方百计向主考官行贿。坊间传言很多考生将自己的名字巧妙地暗藏于科考文章之中，以方便阅卷官'按图索骥'。你这次落榜很有可能是因为不了解科场潜规则所致。以我对你的了解，你的文章才学虽然不足以问鼎前三甲，但中个十名开外的进士应该没问题。如果你明年还想继续考，当未雨绸缪，早做准备。"

和珅愤然道："大丈夫顶天立地，学生不愿用龌龊卑劣的手段去博取功名。敢问老师，当今之世，除科举之外还有哪些途径可以达到入仕的目的？"

吴省兰说："本朝曾有多名重臣起于皇家侍卫，如傅恒、索额图等，他们后来一鸣惊人，权倾朝野。你是满人，武功也不弱，若有机会进宫做侍卫，倒也不失为一个便利的晋升之阶。"

和珅一听有些犯难了："侍卫是武职，这样一来，我这么多年的书岂不是白读了？况且我不好武事，我弟弟和琳倒是可以。"

吴省兰说："侍卫虽是武职，但要想在众多侍卫中脱颖而出，还得靠真才实学。当今皇上爱才，经常邀请名人雅士一起诗词酬唱，而内廷侍卫多为胸无点墨的大老粗，你身在皇宫，若能找到适当的机会向当今皇上展示你的文韬武略，必能得到重用，做侍卫不过是你入仕的桥梁而已。"

和珅仍有些犹疑："大内侍卫虽说是满人优先，但以我这点功夫，恐怕难以入围。"

吴省兰提醒道："别忘了你现在的身份，你拥有三等轻车都尉的爵位，而且还是刑部尚书的孙女婿，尚书大人手眼通天，为你谋一个小小的宫廷侍卫之职，还不是轻而易举吗？"

听了吴省兰一席话，和珅顿觉受益匪浅，当即表示他日若遂凌云之志，定不忘恩师首功。

事不宜迟，和珅告别吴省兰后，径直来到冯府求见英廉，他开门见山地说："爷爷，孙儿实在惭愧，自从科举落榜之后，我每天在当铺里做生意，可这不是我真正想做的事。我现在正值大好年华，应该以博取功名为朝廷建功立业为己任，岂能沉湎于金山银堆之中醉生梦死？"英廉说："你才学出众，现在好好复习，待来年科考一举上榜入仕，也不算晚。"和珅说："孙儿自知并非才学卓绝之士，加之当今科场腐败，滥竽充数者甚多，科举入仕之途难有胜算，不如另辟蹊径。"

英廉是个聪明人，知道和珅心中已有主意，便示意他继续往下说。和珅也不含糊，直奔主题："咸安宫官学的吴省兰老师指点我去做皇宫侍卫，不知爷爷以为如何？"英廉说："皇宫侍卫听起来威风，实际上只是份低贱的差使，你真想做吗？"和珅说："皇宫侍卫虽不是什么好职位，却可以经常见到当今皇上，如果能博得皇上的赏识，也能成就一条入仕之道。"英廉终于明白了和珅的用意，问道："那你是想让我帮你谋个皇宫侍卫之职?"和珅说:"孙儿正是此意!倘若有朝一日孙儿能飞黄腾达,必会饮水思源,也算是没有辜负爷爷对我的知遇之恩。"英廉笑着应允了。

半个月后的一天,和珅正在家中读书,忽然接到一个通知,白纸黑字写着:"兹募满洲正红旗三等轻车都尉和珅为御前候补侍卫,一个月后正式入职。"顾名思义,御前候补侍卫是补缺的,因为皇宫大内的御前侍卫每年都有晋升、降职或退职的,所以,大内侍卫每年都会有新鲜血液注入,入职前须培训一段时间以熟悉宫内规矩,入职后随即转正。

一个月后,在冯英廉的保荐之下,和珅顺利成了御前侍卫。当和珅目睹皇家的气派和皇宫的森严时,内心不由震颤不已。不过,御前侍卫大多数只是站岗巡逻,偶尔跟着太监去外面宣旨,见皇上的机会是多,但很少有机会与皇上搭上话。

冬去春来,转眼五年时间又过去了,一天,和珅回到家中,和琳见他脸色不太好看,便在家中置酒与他谈心:"哥哥,我看你今日不太高兴,是不是遇到了什么麻烦?"和珅叹口气道:"唉!我这个御前侍卫也干了四五年了,皇上倒是见了几百次,但始终未能与皇上说上一句话,这熬到什么时候是个头啊?"和琳安慰道:"守得云开见月明,哥哥有经天纬地之才,早晚会得到皇上垂青的。"和珅点点头说:"你说得有理,天将降大任于斯人也,必先苦其心志,劳其筋骨。来,我们今晚不醉不休。"

说来也巧,就在和珅有些泄气的时候,机会便马上来了。第二天,久居皇宫的乾隆皇帝突发奇想,打算微服出访,去京城各处体察一下民情。和珅受命与另外两名侍卫一起保卫皇帝的安全。他心中暗忖:自己进宫做侍卫已经四五年了,难得与皇上同行,一定要好好把握这次难得的机会。

这次微服出巡一行四人,和珅假扮乾隆的儿子,另外两名武功高强的侍卫假扮随从;乾隆则脱下龙袍,摇身一变成了富商大贾。出访时间只有一天，他们打算早出晚归，时间安排很紧凑。上午，他们漫步于北京的大街小巷，乾隆见街上摊贩众多，外地游客如织，对和珅说："京城贸易繁盛，这是谁的功劳？"和珅回道："京城乃天子脚下，当然是皇上天恩，谁敢贪功？唐朝兴盛时，首都长安也不过如此。"

乾隆听了心里很高兴，一边走一边问和珅道："你入宫几年了？今年多大年纪？结婚没有？"和珅答道："皇上，奴才入宫5年了，今年26岁，18岁就结婚了，刑部尚书冯英廉是奴才的岳祖父。"乾隆又问："哦，你家是哪旗的？现居何处？"和珅说："奴才是正红旗人，现居驴肉胡同。"乾隆问："你的父亲是谁？"和珅说："奴才的父亲叫常保，曾任福建副都统。"乾隆说："常保这个名字朕好像有点印象，那你家祖上可有什么世袭爵位？"和珅说："蒙皇上隆恩，奴才家有个三等轻车都尉的世袭爵位。"……

和珅与乾隆并肩而行，边走边聊，不觉已到中午，该吃午饭了。他们一行四人走进一家山西面馆，乾隆说："今天朕请客，待会放开了吃，想吃什么菜随便点。"和珅说："皇上，奴才想跟皇上喝酒。"乾隆说："今天我不是皇上，而是你的父亲。"和珅笑道："奴才一时疏忽，忘了此事。父亲，您不想尝尝这坊间的美酒吗？"和珅一路与乾隆闲聊，已然放松下来，只见乾隆扭头对另外两名侍卫说："你们两个意下如何？难道就不怕喝酒误事？"那两个侍卫说："我等肩负重任，不敢擅饮。"和珅闻言大惊，立马回过神来，对乾隆说："奴才，不，孩儿一时贪杯，疏忽了，疏忽了！"乾隆板着面孔，不再和颜悦色，和珅吓得头上直冒冷汗，一顿饭吃得战战兢兢。

午饭过后，他们继续巡游。在一个胡同口，乾隆突然停下了脚步，和珅顺着乾隆的目光望去，只见不远处有几个乞丐。良久，乾隆才说："这些人有手有脚，为什么以行乞为生？"和珅说："值此太平盛世，皇上恩泽遍于天下，想来必是这几个乞丐好吃懒做，故而行乞。"

他们继续往前走，路过一家叫翠红楼的妓院，乾隆说："男盗女娼乃万古恶举,朕欲整治这种歪风邪气,你觉得如何?"和珅说:"皇上仁德,但此种风气古来有之,若想杜绝这一现象,恐怕不是短时间内可以办到的。"

不多时,他们又路过一家叫聚赌坊的赌场,只听得赌场中人声嘈杂,乾隆说:"赌博使人倾家荡产,朕想要禁赌,你以为如何?"和珅答道:"赌博虽然可恶,但这是人之本性,奴才没有听说过历朝历代有禁赌成功的。"乾隆闻言心中不悦,正色道:"朕以大义治天下,你每拂朕意,这是为什么?"和珅惶恐地说:"奴才说的都是心里话,请皇上恕罪!"旁边的两个侍卫见和珅遭斥,都一副幸灾乐祸的样子。

当天晚上,和珅满脸愁容地回到家中,他的夫人冯霁雯关切地问道:"老爷这是怎么了,跟丢了魂似的。"和珅垂头丧气地说:"夫人有所不知,今天我与皇上一起巡游京城来着。"冯霁雯说:"这是好事啊,那你为何闷闷不乐?"和珅懊恼地说:"皇上今天以黄赌之事询我,我据实回奏,哪知却拂了圣意,都怪我太老实了。"冯霁雯听了反而放下心来,说:"俗话说,当局者迷,旁观者清。依我看,皇上表面上对你不满,其实心里在称赞你是一个性情中人呢!"尽管如此,和珅内心仍忐忑不安,总担心遭到乾隆的责罚。

没想到事情果真如冯霁雯所言,回宫后,乾隆觉得和珅这个侍卫敢说真话,又勇于任事,次日便特批和珅为自己的贴身侍卫,常伴自己左右。这是和珅仕途中的一个关键转折点,从此他不再是普通侍卫,而是乾隆的贴身侍卫,可以常伴君侧,表现自己的机会也更多了。

一天,乾隆正在御花园散步,和珅紧随其后,突然,军机大臣董诰一脸焦急地小步跑来:"皇上,云南巡抚呈报,有缅甸要犯逃脱,据报系主要敌酋之一。"乾隆闻言勃然大怒,斥责道:"缅甸在明朝时曾为藩属。我大清入主中原后,无暇他顾,近年来缅甸内乱,我大清也没有乘虚而入,岂料新任缅甸国王登基后竟敢兴兵犯境,如今缅甸敌酋越狱,这是谁的过错?"董诰说:"典守者难辞其咎。"

这时，站在一旁的和珅突然自言自语道："这可真是'虎兕出于柙，龟玉毁于椟中'啊！"乾隆见和珅自说自话，怒道："你一个小小的侍卫，什么时候轮到你说话了？"和珅惶恐地回道："皇上恕罪，奴才刚才听董大人与皇上说缅甸要犯逃脱一事，心有所感，想起《论语》中的一个典故：'虎兕出于柙，龟玉毁于椟中。'"乾隆惊讶地说："你对《论语》中的典故倒是挺熟悉的，什么时候学的？"和珅说："皇上，奴才曾在咸安宫官学中读过几年，粗通文墨，今日有感而发，请皇上恕罪！"

乾隆见和珅不仅长得一表人才，还曾经是咸安宫官学的学生，有心考他一考，就让他说说《季氏将伐颛臾》这一章讲的什么意思。

这正是和珅梦寐以求的机会，他平日的刻苦攻读，此刻终于派上了用场。于是，他不慌不忙地说道："重教化，修文德以怀人，不然则国家分崩离析，祸起萧墙，此后圣人之见也。然，世易时移，如今之世，远方多顽固不化之人，仅以教化化之，不示之以威势，则反易生姜心。如此，于国于都，应首重教化，修文德以服人，使远者来之，来者安之，且加以威力，防微杜渐，不然，就真正是'虎兕出于柙，龟玉毁于椟中'了。"

董诰在一旁听着，忍不住对乾隆说："皇上，此人才思敏捷，又常伴皇上左右，将来可堪大用。"乾隆转而对和珅说："和珅，董大人夸你呢，看来让你当个侍卫真是屈才了。"和珅说："奴才得以日日侍奉皇上，天天沐浴皇恩足矣。"

董诰走后，乾隆问和珅："朕观你颇具才学，你认为缅甸可取否？"和珅回道："皇上，奴才以为，缅甸虽然是小国，但其风土人情与我国截然不同。奴才还听说缅甸境内有很多原始森林，大山之中瘴气密布，派大军进剿自可取胜，但若留兵据守，恐怕很难适应外邦风化。"乾隆又问："那你认为应当如何行事？"和珅说："奴才认为，对于缅甸这样的小国，应先肃威刑，派大军进剿；次举德政，使其感化，岁通朝贡即可。"乾隆点头道："嗯，孺子可用也。"

日益得到乾隆信任的和珅，前途一片光明，这时，他又迎来了人生中的一大喜事。乾隆四十年（1775年）正月十九日，结婚多年的和珅与冯霁雯终于迎来了他们的第一个儿子，和府上下一片喜气。英廉听说孙女生了儿子，立即升轿来到和珅家中探望，见到孩子时，他不禁喜极而泣，心中暗忖：不管这孩子跟谁姓，他的身体里毕竟也流淌着我冯家的血，冯家终于有后了。

英廉远道而来，和珅自然不敢怠慢，置下美酒佳肴盛情款待。双方酒至半酣，英廉问道："你进宫做侍卫也有些年头了，干得如何啊？"和珅说："有劳爷爷牵挂，我近来已成为皇上的贴身侍卫，不胜荣幸之至。"英廉说："皇上都跟你谈些什么话题呀？"和珅说："从日常小事到军国大事，无所不谈。"英廉高兴地说："果真如此，功名利禄指日可待。"当下二人把酒尽欢，气氛极为融洽。

孩子满月时，和珅的舅父明保等亲朋皆来道贺。和珅的老师吴省兰也从咸安宫官学赶过来，罢宴之后，和珅将吴省兰请到书房，感恩戴德地说："没有老师当年的谆谆教诲和苦心点拨，就没有学生的今日。现在我日日与皇上相伴，皇上对我甚是亲近，不愁将来没有前途。"

和珅说完倒头便拜，吴省兰急忙将他扶起，对他说："'师傅领进门，修行在个人。'这主要还是靠你自己的本事。不过，为了防止你得意忘形，我今天还得给你敲敲警钟。自古以来，伴君如伴虎，你在皇上身边当差，务必谨言慎行，切忌骄狂放纵，否则遗祸无穷。"和珅对此自然深有体会，点头说道："老师教训的是，不过当今皇上并不是只喜欢听阿谀奉承之词的昏君，他更喜欢敢于犯颜直谏的诤臣。我也正在慢慢了解皇上的脾性。"吴省兰说："不管怎样，你现在仍只是皇上身边的一个侍卫，自应小心为上。何时提拔重用你，皇上自有明断。傅恒大人、索额图大人皆出身侍卫，他们的经历可作为你的借鉴。"和珅十分感激地说："老师肺腑之言，学生定铭记于心。"

不过，和珅本是个机灵之人，善于把握乾隆的心理，总是顺着乾隆的心意说话，吴省兰的担忧似乎有些多余了。

一天，乾隆正在乾清宫批阅奏章，后宫忽然传来消息说：有一名宫女被惇妃打死了。惇妃是乾隆的宠妃，平日里恃宠而骄，动辄打骂太监和宫女。乾隆闻报马上带着和珅赶往惇妃寝宫，只见被打死的宫女躺在床上一动不动，裙摆上满是血迹。乾隆怒斥惇妃道："这是怎么回事？如实禀报！"

惇妃见乾隆龙颜大怒，支吾道："这宫女昨夜为臣妾奉茶时不慎将茶水泼到臣妾手上，烫伤了臣妾，臣妾一怒之下便命太监打了她50大板，不曾想她如此不经打，隔了一夜后竟然死了。请皇上恕罪！"乾隆听了更加恼怒，斥责道："这后宫的宫女都是朕从民间借来的秀女，你如此草菅人命，让朕如何向天下人交代！朕这次绝不饶你。"惇妃吓得跪倒在地，哭得梨花带雨："臣妾18岁入宫侍奉皇上，又为皇上生下了十公主，请皇上看在十公主的份上，饶了臣妾这一回。"

乾隆欲言又止。和珅一直侍立在旁，他知道惇妃很受皇上恩宠，十公主更是皇上的心头肉，显然乾隆不忍心严惩惇妃，于是，他察言观色，斗胆进言道："皇上息怒，奴才以为娘娘此次误伤宫女乃无心之过，若按照宫中法典将娘娘打入冷宫，处罚未免太重，可将娘娘由妃降为嫔，以观后效。"

乾隆听了和珅的话，心里终于松了一口气，暗暗庆幸自己找到了一个台阶下，否则非得将惇妃打入冷宫不可。他沉默半晌，斥责惇妃道："就依和珅之言，将你由惇妃降为惇嫔，你好自为之吧。"说完拂袖而去。和珅跟在后面，为自己刚才的表现得意不已。

无论是后宫琐事还是国家大事，和珅都时刻不忘抓住表现自己的每一个机会。

众所周知，清朝是中国封建社会中的最后一个王朝，而康乾盛世也被世人称为清王朝最鼎盛的时期，但身处盛世，乾隆也常常居安思危，深知盛极而衰的道理。

一天，轮到和珅值夜班，辗转难以入睡的乾隆将和珅叫进寝宫，对他说："朕今夜失眠，你陪朕说说话，一定要做到知无不言，言无不尽。"和珅受宠若惊,激动地说:"奴才遵旨。"

乾隆说:"朕已经做了40年皇帝了,先皇雍正帝和圣祖康熙帝皆勤政爱民,一开盛世图景。朕继位以来,数十年如一日,延续大清盛世,如今天下不敢说是路不拾遗、夜不闭户,起码可以说是百姓丰衣足食、安居乐业。朕自幼博览群书,深知历朝历代盛极而衰的铁律,想我大清恐怕也逃不过这一宿命。你曾是咸安宫官学中的学生,朕想听听你的意见。依你看,历代王朝的没落和覆灭都是因为什么?"

和珅对历史还算比较了解,他思考片刻,回答道:"水能载舟亦能覆舟,历代王朝的覆灭都是因为当政者横征暴敛,百姓无以为生,官逼民反,农民起义风起云涌所致。"

乾隆说:"朕对农民起义的话题颇有兴致,你不妨把你知道的历史上大规模的农民起义给朕一一道来。"

这自然难不倒和珅,他沉吟片刻,侃侃而谈:"那奴才就从秦朝末年的农民起义说起吧。秦朝末年,统治者穷奢极欲,暴虐无道,滥用民力,修长城使得无数民夫填于沟壑,建阿房宫和焚书坑儒等倒行逆施之举,使得天下惶惶不安,老百姓有倒悬之急,不堪重负者不得不啸聚山林,时有陈胜、吴广二人高举反秦义旗,天下沸腾,四方多有归附起义军者。短短时间内,农民起义军便发展到100多万人,分兵据守各地的秦军望风披靡,陈胜建号称王,继续与秦军作战。后来他们二人虽然兵败被杀,但天下已然大乱,项羽和刘邦等趁乱而起,秦朝二世而灭。"

"汉朝建立后绵延400余年,及至桓帝与灵帝时,由于君主堕落,朝臣昏聩,苛捐杂税压得老百姓喘不过气来,无奈之下,农民们再次揭竿而起,张角、张梁、张宝兄弟假托宗教之名起义,四海之内扰攘不已,黄巾起义军充斥全国,其人数、持续时间都更甚于秦末的陈胜、吴广起义。朝廷下令平叛后,各地诸侯趁机以剿贼之名割据一方,后来,张角病死,张宝被杀,失去首领的百万乌合之众纷纷加入各地诸侯的地方军中,衰微的大汉王朝就此一步步走向灭亡。"

说到这里，和珅顿了顿，微微抬头看了眼乾隆，乾隆示意他继续往下说。和珅接着说下去：

"现在讲讲隋朝，隋与秦相似，都是二世而亡。隋文帝杨坚是个明君，他开创的'开皇之治'堪与后来唐朝的'贞观之治'相媲美，可惜杨坚生了个败家子杨广，杨坚死后，次子杨广继位，是为隋炀帝。隋炀帝穷兵黩武，不恤民力，致使大江南北饿殍遍野，不堪忍受的百姓纷纷揭竿而起，反抗暴政。李密领导的瓦岗军首倡义举，窦建德等也高举义旗，饥馑冻馁的各地百姓纷纷响应。农民起义军的声势越来越大，在群雄逐鹿的关键时刻，瓦岗军首领李密发表了一道讨隋檄文，其中的一句'隋炀帝之恶，罄南山之竹，书罪无穷；决东海之波，流恶难尽'轰动一时，成为千古绝唱。各地反隋势力皆奉李密为盟主，就在瓦岗军如日中天的时候，并州刺史李渊在太原起兵直取长安，攻下长安后，李渊建国号为唐，开始执中原之耳。李密的瓦岗军因哗变而土崩瓦解，河北窦建德也在与李渊的争斗中败下阵来。与陈胜、吴广和张角相似，李密和窦建德都成了李渊称帝的垫脚石。后来，杨广在江都被部将宇文化及杀死。"

"隋朝灭亡，唐朝开国后，'贞观之治'使得百废待兴的唐王朝呈现出欣欣向荣之势，'开元盛世'更是将唐王朝推向鼎盛时期。安史之乱后，唐朝国力大衰，及至唐末，统治者罔顾民生，对老百姓实行敲骨吸髓的剥削政策。官逼民反，先是王仙芝率众起义，转战各地，后起之秀黄巢更是将唐末农民起义的浪潮推向高峰。农民军席卷了现在的山东、河南、浙江、陕西等十几个省份，穷途末路的唐王朝从此一蹶不振，慢慢淡出了历史舞台。"

"五代十国后，赵匡胤建立的宋朝更是起义不断，几乎年年都有老百姓造反，最终在蒙古大军的入侵和内乱中走向灭亡。"

"蒙古人入关统一中国后，对汉人采取高压政策，社会矛盾尖锐，及至元朝末年，社会矛盾已变得不可调和。方国珍领导的农民起义给了元朝统治者当头棒喝；刘福通乱世崛起，率领农民起义军以安徽、山东、河南为基地,与盘踞在河北、陕西一带的元军主力对峙,经过长期鏖战,刘福通起义军消灭了元军主力。后来,刘福通兵败,信奉白莲教的韩山童领导北方的红巾军,继续与元军周旋。就在北方农民战争进行得如火如荼之际,朱元璋领导的起义军一举荡平了江南地区的元军和其他势力,随后定都南京,改国号大明,并发兵北伐。北方的元朝残军各自为战,明军最终消灭了北方元军势力,元朝皇族远遁漠北,明朝基本统一全国。"

口干舌燥的和珅越讲越来劲,乾隆则听得津津有味。此时已是半夜三更,和珅见乾隆毫无睡意,决心抓住这次机会与皇上彻夜长谈。

"皇上,现在该说明朝了。明朝末年,崇祯皇帝还算是个励精图治的好皇帝,可惜几位前任皇帝给他留下了一个积重难返的烂摊子,加上崇祯年间天灾人祸不断,陕北大旱,百姓无以为食,朝廷财政枯竭,无力赈济,北方少数民族又虎视眈眈,民变不断。其中以李自成和张献忠两股起义军势力最为强大,各地无以为生的灾民纷纷从良民变成流寇。起初,明军与各地农民起义军在作战中互有胜负,后来战争的天平逐渐向农民起义军倾斜。崇祯十七年(1644年),李自成率百万大军攻陷明朝首都北京,崇祯皇帝自杀殉国。"

"后来,我大清打败李自成的农民军,顺利开国。本着以史为镜、以史为鉴的原则,我大清应该革除各种弊政,团结人口众多的汉人,利用汉人精英巩固我大清政权。对于农民起义,应该见招拆招、防微杜渐,把隐患消灭在萌芽状态。"

和珅这番话讲得鞭辟入里,字字珠玑。乾隆虽然老迈,但并不昏聩,和珅的话像是从某种角度给他敲响了警钟。良久,微闭双眼的乾隆才睁开眼睛,沉默无语,若有所思。

不知不觉天已大亮,乾隆似乎清醒了许多,他突然一跃而起,对和珅说:"朕要你从此以后做朕的晨钟暮鼓,是该给你一个像样的官职了。朕封你为正蓝旗满洲都统吧。"和珅大喜,跪谢道:"奴才谢皇上隆恩,万岁万岁万万岁!"

正蓝旗满洲都统是一个从二品的武官，和珅一夜之间从一个侍卫跃升为八旗劲旅中的一名将军，其所部官兵驻地位于北京郊区，任务是拱卫京城。尽管由侍卫变大将古有先例，但只有得到君王青睐的人才能享有这种荣幸。

第四章　沐皇恩平步青云

升任正蓝旗满洲都统后，和珅不再是皇宫侍卫，摇身一变成了将军，终于可以堂而皇之地居庙堂之高，而且时值太平盛世，天下无战事，无仗可打也不爱打仗的和珅倒也乐得清闲。

正蓝旗满洲都统比起和珅的父亲常保当年担任的福建副都统可风光多了，位于驴肉胡同的和珅家开始变得门庭若市。爱攀缘的明保也备了厚礼前来贺喜，他对和珅说："你小时候家里困难，我给过你很多帮助，你可得知恩图报呀。"终于扬眉吐气的和珅慷慨激昂地说："滴水之恩当涌泉相报，舅舅放心，我不会忘记的。"

明保前脚刚走，英廉后脚便来了，他高兴地对和珅说："我这个伯乐眼力还不错吧，你果然是一匹千里马，我把孙女嫁给你算是嫁对人了。"和珅恭敬地说："爷爷对我有知遇之恩，以后和珅在朝中做事，还请爷爷不吝赐教。"

次日，和珅备了厚礼，前往咸安宫官学答谢自己的恩师吴省兰。他见了吴省兰，倒头便拜："恩师在上，请受学生一拜。学生能有今日，皆老师之力也。"吴省兰连忙将和珅扶起来，对他说："你如今是朝廷的二品大员，给我下跪，岂不折杀我了！你学贯古今、才高八斗，终会大有作为的，与我关系不大。"和珅谦虚地求教道："请老师教我高升之道，毕竟我的仕途才刚刚开始。"吴省兰笑道："你的荣辱兴衰皆系于皇上，只要你迎合皇上，讨好皇上，让皇上开心，皇上一高兴，你的荣华富贵唾手可得。"和珅不解："那如何才能讨好皇上呢，请老师指点！"吴省兰笑道："随机应变，不必拘泥。"和珅若有所悟，随后师生二人痛饮一场，方才散去。

乾隆四十一年（1776年）春天，随着气温逐步回升，百花争艳，万草泛绿，摆脱了寒冬的萧瑟，人们显得格外精神。一天，乾隆打算到北京郊外的山里打猎，命和珅率领正蓝旗的人马助阵。

和珅不敢有丝毫怠慢，全装惯带，点了3000名骑兵，与乾隆一起朝郊外的山里进发。乾隆骑着一匹汗血宝马，和珅骑马随行，路上，乾隆对和珅说："朕多日未曾见你，很是想念，你这都统干得可还顺利？"和珅在马上欠身道："皇上，您对臣的恩德天高地厚，臣虽九死不能报万一。养兵千日，用在一时，臣自任正蓝旗满洲都统后，日日操演，不敢有丝毫懈怠。"

乾隆回头看和珅时，猛然发现和珅脖子上有一小块红色的胎记，随口问道："爱卿，你脖子上的胎记是出生就有还是后来才长的？"和珅回道："臣这块胎记是出生就有的。"

听了和珅的话，乾隆若有所思。和珅脖颈上的这块胎记，使他想起了一件陈年往事。

当时乾隆还是皇子，一天，雍正宣他入宫，乾隆穿过一排又一排的亭台楼榭进入乾清宫，只见父皇卧于御榻之上，像是生病了，他赶紧跪拜道："父皇生病了吗？要不要紧？御医怎么说？"

雍正命侍立榻边的贞妃将乾隆扶起来。乾隆侧目视之，只见贞妃二十出头，身材高挑丰腴，清新秀丽，气质出众。他看着看着，不觉春心萌动，与雍正谈完事情后怅然离去。当天晚上，乾隆辗转反侧，贞妃的倩影始终在他的心头萦绕，久久不能散去。他从此患上了单相思，经常在夜里梦见自己与贞妃行云雨之事。

雍正驾崩后，乾隆即位。按照清朝规制，皇帝驾崩后，后宫未生育的妃子都会被遣返民间，贞妃也在遣返之列。乾隆闻讯，立即派心腹太监将贞妃截下，私藏于宫外的一座别苑里，一有闲暇他便跑去与贞妃相聚。贞妃得乾隆圣眷，心中十分感激，两人逐渐建立起了深厚的感情。

可是，世上没有不透风的墙，日子久了，乾隆的皇后富察氏从宫中密探那里知道了这件事。富察氏认为皇上和先皇的妃子在宫外私会有失体统，于是将此事告知太后。太后钮祜禄氏震怒，她将乾隆叫来，训斥道："听说先皇的贞妃被你截留在宫外，与你私会，可有此事？"

乾隆是个大孝子，但他做贼心虚，不敢承认，强辩道："母后明鉴，这些都是捕风捉影、道听途说之词，不足为信，儿臣冤枉呀！"太后正色道："我已派人持三尺白绫前去，很快便见分晓，我要帮你了结这段孽缘。"

乾隆正惴惴不安时，一个太监从宫外赶来，报告说："贞妃已经伏法。"乾隆闻言大惊失色，怒斥太监道："你这话是什么意思？何谓贞妃伏法？"太监见皇上龙颜大怒，吓得跪在地上直打哆嗦，吞吞吐吐地回答说："奴才奉太后之命将贞妃赐死，请皇上恕罪！"

乾隆一听如五雷轰顶，责问太后道："贞妃何罪而见诛？"太后见乾隆如此失态，恼怒地说："你堂堂一国之君，在宫外私会先皇的妃子，罪莫大焉，还敢在此放肆！"乾隆也怒道："母后每日吃斋念佛，当知饶人一命，胜造七级浮屠，更何况贞妃已被遣返出宫，不再是后宫之人，为何非要取她性命？"

太后正要说话，乾隆已经拂袖而去，他气急败坏地纵马出宫，赶到贞妃住处，只见贞妃已悬于房梁，他忙命人把贞妃放下来，平放在床上。看着已经气绝身亡的贞妃，乾隆痛不欲生："是朕害了你呀！"痛定思痛后，他咬破手指，将鲜血往贞妃的脖颈上一点，俨然一块红色胎记。良久，他才自言自语道："若有来生，你脖颈上的这块红斑便是记号。"

现在无意中瞥见和珅脖子上的红斑，乾隆不免浮想联翩。和珅见乾隆两只眼睛死死地盯着自己，心中不免有些慌乱，试探道："皇上，现在已进入猎场，狩猎行动可以开始了。"乾隆猛然清醒过来，说："传令下去，三军排开、列阵，朕当亲射。"刹那间，方圆数十里的围场被全副武装的士兵们围了个严严实实，动物们在围场中乱窜。乾隆张弓搭箭，连射三箭皆不中，他干脆弃弓于地，对和珅说："且让将士们尽兴，我有话要和你说。"

和珅带着满腔的疑惑，随乾隆来到围场的一处僻静地方，乾隆屏退左右，问道："你今年多大了？"和珅说："臣今年26岁。"乾隆暗忖，贞妃去世也有二十几年了，莫非和珅就是贞妃转世？他沉吟半晌，对和珅说："朕今日要免去你的正蓝旗满洲都统一职，另有重用。"和珅极力掩饰内心的喜悦之情，回道："只要能为皇上分忧，臣做牛做马，万死不辞。"乾隆笑着说："朕对你有一种莫名的亲切感，如今户部有个侍郎告老还乡去了，就由你来接任吧。"和珅佯推道："户部总管朝廷财政等诸多要务，臣愚钝，恐无法胜任。"乾隆说："你不必谦虚，好好干就是了。"就这样，一个因缘际会，和珅在稀里糊涂间完成了一次从满洲都统到户部侍郎的华丽转身。

户部乃六部之一，主要掌管户籍财政，乾隆如此任命也是为了能够经常见到和珅。而对和珅来说，他也不喜欢军职，更喜欢做一个高谈阔论、经天纬地的文官。

同年，为了彰显大清的孔孟之道，弘扬儒家学风，乾隆御驾前往山东，祭拜孔庙。一路上，和珅与乾隆形影不离，到了济南，和珅更是事必躬亲，把一切事务打理得井井有条。

拜完孔庙后，乾隆下榻济南行宫，命和珅侍驾。和珅想起两年前曾在北京皇宫与乾隆促膝长谈，心中别有一番滋味。乾隆似乎也有意再让和珅做一次晨钟暮鼓，早早便命人将和珅叫来一起用膳。晚饭过后，乾隆屏退左右，与和珅相对而坐，对和珅说："我们君臣上次彻夜长谈，谈的都是王朝兴衰、农民起义之类的话题，今夜可有更好的谈资？"

和珅随口道："元末明初罗贯中写了一本叫《三国演义》的章回体小说，引起很大反响，销量惊人，就连民间的评书人也经常从书中摘取话题，将书中的人物讲得神乎其神。要不今晚就以其为谈资？"

乾隆好奇道："你说来给朕听听。"

和珅说："此书不但有趣，更深藏兵法韬略，乃千古奇书。臣在咸安宫官学就读时曾看过两遍，后来做侍卫时又读过多遍，对于书中的内容了如指掌。这本书主要讲东汉末年天下大乱,群雄称霸,逐鹿中原的故事。罗贯中的《三国演义》正是以《三国志》为背景写成的演义本。"

乾隆说:"你讲讲看。"

和珅清了清嗓子,朗声说道:"东汉末年,宦官弄权,吏治腐败,天下分崩离析,黄巾起义军燃起了遍地烽火。凉州刺史董卓兴兵入都城,王朝大乱,时值皇帝年幼,董卓为了在朝廷立威,擅行废立大事,小皇帝如同木偶,任其摆布。拥兵自重的各地诸侯义愤填膺,誓灭董卓。"

"在曹操的倡议下,共有十八路诸侯起兵反对董卓,家世显赫、四世三公的袁绍被推为盟主,总理反董事宜。袁绍一声令下,十八路诸侯数十万人马进逼虎牢关,董卓领兵拒敌。"

"当时董卓军中有一虎将,名叫吕布,他骁勇异常,胯下的赤兔马日行千里。两军对阵时,吕布全装惯带而出,手持方天画戟,连杀十八路诸侯的多员大将,众皆胆寒。燕人张飞不信邪,持丈八蛇矛直取吕布,二人酣战百余回合,不分胜负。张飞的义兄关羽见张飞渐渐招架不住,挥舞青龙偃月刀前来助阵,三人又战百余回合,但仍战不倒吕布。乱世枭雄刘备使双股剑前来助战,四人又战百余回合,吕布以一敌三,酣战多时,渐感气力不支,露出败象。董卓恐吕布有失,忙鸣金收兵。"

和珅顿了一会儿,继续说道:"臣刚才讲的是虎牢关前三英战吕布,接下来说说袁术。袁术是袁绍的弟弟,少有侠名,后任南阳太守。黄巾军起义时,袁术率南阳军剿贼甚多;董卓作乱时,袁术也是讨伐董卓的十八路诸侯中的一路。讨董失败后,袁术趁机扩张自己的地盘,尽得淮南富庶之地,拥兵30余万。在兵连祸结的东汉末年,他夺取传国玉玺,建号称帝,公开背叛汉朝。曹操挟天子以令诸侯,聚兵攻打袁术,袁术战败,吐血斗余而死。曹操骂道:'袁术不识时务,注定要成为冢中枯骨。'"

乾隆听到这里,打断和珅说:"汉朝气数将尽时,称王称霸者何止袁术一人，不过这人太过张扬了。"

和珅接过话茬："袁术确属性情中人，相比之下，袁绍倒是老成持重，曾任讨董盟主的他是东汉末年最有实力的诸侯，曹操素来忌惮之。在官渡决战中，袁绍以百万之众对抗曹操，结果竟然失败，这都是因为许攸叛逃投敌的缘故。正如曹营谋士郭奉孝所言：'袁绍多谋少断，曹操得策辄行；袁绍外宽内忌，曹操任人唯才。'许攸本来忠心辅佐袁绍，官渡相持时，他的家人犯法被捕，而他本人也遭到猜忌，许攸无奈，只得去投奔曹操。曹操和许攸少年时本是故旧同窗，曹操听说许攸来投，急忙出迎，对左右说'大事可成了'。"

"许攸尽知袁绍营中虚实，曹操用其计谋袭破袁绍粮仓乌巢，军无粮则乱，袁绍百万大军三五日内便被曹操打败，袁绍带着亲随800余人逃回河北。数月后，袁军和曹军再战黎阳，袁绍再次大败，忧愤而死。袁绍死后，他的三个儿子互相倾轧，内乱不断，曹操趁势大破袁军，从此雄踞中原。"

乾隆听到这里，叹道："《三国志》中说，袁绍乃雄略之主，他的兴起很迅速，势不可当；他的灭亡也很迅速，突如其来。所以说天下纷争之时，事业是成功还是失败，进行得顺利还是不顺利，那就不是人的智慧所能够预见的了。"

和珅附和道："是的，但自古成大事者以人为本，传说曹操旗下有一猛将，名叫夏侯惇，此人自幼习武，有人侮辱了他的老师，他就杀了那个人，然后逃往外地。后来听说曹操起兵举义，他率千余壮士前去投奔，曹操起初作战时多以他为先锋。有一次，夏侯惇奉命救援甄城，恰好碰到吕布大军，在战斗中，被吕布部将一箭射中眼部，他大喝一声，拔箭出眼，不料却将自己的眼珠子拔了出来，他大喊一声'眼珠乃父母所赐，不可轻弃'，随即将眼珠子塞进嘴巴吞了下去，然后又挺枪纵马，往返阵中厮杀。两军见状，无不惊骇万分。"

乾隆闻言色变，对和珅说："真是个猛将啊！"

和珅说："夏侯惇虽猛，但仍不及许褚。许褚力大无穷，英勇绝伦，曹操封他为虎侯，军中皆称他为虎痴。在渭水之战中，曹操对阵马超，马超是马腾之子，因为人武勇而被羌族人称为神勇天将军。马腾被曹操用计诱杀后，马超兴兵报仇，一路势不可挡，无人能敌。唯独许褚毫不畏惧，并下战书约战，马超应战，双方酣战100余回合，未分胜负。许褚杀得兴起，飞马回到军中，卸了盔甲，赤身裸体而出，两人再次恶战，又战100余回合，仍然未分胜负。马超回营后对众将说，'我见过的恶战者还没有比得上许褚的，真是虎痴啊'。"

乾隆听得兴起，情绪激昂地说："许褚真乃三国第一猛将，即使我朝的满洲第一勇士鳌拜也比不上他。"

和珅见乾隆听得入迷，说得更来劲了："那个时代不仅猛将如云，更有神机妙算者，此人便是诸葛亮，字孔明，约26岁时出山辅佐刘备。他算无遗策，博望坡前一把火烧得曹营名将夏侯惇铩羽而归。赤壁鏖兵时，孙权和刘备联合抗曹，周瑜命诸葛亮监造10万支箭，须三日内完成。诸葛亮夜观天象，料到三日后必有大雾，于是调草船20余只乘着大雾渡江袭曹。曹操多疑，听得江面上敌军鼓噪，又见大雾漫天，敌情不明，遂下令弓箭手只管向敌军鼓噪之处一齐射箭。结果不到一个时辰，诸葛亮所率20余只草船上皆是弓箭，每船5000余箭，20多只船合计得曹营之箭10万余支。周瑜听说诸葛亮草船借箭之事后，深为叹服。"

乾隆兴致勃勃地说："《三国志》中没有草船借箭一说，这一定是《三国演义》的作者虚构出来的。"

和珅说："草船借箭确实是虚构出来的，但赤壁一把火烧得百万曹军大败而归却是一个不争的事实。当时，孔明料定冬至时节必有东南风，于是献计于周瑜，周瑜也知道其中玄机，而同样深知'冬至一阳生，必有东南风'的曹操一时疏忽，轻敌冒进。周瑜见曹军主力蔽江而来，命令黄盖率火船出击，霎时间，火借风力，风助火势，曹军一败涂地。"

乾隆叹道："孔明和周瑜皆将才也。"

和珅抖擞精神，继续说道："三国时期还有个小项羽，此人名叫孙策，乃孙坚之子，孙权之兄。《三国演义》中说孙策骁勇异常，与项羽相似。有一次，孙策领兵与敌军对阵，双方布阵完毕，敌军前来挑战，孙策挺枪驱马迎之，没几个回合即生擒敌将。当他拨马回本阵时，又一个敌将拍马来追，孙策回头看时，敌将已经逼近，于是大喝一声，声如巨雷，前来追赶的敌将惊悚过度，坠马而死。而被孙策擒获的那名敌将也在同一时间被孙策挟死于腋中。片刻间，孙策挟死一将，喝死一将，两军无不大骇，从此，军中皆称孙策为'小霸王'。"

乾隆赞叹道："同一时间，挟死一将，喝死一将，恐怕项羽也难以做到，此人结局如何？"

和珅说："孙策恃勇轻敌，后为刺客所伤，不治身亡，终年26岁，他的弟弟孙权继其位。"

乾隆叹道："英年早逝，可惜啊！"

和珅说："三国时，东吴还有一武将名叫金士松。传说曹操领军南征，与吴军对峙，金士松自告奋勇，率100人夜袭曹操营寨，曹军猝不及防，金士松一帮人马在曹操营寨中冲杀一番后安然返回，他所领100名士卒无一伤亡，堪称奇迹。"

乾隆说："这肯定又是小说家的虚构，《三国志》中并没有金士松百骑劫曹营的记载。"

和珅未置可否，继续往下说："世人皆知刘备帐下有张飞和关羽两员虎将，殊不知更有一名智勇匹关张的悍将赵云。长坂坡一战，赵云单枪匹马斩杀曹营军将数百人，往返阵中数次，救得刘备之子刘禅而返。曹操在山坡上望见赵云在战场上左冲右突，如入无人之境，于是传令诸军不可向赵云施放冷箭，务必生擒此人，赵云因此得以逃脱。"

乾隆称赞道："曹操爱才，史言不虚也。"

和珅说："确实如此。曹营老将当属张郃，蜀营老将当属黄忠，这两人都可以称为三国时期的廉颇。"

乾隆说："你看他们二人如何？"

和珅说:"张郃曾大战张飞,毫不示弱,后来被诸葛亮用计射杀于山谷之中。黄忠在归降刘备之前曾大战关羽,双方不分胜负。后来,刘备领兵东征孙权,黄忠一勇当先,力战而死。张郃和黄忠都不服老,最终都是马革裹尸而返。"

乾隆点评道:"老者不以筋骨为能,不服不行。"

和珅接着说道:"魏蜀吴三国鼎立时,三方实力相当,势均力敌。蜀汉政权不求偏安西南,诸葛亮六出祁山,姜维九伐中原,都是劳民伤财而已。"

乾隆问道:"你怎么看姜维?"

和珅说:"姜维此人文武双全、智勇兼备,深得诸葛亮器重。诸葛亮死后,将蜀国军权交给姜维,姜维受命之后,奋发进取,数次率兵北伐,但魏国有良将邓艾和钟会二人领兵据守,一时难以取胜。后来,司马氏篡魏,邓艾与钟会分兵伐蜀,姜维战败,后主刘禅投降。"

乾隆说:"那东吴如何沦亡呢?"

和珅说:"孙权死后,其幼子继位,权臣几度乱政,后来孙权的孙子孙皓继承大统,他荒淫无度,暴虐百姓,民心尽失。司马炎建立晋朝后,命大将杜预等领兵伐吴,吴国内外交困,孙皓在晋军兵临城下后降晋,司马炎封其为归命侯。"

乾隆说:"三国归晋,正应了天下大势分久必合之说。"

这一夜,君臣谈得不亦乐乎,而和珅经此长谈又开始平步青云。

从山东回京后,和珅旋即被任命为军机大臣。军机处设于雍正年间,当时朝廷用兵西北,为了提高军队的作战效率而特设这一机构。军机处没有专职官员,由皇帝的亲信大臣临时充任,也被称为军机处行走。

和珅成为军机大臣的消息传开后,朝野震动,其时朝中很多人甚至没有听说过和珅这个人,但大家心里都明白,军机处是皇帝的权力中枢机构,能成为军机大臣的人自然深得皇上信任。于是,朝中大官小吏都来巴结和珅,到驴肉胡同送礼的人排起了长龙。而和珅初入官场平步青云，心中自有几分清高，也有几分廉政之气。对于前来送礼结交的人，他一一好言抚慰，将礼品退回。管家刘全对此颇感诧异，对和珅说："人家带些礼物前来结交，又何必拒人于千里之外呢？"和珅慨然道："人不爱财，何必以财结交！"

吴省兰听说和珅荣升军机大臣后，喜出望外，也赶来向和珅道贺。和珅感念他昔日的谆谆教诲，命人设宴款待。席间，和珅不无烦恼地说："自我任军机大臣后，朝中多有前来送礼行贿者，着实让我应接不暇。"吴省兰说："'水至清则无鱼，人至察则无徒。'对于前来送礼的人，切莫一棍子打死，应区别对待。多一个朋友多一条路，多一个政敌多一堵墙呀！"和珅深以为然，但仍有些疑惑："老师高明，但我现在初入仕途，尚不知朝中何人为忠、何人为奸，还是小心驶得万年船，稳妥一些吧。"吴省兰点头道："此言甚是！你现在是皇上身边的红人，日后还请你多多关照。"和珅说："待我在朝中站稳脚跟，定然报答老师的栽培之恩。"吴省兰得到了和珅的承诺，满意而去。

和珅拒贿之事很快便通过太监传到了宫里，乾隆闻之大喜，觉得自己总算没有看错人，他私下对和珅说："听说你每每将行贿者的礼物尽数退回，可有此事？"

和珅顿首道："臣受皇上天恩，夙夜思报。自臣进军机处后，前来送礼的人越来越多，臣不胜其扰。那些送礼的人无非是想走臣的后门，托臣为他们办事，臣若收了他们的礼物，就难免徇私枉法，那样一来就会辜负皇上的厚望。臣唯有廉洁自律、奉公守法，才能心安理得。"

乾隆听了，称赞道："官场贪腐乃万恶之源。历史上的很多民变，追根溯源都是由于官场腐败。官员腐化堕落，进而官官相护，以致官逼民反。爱卿做得非常好，朕赏你戴一品朝冠，兼任国史馆副总裁，你要再接再厉啊！"

和珅动容道："皇上厚恩，臣无以为报，只是臣升迁这么快，恐朝中大臣非议。"

乾隆认真地说："朕就是要让朝中文武百官知道，顺朕者昌，逆朕者亡；普天之下莫非王土，率土之滨莫非王臣。奴役百姓，为非作歹者，朕必杀之，而像爱卿这般官德高尚者，朕从来不吝恩典。"

这以后，身兼户部侍郎、军机大臣、国史馆副总裁的和珅，开始奔走于户部、军机处和国史馆之间，忙于各种事务，得到了空前的历练。当时的首席军机大臣于敏中是状元出身，才华极高，根本不把和珅这个新人放在眼里。和珅每次见到他必嘘寒问暖，但于敏中却佯装看不见，充耳不闻。和珅心里十分恼火，却又无可奈何。

第五章　挟私怨弹劾海成

和珅担任要职已有一段时间，但还没有做出像样的成绩，不过，他很快便得到了一个表功的机会。

有一天，乾隆升朝议事，吏部尚书永贵启奏道："臣司职吏部，全国各地很多满族官员不断向臣抱怨，说如今的汉人百姓多有无法无天者，看似风平浪静，实则暗流涌动，尤其是一些文人学士，时常借诗词文章蛊惑人心，更有明目张胆者公然著书诽谤朝廷，影射皇上。为此，臣建议皇上禁书，严查那些居心叵测的汉人文士，彰显我满族正统之威。请皇上圣裁！"

乾隆在龙椅上正襟危坐，他已经在这把龙椅上坐了42年，虽然也常有无端邀功者想借满汉矛盾献媚表忠，但永贵是吏部尚书，位高权重，他的话还是很有分量的。沉思片刻后，乾隆开口道："大清疆域内生活着众多民族，我满族用武力征服中原，建立大清王朝后，历代皇帝都颇为重视满汉和谐，朕在位40多年，一直怀柔治天下。但毕竟满汉有别，如果汉人之中有人蓄意谋反，朕绝不会坐视不理。"

乾隆一边阐述自己的观点，一边环视群臣，见百官无不哑言，只有和珅低头沉思，乾隆暗忖：和珅列朝听政也有一段时间了，一向很少发言，今日不妨考一考他。想到这里，他问和珅道："和珅，你对永贵建议的禁书之事有何看法？"

和珅见乾隆指名道姓询问自己的意见，不由怔了一下，接着赶紧出班奏道："回皇上，臣觉得永贵大人言之有理，为了巩固江山社稷，采取一些防患于未然的措施，把隐患消灭在萌芽状态，乃是上策。不过，臣认为最好不要在全国范围内大兴禁书之事，可以先在南方诸省实施。毕竟如今天下太平，皇上施行仁政，百姓安居乐业，人心思乱者占绝对少数，故朝廷略加惩戒即可，不宜将禁书之事扩大化，若滥加威刑，未免有点无事生非的嫌疑。"

乾隆听罢，觉得和珅所言甚合自己心意，喜道："和珅言之有理，兼顾民意，甚合朕心；永贵忠心可嘉，只是主张较为激进，用于戡乱时期尚可，时值盛世，百姓乐享太平，所需绥靖者仅限于少数冥顽不化之人，朕认为不宜大兴禁书之事。鉴于南方诸省历来为朝廷教化薄弱、匪徒猖獗之地，现命军机处传令南方诸省展开一次为期一年的禁书活动，务必将潜伏于民间的逆贼绳之以法。"

退朝后，永贵私下对和珅说："今日满朝文武皆三缄其口，唯独你斗胆进言将我的倡议打了折扣。"和珅理直气壮地反驳道："大人老成谋国，下官建言献策也并非出于私心，为何说是打了折扣呢？"永贵无言以对，只得悻悻离去。

几天后，直接听命于皇帝的军机处便将查缴禁书的诏令下达南方诸省。时有江西巡抚海成，政绩乏善可陈，先是治理水患劳而无功，后又劝课农桑，企图发展农业，不料天灾连年，粮食产量不增反减，不仅无法上缴朝廷税收，而且每年还得向朝廷伸手请求赈济。海成心里明白，若想在任期内出政绩，唯有走偏门了。接到朝廷要求查缴禁书的诏令后，海成喜出望外，苦无政绩的他终于等来了机会。

文字狱自古有之，但是除清朝外，都没有对社会造成如此大规模的影响。文字狱在清代屡次出现，其顶峰时期从顺治开始，中经康熙、雍正、乾隆三朝，历时约140年。

清王朝作为满族掌权的王朝，对汉人控制极严。只要汉族文人学士在文字中稍露不满，或皇帝怀疑文字中有讥讪朝廷的内容，即兴大狱，并且株连广泛。据保守估计，清代文字狱至少有200起。文字狱的涉案人员，从朝廷大员、满洲贵族到一般生员、江湖术士，直至轿夫、船工。除了极少数事出有因外，绝大多数是捕风捉影。

比如雍正年间，翰林学士徐骏在奏章里把"陛下"错写成"狴下"，雍正见后马上把他革职。后来再派人一查，在徐骏的诗集里找到了两句诗："清风不识字，何事乱翻书？"便硬说"清风"是指清朝，这样一来，徐骏便犯了诽谤朝廷的罪，无端丢了性命。

到乾隆年间，文字狱有增无减，特别是乾隆二十年（1755年）后，由于乾隆痛恨士人写诗、写书讥讽时政，文字狱连年兴起，镇压的对象主要是一般的汉人文士。

对于官员来说，如果能够成功揭发别人的文章书籍里有不满朝廷、不合规制的地方，便能够立功。因此，很多官员都乐于搜查"禁书"，以此向皇上表忠心，求得升官之路。

江西巡抚海成深知，江西在大清立国之初，民间反清复明的思想极为激进，从来不乏坚持汉族为正统的人。现在大清立国已有百余年，但某些反清复明的团体依然在暗中活动，出于历史积怨，不乏响应者，只不过康乾盛世以来，几代皇帝改民族压迫为民族和解，汉人百姓与大清统治者的矛盾趋于缓和，特别是康熙、雍正执政有方，老百姓有饭吃，社会相对稳定。

但是，只要有心，要找出一两个倒霉的人还是有可能的。因此，在收到朝廷诏令的第二天，海成便迅速召集幕僚们开会，一方面向下属传达朝廷诏令，另一方面也想集思广益，听听他们的见解。会上，一位名叫张让的幕僚进言道："恕小人直言，天下文人投鼠忌器，已成惊弓之鸟。现在再行勘劾，恐怕难有作为。"

海成叹口气道："曙光初现，便被你说得一无是处，真是晦气！这次奉命查缴禁书，不管能否出政绩，我都必须雷厉风行，你等各自行事，不得有误。"

随着海成一声令下，江西境内的各个州县立即行动起来，官府贴出悬赏通告：凡举报禁书有功者，一律给予奖赏，具体的奖赏数额，视案件大小而定。凡知情不报者，一律以包庇罪连坐。

于是，一夜之间，很多不务正业的江湖人士摇身一变成了"专业侦探"，他们往往无中生有，听到一点风闻便向官府举报，冒领奖金。很多文人因为一首诗或一首词有含沙射影的嫌疑便被官府拘捕审查。有的官员立功心切，竟然将一些查无实据的诗词穿凿附会一番，以坐实嫌疑人的罪名。

为了彰显所谓的"天网恢恢，疏而不漏"，海成向辖下的知府、县令等官员三令五申，要求他们扩大搜书范围，并延展禁书的范围。总而言之，在江西境内，哪怕掘地三尺，也要将朝廷想要的禁书挖出来。

具体做法是，把原先命令、催逼各地收缴禁书，变成买书。首先集合江西各州县的地保，经过简单的训练，让他们挨家挨户宣讲、收书，由官府付给等额书价，这样一来，大量图书被收缴上来。然后，海成命幕僚们审读查验这些图书，把查出的问题一一进行标注，做上记号。

上头有令，下属哪敢怠慢，随着调查的深入，一个名叫王锡侯的人渐渐浮出水面。

王锡侯是江西宜丰人，生于康熙年间，5岁发蒙，8岁钻研训诂。他小时候家里很穷，所以发愤读书，一心想要求取功名。他住在祠堂里，每天让家人用篮子从墙洞里给自己送饭。直到24岁，他才补了个博士弟子，38岁才中举，但也不过是望都县的候选知县。

由于仕途不得志，加上自身的学究气，王锡侯开始潜心研究《康熙字典》，发现这部官方编修的巨著竟然也存在不少缺憾。他决心把这部辞书加以补充，而这也为他日后的悲惨命运埋下了伏笔。

王锡侯编的这部辞书，针对《康熙字典》中收字太多、"穿贯之难"等缺失进行补充完善，使学者能够举一反三，便于查找。这部书共分为天文、地理、人事、物类四大类四十部，共60卷，取绳穿铜钱之意，取名为《字贯》。在友人的资助下，王锡侯自费印刷了《字贯》。他的初衷只是想让后世学子在使用工具书查日常用字时更为便捷一些，不想却犯了天大的忌讳。

原来，王锡侯在《字贯》的序文中说，《康熙字典》收录的内容过于庞杂，实用性极差，只有少数知识渊博的人才能用得上；对于一般学子来说,《字贯》中收录的内容已经足够用了,没必要查《康熙字典》。

这个案子的导火索是一场邻里纠纷。王锡侯当时居住在江西宜丰县棠浦镇老家,常到附近祠堂潜心著述,著书期间连饭都由家人送。按理说,他应该与邻里相安无事,问题出在他的祖坟山被一个叫王泷南的人看中,王泷南欲强占,王锡侯不同意,王泷南便喊来妇女将女人的污秽物扔到王锡侯的祖坟山上,以示侮辱。官司打到县衙后,王泷南偷偷来到王锡侯的祖坟山,埋下芝麻并用盐水浇灌使之快速发芽。官府的人来调查后,认定这座祖坟山是王泷南的芝麻地,王锡侯反而败诉。而且先前王泷南曾因唆讼而被发配,后偷偷逃回,被王锡侯等人告知官府后再次发配异乡,之后遇赦才回乡。王泷南对此怀恨在心,一直伺机报复。

乾隆四十二年(1777年),王泷南上书当地政府告发王锡侯,说王锡侯批评《康熙字典》,竟敢删改《康熙字典》,另刻《字贯》,实为狂妄悖逆。九江知府接到举报后,立即拘捕了王锡侯,并将《字贯》一书收缴。鉴于案情重大,九江知府派人将王锡侯解送江西省府大狱。

海成亲自翻阅了《字贯》,认为《字贯》作为一本工具书倒也无可厚非,只是王锡侯在序文中出言不逊,贬低《康熙字典》,虽然其情可悯,但其罪可诛。《康熙字典》是康熙皇帝亲自下令编撰的,蔑视《康熙字典》就是对康熙皇帝的大不敬。

于是,打定主意要拿《字贯》大做文章的海成亲自提审王锡侯,他在审讯室里责问王锡侯:"《字贯》可是你写的?"

王锡侯说:"是草民写的。"

海成又问:"你可知罪?"

王锡侯叫屈道:"草民无罪,请大人明察!"

海成怒喝道:"亏你还是个读书人,竟然罔顾君臣大义,在《字贯》的序文中出言不逊,贬低《康熙字典》。你可知道非议《康熙字典》就是对康熙皇帝的大不敬,这可是灭九族的大罪。"

王锡侯听了十分惊慌,说:"当今皇上难道也要仿效秦始皇焚书坑儒不成?"

海成怒不可遏，大声说道："大胆王锡侯，竟敢将当今皇上与暴君秦始皇相提并论，凌迟你10次也不够。"

王锡侯恢复镇定说："草民只是打个比喻而已，欲加之罪，何患无辞。"

海成冷笑道："你也是个读书人，书读多了应该多长几个心眼才是，要怪只能怪你生不逢时，认命吧。"

王锡侯语气婉转地问道："大人真欲治草民之罪？"

海成说："你可真是个缺心眼，你罪大恶极，我哪敢治你的罪，不日便将你押送京城刑部大牢。"

王锡侯闻言吓得浑身发抖，求饶道："大人，小人冤枉呀！"

海成漠然地说："你冤不冤，皇上自有明断。"

王锡侯说："我也曾在官府任职，我不相信皇上会治我的罪。"

海成转而心平气和地说："你呀，就是一个书呆子，命都快丢了还不知道。"

王锡侯固执地说："如果能见到皇上，我要为自己陈情申辩。"

海成对王锡侯也动了一点恻隐之心，向他交心道："像你这种犯人，皇上一般是不会见的，刑部的那些'活阎王'就足够送你上西天了。"

王锡侯趁机对海成说："大人，小人家中有八旬老母，还有未成年的幼子，请大人高抬贵手，放过小人吧。"

海成一脸无奈地说："恐怕你家中的老母和幼子也会跟着你遭殃呀！"

王锡侯见海成如此无情，内心更加惶恐："我曾为举人，并非不知文字狱的残酷性，万万没想到自己会在无意间铸成大错。"

海成不无同情地说："你犯的这件事可大可小，只能怨你自己时运不济，正好赶上朝廷严查禁书，既然撞到枪口上了，你就自认倒霉吧，我也是爱莫能助呀！"

事后，海成与幕僚们仔细研究，觉得书中并没有"违碍"的内容，对于皇帝的庙讳、御名，也完全按照官方的规定编写。如果将王锡侯以悖逆治罪，不仅王锡侯本人要杀头，还要株连九族。这样做似乎过于严重，但要说完全无罪也不可行。海成几经权衡，决定以对康熙皇帝妄加评论，有不敬之意论罪。

半个月后，王锡侯被押到北京的刑部大牢。江西巡抚海成在奏折中说："江西九江人王锡侯，恃才狂放，妄自尊大，私著《字贯》一书，在书的序文中出言不逊，贬低《康熙字典》，实为对康熙皇帝的大不敬。"建议将王锡侯的举人头衔革去，以便审拟定罪；同时又将《字贯》一部四角粘上标签，供呈乾隆御览。

乾隆看完海成的奏折后，随即翻阅了《字贯》一书的序文，觉得王锡侯所言虽然不敬，但也是实话；况且，《字贯》刊印发行后确实给众多学子提供了便利，作为一本工具书，不应将其过于政治化。不过，这次禁书是自己发起的，绝不能将王锡侯无罪开释，必须严加惩戒，以儆效尤。

事有凑巧，就在乾隆为王锡侯一案犯难的时候，和珅入宫觐见。乾隆见到和珅，脑子里突然冒出一个想法：和珅凭借自己的赏识和提拔，一路平步青云，朝中大臣多有不服者，应该给他一些表现自己的机会。王锡侯这个案子比较棘手，不如交给和珅去办，看他如何结案。

想到这里，乾隆朗声对和珅说："爱卿，江西巡抚海成近日派人解送一名要犯到京城来，这个案犯写了一本名叫《字贯》的书，涉嫌违禁。这种案件本应交刑部审理，但朕有意让你历练一下。"和珅闻言慌忙跪倒在地，谢恩道："臣定将此案办好，不负皇上厚爱。"

和珅领命回家后，面露喜色，手里拿着王锡侯写的《字贯》，洋洋自得。他的夫人冯霁雯见了，随口问道："老爷手上拿的是什么书？今日莫非又遇到了喜事？"和珅笑着说："江西巡抚海成企图借文字狱邀功表忠，派人从江西解送来一名要犯，这名要犯——"

冯霁雯听到这里，突然打断和珅："你是说江西巡抚海成？"和珅不知夫人何意，不解地问道："怎么啦？正是江西巡抚海成。"冯霁雯面露愠色说："老爷有所不知，爷爷曾经对我讲过，江西巡抚海成与我冯家有世仇。我的父亲曾在山西石楼县任县令，海成当时是我父亲的上司。当年我父亲一时糊涂，挪用了县里几千两银子，海成毫不留情，将我父亲下狱，严刑拷打至死。此仇不共戴天，你明日便去爷爷那里，他必有玄机授你。"

次日，和珅携《字贯》一书来到英廉府上，向他说明此事。英廉一听到海成的名字，咬牙切齿地说："这么多年来，我一直在等待时机，誓报海成当年杀子之仇。"

和珅略带为难地说："这个案子虽然涉及海成，但他督查禁书有功，我手里这本《字贯》便是由他收缴上来的。"

英廉接过《字贯》，深沉地对和珅说："你还年轻，涉世不深，不懂祸福相依的道理。文字狱向来十分微妙，你先把《字贯》留下，待我细细查看一番再作打算。"

第二天，翻阅《字贯》后如获至宝的英廉将和珅叫到自己府中，问道："王锡侯所著《字贯》一书是江西巡抚海成收缴上来的，他在给皇上的奏章中是怎么评价此书的？"和珅如实道来："皇上在将王锡侯案移交给我时，说海成认为《字贯》一书除了序文中有两句贬低康熙皇帝的话外，并无其他不妥。"英廉面露喜色，追问道："海成和其他官员均未提及《字贯》中还有其他不妥的地方吗？"和珅十分肯定地说："众人皆未发现书中还有其他忤逆之处。"

英廉顿时满脸狰狞，略带杀气地说："海成啊海成，你办王锡侯，我办你，这就叫'螳螂捕蝉，黄雀在后'，欠债迟早是要还的。你害死我的儿子，现在我要你血债血偿。"和珅疑惑道："莫非爷爷查看《字贯》后有什么新发现？"

英廉站起身来，拍了拍和珅的肩膀，说："你打开《字贯》第20页，仔细看一遍就明白了。今天我要好好给你上一课。"

和珅随即将《字贯》一书翻到第20页，细细地看了一遍，发现在这一页中，王锡侯将康熙、雍正、乾隆三位皇帝的名字写在里面，但《字贯》是一本工具书，这样写有何不妥呢？沉思片刻后，他对英廉说："孙儿已经将第20页看完,并未发现不妥之处。王锡侯虽然在这一页中将康熙、雍正、乾隆三位皇帝的名字罗列出来,但《字贯》是一本工具书,这样写也无可厚非。"

英廉有些生气地说:"真是朽木不可雕也!皇帝即天子,天子的名字是可以随便乱写的吗?王锡侯胆大妄为,竟然将当朝皇上的名字'爱新觉罗·弘历'写在《字贯》第20页,如此欺君罔上,他就是有10个脑袋也不够掉的。江西巡抚海成查看《字贯》一书,疏忽懈怠,捡了芝麻丢了西瓜,已经犯下严重的失职之罪。《字贯》一书早已刊印发行,大江南北的书店中均有销售,此书造成的恶劣影响是非常严重的。海成这次在劫难逃,他是搬起石头砸自己的脚。"

确实,历朝历代对于皇帝的名字都是十分避讳的,不仅不许言说、书写,有时连同音字都不能用。到了清代,由于满族人名姓冗长,其实已经不太讲究避讳,加上《字贯》是本工具书,所以海成疏忽了这个问题。

英廉见和珅仍未意识到问题的严重性,又引导他说:"宋朝时有个叫宋江的人,只是在酒后随手写了一句'他日若遂凌云志,敢笑黄巢不丈夫',便险些招来杀身之祸。文字狱可大可小,满族入关,为了在中原站稳脚跟,一向十分注重汉人学士的言论,惩戒对象正是像王锡侯这样的一些人。"

听到这里,和珅似乎开了窍,对英廉说:"孙儿现在该怎么做,还请爷爷不吝赐教!"英廉如此这般地嘱咐了一番,和珅满意地领命而去。

第二天,和珅入宫觐见乾隆,启奏道:"臣受命审理王锡侯一案,连日来对其所著的《字贯》一书详加勘察,结果在《字贯》第20页发现了比海成所上报的内容更严重的问题。王锡侯胆大包天,竟然将皇上的御名公开写在书中,就连圣祖康熙、世宗雍正的名讳也赫然在列。"

乾隆闻言,立即拿来《字贯》一书,翻开第20页,果然见自己与先皇的名字都赫然纸上,所用字体和其他字体相同,并未提高规格,也无特别注释。乾隆一向对名讳问题十分敏感,看到这里不禁怒火中烧,将《字贯》投掷于地，破口大骂："竖子王锡侯，无君无父，欺君罔上，罪不容诛。"

和珅见乾隆大动肝火，暗忖：爷爷真神机妙算也！他趁机进言道："皇上，王锡侯罪恶滔天，当处凌迟。江西巡抚海成身为朝廷命官，玩忽职守，《字贯》中的忤逆之处，开卷20页即见，但海成自始至终只是咬定序文中的轻微之处，对《字贯》中如此忤逆之处视而不见，置若罔闻，分明是有意袒护逆党，不把朝廷放在眼里。作为一省巡抚，海成罪责难逃。"

这次查办禁书，各省均无大的作为，这主要是因为经过康熙、雍正两朝的文字狱，文人已如惊弓之鸟，不敢再有什么出格的言论。但乾隆认为这是因为各省督抚不重视，没有尽心办事所致。他一腔闷气正无处可发，现在听了和珅的挑拨，立即迁怒于海成，骂道："海成误朕，传朕旨意，立即罢免海成本兼各职，押来京城受审。"同时嘉奖和珅说："海成办事不力，险些毁我大清根基，这次多亏爱卿发现其中的疏漏之处，等海成押来京城以后，就由爱卿代朕向他问罪吧。"和珅心中一阵窃喜，领命而去。

海成一夜之间从收缴禁书的功臣变成了禁书的罪臣，朝野上下一片哗然，人们议论纷纷，此事成为街头巷尾热议的话题。

和珅首先审理了王锡侯，他在公堂上质问道："逆贼王锡侯，你可知罪？"王锡侯跪在堂下，以头碰地说："小人知其然，但不知其所以然，请大人明示。"和珅怒道："你也曾为举人，应深知国家法度。你所著《字贯》一书，在序文中贬低《康熙字典》也就罢了，你竟然在书中第20页将当今皇上和先皇的名字毫不避讳地写出来，如此大逆不道，置皇家尊严于何地？"王锡侯辩解道："这是字典，小人之所以把皇帝的庙号、御名写出来，是为了让后世学子知道如何避讳。司马迁也曾将汉武帝刘彻的名字写于《史记》之中，未闻司马迁因此而获罪。"和珅骂道："泼徒还敢狡辩，是可忍孰不可忍，我今天就叫你死个明白。我来问你，《字贯》逆书可是你所写？"王锡侯说："是我写的。"和珅说:"不管你是有心之过,还是无心之失,如今朝廷严查禁书,忤逆当今天子乃重罪,本应判你凌迟或车裂。当今皇上仁慈,特命我从轻判处你斩立决,你认命吧。"王锡侯还没说话,已经被左右武士拉出公堂。

此次王锡侯全家21人照律同坐,16岁以上男子全部处死,女子以及16岁以下男子流放官卖。王锡侯被抄家时,家中财产只剩些锅碗瓢盆、自家养的小猪和母鸡,加上其他积蓄,总共不过180多两银子。

就在王锡侯被处斩的第二天,和珅提审了江西巡抚海成,责问道:"海成,你忝居江西巡抚一职,查缴禁书不力,该当何罪?"海成惶恐道:"江西一省之地,收缴的禁书甚多,我哪能一一过目?《字贯》一书是我属下幕僚负责核查的,我只是在核实之时按幕僚所指之处抽查了一下,不知书中其他地方还有忤逆之处。"和珅怒道:"王锡侯欺君罔上,已经伏法;你将朝廷大事当成儿戏,敷衍塞责,企图蒙混过关,罪加一等。"海成也怒了:"和珅,我知道你是英廉的孙女婿,我与英廉有仇,今日之事定是英廉在背后推波助澜,你这是公报私仇。"和珅将惊堂木重重地拍在桌子上,斥责道:"海成,你为官怠惰,辜负皇恩,知罪而不悔罪,本官先判你个斩监候。"

海成一案审理完毕后,和珅如释重负,马上向乾隆汇报了案情,说海成如何骄狂放纵、不知悔改,已按大清律判其斩监候。

乾隆听了和珅的汇报,沉思良久才说:"朕自诩万古圣君,自古以来有搞文字狱的圣君吗?"

和珅见乾隆话里有话,遂说:"皇上无须烦恼,盛世的维系不仅需要德政,同样离不开威刑,两者相辅相成,不可偏废。若只举德政,不肃威刑,人心必然离乱。"

乾隆听了转忧为喜,说:"爱卿,你真是越来越有见地了!不过,你为何将江西巡抚海成判成斩监候呢?"和珅说:"海成罪不至死,臣先定他一个斩监候,皇上以后回转起来也有余地。"乾隆笑着称赞道:"还是爱卿想得周到。"

和珅接着又启奏道:"军机处最近收到江苏、浙江等省收缴上来的几千部禁书，皆按《字贯》之例判处吗？"乾隆说："爱卿有何见解？"和珅说："自古法不责众，臣以为择情节严重者抓几个典型，杀鸡儆猴即可，不必过于较真。"乾隆笑道："法不加于尊，何为尊？民为尊，君为轻。朕治国理政，最重变通，爱卿所言甚合朕意。"

和珅察言观色，引经据典地说："东汉末年天下大乱，曹操和袁绍决战官渡，当时袁强曹弱，曹营将领多有以书信与袁绍暗通款曲者。后来战事明朗，曹胜袁败，曹军缴获了袁军的很多信件，其中不乏暗中通袁者诏媚袁绍的信件，曹操的心腹曹仁对曹操说：'主公可逐一点对姓名，捕而杀之。'曹操叹道：'袁绍如此强大，我尚且不能自保，何况其他人呢？'于是命人将可疑信件尽数焚毁。皇上如今以权变治天下，不输古人也。"

《字贯》一案，受到牵连的除了江西巡抚海成，江西布政使周克开和按察使冯廷臣两人也被革职，而且王锡侯所在地的知县和知府也都被治罪。不仅如此，曾经给王锡侯的《字贯》作序的人，活着的革职，死去的免治罪。至于王锡侯的《字贯》及其他诗文作品，一律销毁。

后来，乾隆将海成特赦，但永不录用。

可以说，在王锡侯一案中，和珅是最大的赢家，不仅扳倒了冯家的仇敌海成，而且在乾隆面前树立了自己精明强干的形象，巩固了自己的地位。

第六章　匿父丧安明入罪

作为大清官场上的一颗新星，和珅事事都办得很合乾隆心意，也难怪他会成为皇帝身边的大红人。很多时候，他与乾隆的关系已经超出了君臣之义，乾隆待和珅如子，而和珅待乾隆如父。朝廷百官见乾隆与和珅相处得如此融洽，羡慕者有之，嫉妒者也不少。

乾隆四十二年（1778年）二月十五日，难得清闲的和珅在家中陪伴娇妻幼子，忽听大门外有太监喊道："皇上驾到！"

和珅还以为自己听错了，还没等他回过神来，乾隆已经登堂而入，跟在后面的太监大声叫道："和珅，还不速来迎驾。"

管家刘全与几个下人已经跪倒在地，猝不及防的和珅急忙拉着夫人冯霁雯和年幼的儿子跪拜道："皇上驾到，臣未及远迎，罪该万死！"

乾隆倒没怎么在意，他随手抱起和珅的儿子："爱卿，这孩子跟你就像一个模子里刻出来似的。都平身吧，朕今天来你家看看，无须拘礼。"

和珅连忙吩咐刘全备酒置宴，刘全忙不迭地准备去了。和珅见乾隆对自己的儿子格外亲切，满脸堆笑道："多谢皇上对犬子如此厚爱。"

乾隆慢悠悠地将和珅的儿子放下来："你领朕参观一下你的府邸吧。"和珅在驴肉胡同这所宅子已经住了20多年，宅院既简约又狭小，不多时，他已经领着乾隆转了一圈。乾隆若有所感，对他说："爱卿，你身为朝廷忠臣，居然还住着如此促狭老旧的房子，朕心有不忍呀！"

和珅说："此乃祖产，臣不敢轻弃。"

乾隆沉吟片刻，说："这样吧，朕将德胜门内什刹海边上一块50亩的土地赐予你修建新宅。"

和珅忙跪谢道："皇上天恩，臣虽肝脑涂地，不能报也。"

得到皇上赐地后，志得意满的和珅开始张罗着兴建新宅，没想到却给自己招来了一件祸事。

当时，为了营建一座与自己身份相匹配的豪宅，和珅很是下了一番功夫，先后请了多名风水师、建筑师替自己规划——如此大兴土木，他有钱吗？和珅确实没有多少钱，但他有资源，顶着户部侍郎和军机大臣这两个耀眼的光环，还怕没人给他送钱吗？

在官场中，投机钻营者的鼻子是很灵的，其中就有这么一位，此人名叫安明，四川巴中人，40多岁，时任户部笔帖式，是和珅的下属。安明5年之前曾任户部司务，但犯了错误被降职处理，笔帖式只是户部的普通文员，而户部司务仅次于户部侍郎，而且这个职位颇有油水可捞。

这次听说户部侍郎和珅受皇上御赐宝地，即将营建新宅，安明顿时计上心来。他想，自己在朝中没有靠山，长此下去是不行的，如果不活动活动，恐怕这辈子只能做个笔帖式了。和珅是皇帝身边的红人，现在他要兴建府邸，何不趁此机会献献殷勤，如果能攀上这个高枝，将来前途不可限量。

于是，安明马上摆桌宴请和珅。席间，安明说："和大人，听说皇上赐给您一块50亩的地皮，即将营建新宅。小人的表弟专门承建宅第，您把工程交给他最合适不过了，绝对包您满意。"和珅心想，安明是我的下属，谅他也不敢骗我，便爽快地答应下来："既然如此，肥水不流外人田，我家营建新宅一事就劳你费心了。需要多少银子，先让你表弟做个预算上来，我筹措给他。"安明笑道："和大人切莫见外，银子的事等工程完工后再说，我那表弟有的是钱。"

接下和珅的工程后，安明跑前跑后，对自己的表弟鼓吹朝中有人好办事，让表弟出钱请全国最好的工匠来为和珅营建新宅。

破土动工后，和珅经常前往督查，安明更是三天两头地往工地跑，事无巨细，一一过问。和珅看在眼里记在心上，对安明的感激之情油然而生。

完工后，安明陪同和珅全程查看，果然是亭台楼阁错落有致，假山真水点缀其间。和珅很是满意，最后结算工程款时，安明婉转地说："和大人乃朝廷栋梁，我表弟说了，除建筑用料外，其他工程费用一律半价结算。"

和珅连忙推辞，安明说："和大人不必客气，在户部，只有和大人最照顾我。我5年前本为户部司务，不料小人'作祟'被降了职，只能再从笔帖式做起，以后还请和大人多多关照。"

和珅听到这里，已经对安明的用意了然于心，心中暗自盘算：安明倒也精明能干，日后有机会拉他一把并不是什么大不了的事情。

当年秋天，朝廷下令核查六部官员，户部首当其冲。常言道，吃人嘴软，拿人手短。和珅得到消息后，第一时间找安明商量："如今皇上下令核查户部官员，目的只有一个，那就是在人事安排上做到'能者上，庸者下'，但这件事也不是我一个人说了算，户部尚书梁国治心里也有一杆秤。"

老于世故、久居官场的安明一听便领会了和珅的意思，他直言不讳地说："户部司务一职，小人以前干过，深知那是一个肥缺，肯下血本的人比比皆是。尚书大人肯定是谁给他送的银子多，他就让谁上。小人的家底恐怕拼不过那些虎视眈眈的竞争者啊！"

和珅笑道："你先别着急，我说你一句好话，可抵别人一万两银子，不过该有的礼数还是得有，你必须多少孝敬尚书大人一点，如此一来，我也好替你说话，明白吗？"

随后，安明按照和珅的吩咐，东挪西借凑了2万两银子给户部尚书送去。

几天后，户部尚书找和珅商议户部司务人选，他对和珅说："现任户部司务即将调离户部，你心里都有哪些候选人啊？"和珅说："现任户部笔帖式安明可堪大用，况且他5年前也担任过户部司务一职，乃不二之人选。"

　　尚书大人暗忖，和珅现在是皇上身边的红人，从一介侍卫到户部侍郎、军机大臣，晋升速度可谓空前绝后，没准以后会成为内阁首辅，这样的人万万不能得罪。别人的账可以不买，和珅的面子一定要给！想到这里，尚书大人拍板道："你说安明可以胜任，那司务一职就给安明吧。"

　　很快，安明便拿到了户部司务的委任状，他又惊又喜，再次设宴拜谢和珅。席间他说："和大人一言九鼎，往后小人愿为大人牵马执蹬，追随大人左右，万死不辞。"和珅说："大家同朝为官，都是为皇上办事，食君之禄，忠君之事，我们都应该为皇上尽忠才是。"从此，安明与和珅结成死党。

　　安明升任户部司务后，户部笔帖式一职就空了下来。不过，和珅很快就把这个职务安排出去了。

　　和珅官当得越来越大，一天比一天风光，他的舅父明保坐不住了。这天，明保带着自己的儿子伍德登门求见，和珅将他们迎入内堂，明保开口就拉近乎："我一看见你呀，就不由得想起你娘，她若是健在，看见你如此出息，该有多高兴啊！"

　　明保的话一下子将和珅带回到了20多年前，和珅眼睛一湿，不觉凄然泪下。明保见和珅动了真情，趁势说道："我与你娘打小感情就好，你娘出嫁后，我跟她也经常走动，逢年过节的时候，你娘总忘不了给我捎份礼物，可惜老天无眼，你娘生下和琳后便撒手西去了。"和珅叹道："哎！一把辛酸泪啊，还好舅舅你们经常关照我们，滴水之恩，当涌泉相报。"

　　明保一听和珅说要报恩，趁势说："和珅，你也知道，我经商多年，家里不缺钱，只是你表弟伍德不喜欢做生意，一心想求取功名，谋个一官半职，无奈他天性愚钝，《论语》读了几百遍还是记不住，指望科举及第是没有希望了。"

　　明保讲到这里，冲儿子伍德使了个眼色，伍德会意，向和珅恳求道:"和大人,你现在是朝廷大官,给我在户部谋个差事吧。"和珅想了想,对伍德说:"来得早不如来得巧,正好户部笔帖式有空缺,我先安排你做笔帖式,好好历练几年,以后不愁没有好机会。"这户部笔帖式大小也是个官,明保与伍德忙连声称谢。

正所谓一人得道,鸡犬升天,和珅一句话,他的表弟伍德便被任命为户部笔帖式。

经过安明和伍德的人事安排后,和珅每日忙些公务,日子倒也过得风平浪静。除了早朝之外,乾隆有段时间没有私下与和珅会面了。一天,乾隆想起了和珅,便派人宣他入宫。

和珅奉旨进宫拜见乾隆。一见到和珅,乾隆高兴地说:"爱卿,今日朕闲得慌,你陪朕下会棋吧。"和珅欣然从命,君臣二人下起了象棋。

乾隆边下棋边对和珅说:"朕好比是帅,爱卿更愿意做朕的士、相,还是马、炮、车呢?"和珅说:"回皇上,臣愿身兼五职,既做皇上的士和相,又做皇上的马、炮、车。"乾隆笑道:"孺子可教也,但愿爱卿心口如一。"

和珅的棋艺不精,输了一盘又一盘,乾隆说:"爱卿,下棋就好比打仗,棋逢对手,将遇良才,方能使人尽兴。以后你要好好练练自己的棋艺。"和珅笑道:"皇上的话臣记住了,回家后一定好好练习,争取能与皇上手谈。"乾隆说:"士别三日当刮目相待,朕非孙权,但朕希望爱卿能像吕蒙一样好学不倦。"和珅风趣地说:"吕蒙非寻常人物,连武圣关羽都不是他的对手,臣怎能比得上他呢?"

这时,乾隆趁机问道:"那你认为朕比孙权如何?"和珅答道:"孙权偏安江南一隅之地,皇上的疆土从漠北到南海,绵延万里,岂能相提并论?"乾隆说:"孙权承父兄基业,以弱敌强,败曹操于赤壁,溃刘备于荆州,建号称帝,一开东吴之基业,可谓英明神武,比朕厉害多了。"和珅说:"皇上承大清伟业,攘除四方贼寇,殚精竭虑,成就今日之太平盛世,非孙权可比。"

乾隆又问:"那朕比曹操如何?"和珅答道:"曹操虽是魏国的奠基

者,但他为人奸诈、心术不正,攻伐征战中动辄屠城,可以说是个暴君。皇上仁德遍布海内,万民敬仰,非曹操可比也。"乾隆不以为然地说:"你说的是小说中的曹操,历史上的曹操雄才大略,勤政爱民,不唯乱世之奸雄,也是治世之能臣。而且他文采斐然,在诗词方面也有很高的成就。"和珅说:"若论文采,臣以为皇上冠绝古今,无人能比,皇上的诗词造诣,虽李白、杜甫不及也。"

乾隆不置可否,笑道:"我们再谈谈刘备吧,毕竟谈三国离不开他。"和珅说:"刘备织席贩履之徒,幸得诸葛亮、关羽、张飞、赵云等人辅佐,方才割据西南之地。他文不通诗词,武不能安邦,凭借假仁假义赢得人心,不足论也。"乾隆摇摇头说:"爱卿此言差矣,刘备颇具刘邦之帝风,若论帝王之术,他远胜曹操、孙权。"和珅说:"皇上高论,臣茅塞顿开。"

就这样,他们一边下棋,一边聊得不亦乐乎。临走时,乾隆突然心血来潮,对和珅说:"爱卿,朕时不时会召你入宫伴驾,偌大一个紫禁城,跑来跑去不甚方便,即日起,朕赐你紫禁城骑马。"

和珅闻言惶恐不已,拜伏于地说:"臣何德何能,朝廷重臣方能在紫禁城骑马,即便是侍郎,也要60岁以上才有资格入紫禁城骑马名单,臣不过30岁,着实不敢领受,请皇上收回成命!"

乾隆笑道:"君无戏言,朕说可以就可以。"

和珅不敢再说什么,但内心有点发愁,他想:就是重臣也要熬到60岁以后才有少数获得紫禁城骑马的殊荣,自己既无政绩,又无军功,靠着皇上的赏识才平步青云,朝中大臣早就对自己多有非议,如今皇上又赐自己紫禁城内骑马,还不知道会有多少人由妒生恨呢!官场险恶,高处不胜寒呀,以后行事必须小心谨慎,以免被别人算计。

果然,和珅被赐紫禁城骑马的消息很快就在朝廷上下传开了,群臣闻之哗然,和珅再一次成为焦点人物。其中有两个人最为不服,一个是吏部尚书永贵,另一个是兵部尚书阿桂。这二人可谓劳苦功高,阿桂乃武将之首,多次率军平定内乱,军功显赫;永贵整饬吏治,也颇有政绩。他们被赐紫禁城骑马乃众望所归，而和珅身无寸功便集万千荣耀于一身，着实令人不服。阿桂私下对永贵说："区区和珅竟然与你我二人并驾齐驱，着实可恶。"永贵点头道："皇上肯定是被迷惑了，滥行封赏。"阿桂说："俗话说，无功不受禄，这和珅也真是恬不知耻，他虽然与你我二人无冤无仇，但我俩乃朝廷重臣，秉均衡之职，不可对官场中的歪风邪气视而不见，一定要找个机会好好教训一下他。"但和珅行事一向谨慎，阿桂和永贵只能耐心等待时机。

且说户部司务安明得和珅保荐后，官复原职。羊毛出在羊身上，他在和珅身上可是下了血本的，这白花花的银子总得往回捞，于是，他张开血盆大口，使劲地往自己口袋里捞钱，中饱私囊。户部司务也确实是个肥缺，分管好几个省的财政大权，坐在这样一把交椅上，财源自然滚滚而来。安明深知朝中有人好做官，背靠大树好乘凉，为了进一步加深与和珅的关系，他经常与和珅走动，变着法地给和珅送钱。和珅占了大便宜，索性来者不拒，对安明的贪污渎职行为也就睁一只眼闭一只眼了。

然而，人算不如天算，安明重得司务之职不到半年，四川老家突然传来讣告，他的父亲病逝了，这对安明来说无异于晴天霹雳。他内心暗暗叫苦——先是丢了司务之职，现在费了九牛二虎之力才官复原职，父亲却在这个节骨眼上病逝。清朝有规定，凡是七品县令以上官员，家中若有父母去世，必须回家居丧守孝三年，有违此令者斩；三年之内，非朝廷征召，一律不准复职。

一时之间，安明急得如热锅上的蚂蚁，一旦回家守孝，他先前的努力便付诸东流了。铁打的营盘流水的兵，三年之后官复原职的希望是很渺茫的。他思来想去，人一辈子有多少个三年，三年后从头再来又谈何容易！财迷心窍的安明觉得自己老家远在四川，天高皇帝远，只要自己不说，没人会知道自己父亲去世的消息。于是，他横下一条心来，决定秘而不宣，抓紧时间捞钱。

可惜纸包不住火，天下没有不透风的墙。安明有一个哥哥名叫安启,在巴中县府任职,他仗着自己的弟弟安明在户部小有权势,平日里专横跋扈,完全不把巴中县令放在眼里。巴中县令碍于安启在朝中有人撑腰,对他也无可奈何。

安明的父亲去世后,安启修书一封告知安明,让他回家守孝,但安明利令智昏,居然想瞒天过海。他经过再三考量,他回信说:

"弟被降为笔帖式后,使出浑身解数,花了无数钱财傍上户部侍郎和珅后才得以官复原职。现在弟上任没多久,若此时回家为父守孝,极有可能在官场再次遭遇厄运,官复原职的机会渺茫。烦请哥哥费心,帮弟遮掩此事,若有乡人问起,哥哥就说弟有皇命在身,自古忠孝难两全。总之,务必将不回家守孝的理由说足了,只要拿皇命说事,量他乡里乡亲谁也不敢妄议。"

安启立刻明白了安明的意思,心想京城与四川相隔千里,瞒住此事应该不难。于是,安启便独自将父亲埋葬了,丧礼办得极为低调。

邻里乡亲不见安明回家守孝,心中颇为疑惑,便向安启询问此事。安启早有准备,对众乡亲说:"安明现有皇命在身,皇上交给他一件紧急事务,他不回家守孝是皇上特批的。"众乡亲见安启言之凿凿,都信以为真。

但让安明和安启始料不及的是,还有一个人对安明不回家守孝有着浓厚的兴趣,这人便是巴中县令。

一天,巴中县令请安启吃饭,两人边吃边聊。县令看似无意地问道:"令尊去世,怎么没见你弟弟安明回来?我还想着跟他认识一下呢。"安启做贼心虚,表情不自然地说:"安明最近身负皇命,皇上命他与户部侍郎和珅一起整饬户部事务,工作繁忙。我父亲去世后,他向皇上告假,皇上不准,令让我代他守孝。"

安启乘着酒劲,继续吹嘘道:"现在,安明和户部侍郎和大人是把兄弟。和大人说了,只要他升任户部尚书,安明就是户部侍郎。你可能不知道,和大人与当今皇上关系非比寻常,他将来做宰相都是有可能的,到时候,安明飞黄腾达,我这当哥哥的也少不了荣华富贵、财源滚滚。"

县令见安启说得有模有样，心中一惊，他想，自己与安启一直是面和心不和，不如趁此机会冰释前嫌，于是向安启敬酒道："你我同县为官，可能以前多有误会，你大人不计小人过，从今以后，咱哥俩就是亲兄弟。来，我敬你一杯！"安启见自己刚才那番话将县令镇住了，更加肆无忌惮，狂妄地说："你想临时抱佛脚，门都没有。"

县令见安启一点面子都不给，心里很窝火，但又不敢当场发作，于是称醉道："大家都喝多了，就此散了吧。"

县令回家后，越想越气，对自己的夫人说："安启仗着他弟弟安明狐假虎威，不把我放在眼里，早晚叫他好看，真是气死我了！"

县令夫人是当地有名的才女，当下问县令道："听说安启的父亲病逝，怎么不见安明回家守孝呢？"县令将安启的话一五一十地告诉她，县令夫人分析道："不对，当今皇上是个大孝子，而且安明只是一个户部司务，能有什么要紧的皇命。莫非是安明贪恋权势，不想回家守孝，故而叫他哥哥安启如此这般推脱？"县令不确定地说："这不可能吧，大清律令规定，凡是在京官员，拒绝为父母守孝是重罪，除非身负皇命。他安明敢冒天下之大不韪吗？"县令夫人说："我适才听你所言，感觉此事必有蹊跷。你不妨写几封匿名信投给吏部，就说安明的父亲去世，安明未回家守孝，请吏部核实此事。"县令闻言大喜，拍案叫绝道："匿名举报是个好方法，无论如何我都可以保证自己的安全。夫人不愧是大才女，高明！高明！"

县令马上动笔写好了匿名信，然后派人直投吏部。俗话说，不怕贼偷就怕贼惦记。县令这边手起笔落，也就离刽子手那边手起刀落不远了，真是杀人不见血。而安明还被蒙在鼓里，对此事浑然不觉。

月余后的一天上午，吏部尚书永贵正在翻阅来自各地的检举信件，当读到一封来自四川巴中的匿名举报信时，他不禁眼前一亮，信中白纸黑字写着户部司务安明的父亲两个月前病逝，而安明至今没有回家守孝，请吏部稽查安明不回家守孝的原因。永贵看完这封匿名信，心里一惊，没想到户部官员中还有此等害群之马。宁可信其有，不可信其无，他立即派自己的属下前去安明老家四川巴中调查真相。

永贵的属下快马加鞭来到巴中，巴中县令在馆驿中接待了他。永贵的属下听了县令的报告，顿感案情重大，又亲自到安明家中调查情况，发现事情果然如匿名信所言。他不敢怠慢，火速赶回京城向永贵禀报："安明的乡里乡亲一致供述说安明的父亲已于两个多月前病逝，我还亲自询问过安明的哥哥安启，安启也供认不讳。另外，据我所知，安明是户部侍郎和珅举荐的，他们二人交情甚笃，称兄道弟。"

永贵闻言大喜，这次终于抓住和珅的小辫子了："我早就知道和珅不是什么好鸟，他这次难逃失察之罪。"

永贵信心满满地以为这次一定可以扳倒和珅，只可惜永贵的儿子伊江阿坏了他的大事。伊江阿认为父亲已经老了，而和珅是朝廷新贵，日后必定大富大贵，只有投靠和珅才能确保自己前途无忧，于是经常讨好和珅。和珅深知永贵在朝廷中的地位，也乐得结交伊江阿这样的权贵子弟，两人常以兄弟相称。

永贵对儿子伊江阿的态度极为不满，这天，他又数落伊江阿："和珅这样欺上瞒下的人，举荐一些寡廉鲜耻之辈担任要职，父亲死了都敢隐瞒不报。和珅蓄意包庇，保举他升官，真是不知廉耻，我一定要弹劾他！"

伊江阿闻言大惊失色，他想，现在和珅是皇上身边的红人，父亲肯定参不倒和珅，很可能引火烧身，恐怕还会连累自己。他决定给和珅送个人情，连夜求见和珅，告密说："家父明日要参劾大人，请大人速速做好准备！"

和珅知道，永贵是朝廷重臣，他要参劾自己，可不是小事，因此连忙追问原因。伊江阿说："大人曾经保举一位官员，此人父亲去世，为保住官位而隐匿不报，恐怕对大人不利。"

和珅马上就想到了安明，他连忙谢过伊江阿，说："我确实保举过一个人，当时是看他办事得力，是个人才。至于是否死了父亲，我并不知情，多谢贤弟今日前来告知此事，否则我有性命之忧，贤弟真是我的救命恩人！"伊江阿担心永贵起疑心，不等和珅多说，就赶紧回去了。

几乎同一时间，安明也知道了这件事，他心急火燎地来到和珅家中，见了和珅，倒头便拜："大人一定要救我啊。"

和珅不动声色地说："安明，你何出此言啊？"

安明痛哭失声道："小人糊涂，数月前家父去世，小人本该回四川老家居丧守孝，可小人当时心存邪念，担心守孝三年后无法继续担任司务一职，于是企图隐瞒此事，蒙混过关，不料今日东窗事发，吏部尚书永贵已经掌握了小人的罪证。"

和珅闻言骂道："好你个不忠不孝的东西，你可知道这是一桩杀头的重罪。"

安明哭道："小人知法犯法，罪该万死，还请大人在皇上面前为小人求情。"

和珅怒道："当今皇上乃大孝之人，普天之下谁人不知，你这不是让我往枪口上撞吗？此事关系国法，谁也救不了你。你死不足惜，我也得跟着你遭殃。永贵向来与我不和，一直伺机扳倒我，只怕我也自身难保。刑部审你时，你可得把嘴闭紧了。"

安明抽泣着说："大人对我恩同再造，这次小人鬼迷心窍，犯下杀头大罪。小人死后，还请大人念在我们以往的交情，照顾一下我的家人，别让他们流落街头。"

和珅见安明如此惨状，也不由得有些动情："你办事得力，只是过于贪财，你千不该万不该呀。"

安明说："我与大人此生缘尽，尚有余恩未报，只能等来世了。"说罢又是大哭。

和珅知道现在只有舍弃安明，才能保住自己的前途，因此他对安明说："什么都不要说了，你回家安排一下，刑部很快就会拘押你的。"

当天夜里，安明把家中贵重的财物秘密送到和珅府上。和珅也在思考补救的办法，最后决定先发制人，连夜写了揭发安明的奏折。

次日上朝，吏部尚书永贵启奏道："皇上，臣执掌吏部，负责纠察官员作风，现已查明户部司务安明于数月前隐瞒父丧，拒不回家守孝，触犯了我大清律例。请皇上下旨，着刑部查办。"

乾隆乃大孝之人，听了永贵的奏报，勃然大怒道："本朝竟有这等不忠不孝的官员，不斩此人，不足以平天下之愤。传旨下去，此案重办，绝不姑息。"

永贵说："臣还有本要奏，安明乃户部侍郎和珅保荐，和珅与其称兄道弟，还请皇上明察。"

乾隆怒道："和珅何在？"

和珅赶紧出班为自己辩解："皇上，户部司务安明确实是臣举荐的。臣一向唯才是举，没想到此人有才无德，臣有失察之罪。臣早已写好了参奏安明及向皇上请罪的奏折，不料吏部尚书先臣一步向皇上禀明此事，请皇上治臣不查之罪。"说完，他从怀中掏出写好的奏折。

这一切在乾隆看来实属巧合，和珅一定是早就准备好要弹劾安明，自己来认错，否则怎么会连奏折都写好了呢？看来和珅此前确实是不知实情，他是秉公办事，如果要怪罪的话，只能怪安明为人奸诈，一心欺瞒，和珅能知错就改，实在是勇气可嘉、忠心可鉴，不知不觉间，乾隆心里的天平已经朝他这边倾斜了。尽管如此，乾隆仍余怒未消地斥责道："这等不忠不孝之人你也敢举荐，真是有眼无珠！朕看在你平日里尽职尽责的份上，饶你连坐之罪，罚俸一年，降二级留任。"

永贵见乾隆如此轻易地放过和珅，处分也很轻，顿时急了，连忙奏道："和珅居心叵测，罪当株连。"

这件事牵扯到自己的宠臣，乾隆本来心里就不太舒服了，现在和珅主动认错，他便有心偏袒，没想到永贵得理不饶人，他很不高兴地说："你且说和珅如何居心叵测，朕要证据。"

永贵见皇上生气了，心中惶恐，颤抖着说："和珅确实包藏祸心，但臣目前尚无证据。"

乾隆一听更加恼怒了："你没有证据就不要在这里信口雌黄。"

永贵惶恐不能言，乾隆宣布退朝。

很快，安明便被下到刑部大牢，开堂会审，安明对自己的大不孝之罪供认不讳，依照大清律例，安明被凌迟处死。安明的哥哥安启犯有包庇罪，被判处斩监候。自此，安明一案尘埃落定。

安明伏法后，和珅对自己行为进行了深刻反省：永贵借安明一案弹劾自己并非空穴来风，如果不是皇上有意袒护自己，一旦永贵等人深究下去，之前安明行贿自己一事很可能会被挖出来。届时，自己不仅乌纱帽难保，性命怕也不保。

吃一堑，长一智，在安明身上栽了个跟头后，和珅从此在官场中更加小心翼翼，如履薄冰。

第七章　开财路执掌税关

安明一案后,乾隆对和珅信任依旧。乾隆四十四年(1779年)元旦,和珅进宫为乾隆贺岁:"臣和珅拜见皇上,祝皇上福如东海,寿比南山,千秋万代。"乾隆笑道:"爱卿不久前受安明案牵累,被朕连降二级,罚俸一年,对朕有怨气吗?"和珅说:"这都怨臣识人不明,保举了奸猾之徒,有负皇上圣恩。臣对皇上的处罚心服口服。"乾隆略一沉吟,又说:"这次我给你个戴罪立功的机会,你可要好好表现表现。近日,江苏学政刘墉上书一封,说江苏东台县(今东台市)有人私藏禁书,朕想派你去协助刘墉办案,不知你意下如何?"和珅忙道:"皇上差遣,臣愿效死力。"乾隆不忘嘱咐几句:"刘墉是你的前辈,此去江苏,多学着点,遇事不可专断。"

这个案子是怎么回事呢?原来,江苏东台县有个书生名叫徐述夔,举人出身,曾任泰州栟茶场大使。徐述夔自恃才高,加上读了一些吕留良等明末遗民的著作,经常对清朝流露出不满情绪,整日吟诗表达自己对过去的明朝生活的向往,诗中有"市朝虽乱山林治,江北久无干净土""旧日天心原梦梦,近来世事日非非"等句子。他在世之时,这些诗句流传不广,因而没有给他招来杀身之祸,及至他去世之后,他的儿子徐怀祖为纪念亡父,把他的诗作集成《一柱楼诗》刊印发行。

不过,徐怀祖也于乾隆四十二年(1777年)去世,他的两个儿子徐食田、徐食书因与蔡家进行田地买卖时发生纠纷,被蔡家以揭发《一柱楼诗》相要挟。徐食田、徐食书认为,与其被别人揭发出来,不如去官府自首,也许可以免罪。于是,他们把刊印发行的《一柱楼诗》和祖父的手稿全部交到县衙。东台县令涂跃龙认为此事是他们自首,也就宽大处理,并没有过多追究。但是,蔡家不愿就此罢手,又将此事告到省里。当时刘墉正好出任江苏学政,他看了诗集后,认为诗中确实有大逆不道之处,于是赶紧向乾隆奏报此事。

话说和珅领旨后,立功心切,马不停蹄、日夜兼程赶到江苏,江苏学政刘墉将他迎入官衙,将《一柱楼诗》交给他翻阅。和珅废寝忘食地查阅了两天,终于纠察出两句大逆不道的诗句,其中一句是:"大明天子重相见,且把壶儿搁半边。"还有一句是:"明朝期振翮,一举去清都。"

如获至宝的和珅立即找来刘墉,将这两句悖逆反诗指出来,并不无夸张地说:"'大明天子重相见,且把壶儿搁半边'中的'壶儿'即'胡儿',因为在汉人看来,满族人就是胡人异族;'搁半边'就是推翻清朝。'明朝期振翮,一举去清都'这句反诗的意思更是昭然若揭,希望明朝复兴。"

听了和珅的解释,刘墉笑道:"和大人所言甚是,现在罪证确凿,可以上奏皇上了。"

迫不及待的和珅立即写好奏折,并附《一柱楼诗》一本上奏乾隆,请乾隆谕示如何惩处。乾隆看罢不禁喜怒交加,喜的是和珅终于立功赎罪,怒的是大清的禁书屡禁不绝——他御笔一挥,敕令和珅严办此案有关人员。

和珅接到乾隆的敕令后,很快做出了判决:徐述夔编造狂悖诗词,妄肆诋讥,其子徐怀祖将逆书公然刊刻流传,二人虽已身故,仍照大逆凌迟律,锉碎其尸,枭首示众。徐怀祖的两个儿子虽然携书自首,但仍以收藏逆诗罪被处斩立决。官员中受到处分的也不少,扬州知府谢启昆因办理此案"迟缓半月"被判"发往军台效力赎罪";东台知县涂跃龙因没有立即查究此事,处以革职,"杖一百,徙三年";江宁藩司衙门幕友陆琰被认为"有心消弭重案",处以斩立决。

徐述夔一案处理完毕后,和珅回京述职,乾隆嘉奖他道:"爱卿侦办《一柱楼诗》案立了大功。今内务府总管请辞,朕欲任命你为新的内务府总管,替朕料理皇家财政,你意下如何?"和珅闻言大喜,跪谢道:"固臣所愿也。"

在清朝,皇室的财政与国家的财政是分开的,国家的财政由户部管理,皇家的财政由内务府管理。换言之,乾隆是想任命和珅为皇室大管家,他对和珅的信任程度由此可见一斑。

众所周知,乾隆特别好排场,继位以来不是东巡就是南游,内务府很快便捉襟见肘了。历任内务府总管绞尽脑汁也无法满足乾隆的欲求,连年亏空。和珅接手的完全是一个烂摊子,已经好几个月没给宫女和太监发工资了,后宫怨声载道。不仅如此,由于乾隆没钱的时候经常向户部借钱,导致内务府债台高筑。皇帝向户部借钱,户部当然不敢不借,但借来的钱早晚是要还的。

和珅上任后,打开内务府的账目一看,不禁大惊失色,问内务府副总管道:"这天下都是皇上的,皇上怎么还欠了这么多债呢?不应该呀!"副总管无奈地说:"大人有所不知,后宫的开销很大,宫女和太监们的工资倒是没有多少,可嫔妃们个个都是爱花钱的主。另外,皇上经常会赏赐大臣,大家通常认为皇上赏赐大臣的钱是由户部支出,其实是由皇上自掏腰包。"

和珅听罢愁眉紧锁,对副总管说:"你在内务府干了这么多年,对于目前的困境有何良策?"副总管苦笑道:"小人愚钝,哪来什么良策呀!"和珅只得让他退下,自己先理清一下思路。

如何才能扭亏为盈呢?和珅日思夜想,想得头发都快白了,但还是想不出什么好办法来。这天,和珅回到家中,管家刘全见他闷闷不乐,关切地问道:"老爷有何烦闷之事吗?"和珅瞥了刘全一眼,随口说道:"有口难言。"刘全开玩笑道:"老爷您现在是皇上的管家,而我又是老爷的管家,这绕来绕去,我倒是跟皇上攀上关系了。"

和珅被逗乐了,随口问道:"这两天忙什么呢?"刘全说:"别提了,我家亲戚多,今天这家办丧事,明天那家办喜事,总有随不完的礼。"

说者无心，听者有意。和珅听到"随礼"二字，脑子里顿时迸发出无限的灵感，他想：大清如同一个大家庭，皇上乃一家之主，皇上家里有事，哪个大臣敢不随礼，真乃妙计也。想到这里，他顿时轻松了许多。

次日，和珅入宫启奏道："皇上，臣昨晚想出了一个两全其美的办法，可解决内务府的资金问题。"

乾隆暗忖，和珅莫不是想让朕节流，历任内务府总管都是这么说的。于是，他冷淡地说："有何妙计，说来听听。"

和珅胸有成竹道："皇上乃一国之君，这万里江山都是皇上的。臣想过了，普通百姓家里有个婚丧嫁娶或者贺寿的，亲戚朋友都得上门随礼，何况皇上呢？"

乾隆不解地说："爱卿这是什么意思？朕的后宫里大小妃嫔加起来，人数可不少，难不成每个妃嫔过生日都向百姓索礼不成，那朕岂不是成昏君了？"

和珅笑道："皇上仁德，爱民如子，当然不能打扰老百姓的生活，可朝廷官员就不同了，大清县令以上的官员数以千计，个个养尊处优，家中颇有资财。后宫里的娘娘们过生日，难道这些官员不该随礼吗？于公于私，他们都该表示一下。"

乾隆见和珅振振有词，句句在理，恍然大悟道："爱卿的脑子就是好使，比以往那些内务府总管强多了。你说的有道理，大清的官员们个个锦衣玉食，没有朕，就没有他们今天的荣华富贵。不过，礼得送得名正言顺，怎么立这个规矩才好呢？"

和珅不慌不忙，娓娓道来："臣是这样想的，以往官员们给皇上进贡送礼，都是在皇上、皇后或者太后的生日之时，现在可推而广之，将妃嫔们也包含进来，每逢妃嫔们过生日，皇上便给官员们下帖，要求他们进贡送礼。其实，这也是官员们求之不得的事情，谁不想巴结皇上您呀？"

乾隆拍案叫绝道："妙计，妙计也！这件事就由你全权负责，朕马上让人把后宫妃嫔的生日列个单子出来，你放手去干吧。"

和珅的计策得到乾隆批准后，接下来就该执行了。和珅把这件事交给副总管去落实，此人虽然不甚聪慧，但执行起命令从来都不打折扣，内务府的命令很快便传到了全国各地：今后皇帝的后宫妃嫔们过生日，官员们也得进贡送礼。

官员们得到消息后个个欢欣鼓舞，以前想送礼，一年也就那么几次机会，毕竟皇后和太后一年只过一次生日，现在不同了，皇上的嫔妃那么多，三天两头就可以给皇上进贡送礼。于是，全国刮起了一阵争相给皇帝送礼的旋风。坐在紫禁城里的乾隆见八方财源滚滚而来如黄河之水，兴奋不已。仅仅一个月时间，内务府的财政问题就解决了，乾隆心想，和珅真是太了不起了。

不过，和珅与乾隆还真是只见其利，未见其害，官员们三天一小礼，五天一大礼地给皇上送礼，这银子从哪里来？当然是羊毛出在羊身上。官员们都拼命巴结上面，使劲敲诈下面，就算大清的老百姓是摇钱树，也受不了这三天两头的折腾。

年迈的乾隆走了一步错棋，在和珅的引导下将大清一步步由盛世拖入衰败——老百姓终于不堪忍受官员们敲骨吸髓般的压榨，纷纷揭竿而起。这也好办，谁反就杀谁，哪里有起义就剿哪里。然而，起义军越剿越多，乾隆坐不住了，将和珅召来说："爱卿啊，大事不妙，天下百姓不堪重负，纷纷起来反抗，很多朝廷命官被起义军杀死。事实证明，你叫朕走的这步棋是臭棋，再不改弦易辙，朕离亡国就不远了。"

和珅惶恐道："臣一片好心，没想到却帮了倒忙。皇上，该收手时就收手，别让官员们再进贡送礼了，臣再想想别的方法。"

乾隆说："好吧，无论如何，大清的基业不能毁在朕的手里，为了保证大清的江山万世永存，朕愿意做个穷皇帝。"

和珅说："皇上不必悲观，容臣再想想办法。"

一天，和珅出京办事，路过崇文门，见南来北往的客商很多，偶尔也能遇到几个从外地到京城来的官员，心想：何不把崇文门税关的收税权力控制在内务府手中？他思来想去，觉得此事可行，于是便纵马回京。见到乾隆后，他说："皇上，上次臣给皇上献计，不料后来弄巧成拙，如今臣又思得一计，可解内务府之困。"乾隆摆出一副洗耳恭听的模样，和珅接着说道："臣出入京城，见崇文门外从早到晚人声鼎沸，往来客商颇多，从南方进京的外地官员也必经此地，如果将这里的收税权限划归内务府，不愁没有银子入账。"

崇文门号称天下第一税关。早在明朝时，北京城的内城九道城门便设有关卡，向来往进出的百姓、官员收税；清朝时才去掉了其他各门的收税关卡，统一在崇文门登记征税。

崇文门税关设正、副监督各一人，一般由内务府包衣出身的官员担任。这是一个名副其实的肥差。到了乾隆年间，乾隆常常把这一进财的肥缺委任给自己的亲信大臣和皇亲国戚。

按照规定，凡小商贩携带的箕筐、笤帚、鞋袜、米面、布匹、菜蔬、瓜果、食物等物均可以免税进城，但实际上还是难以完全免税。据说当时京畿一带的商人、百姓入城时，人人都在帽檐边上插上两文制钱，走到城门由税吏自行拿取，彼此用不着说话，这几乎成了惯例。如果小商小贩不交钱，税关的税吏、巡丁就会扣下货物，人们只能眼睁睁地看着，敢怒不敢言。当时流传着这样的歌谣："税权九门全，权归阉寺专。村氓挑负（伏）至，任取鬓边钱。"真实地反映了当时的税收情况。

另外，崇文门税关还承担着其他一些任务，比如代宫廷变卖被抄没的王公大臣的家奴和财产，仅这一项事务的收益，就远远超过了每年的税务定额。

乾隆已经见识过和珅的理财能力，且要依仗和珅为自己管理皇家财政，于是就颁旨任命和珅为崇文门税务监督。

要想增加税收，必须增加进项。和珅在这上面着实动了不少脑筋。很快，他便制定了新规：所有往来的商人、官员，甚至连进京应试的士子，一律都要交税。外地进京的官员，职位越高，收取的税金也越高。

和珅将新规上奏乾隆后，乾隆担心官员们不买账，对此，和珅分析道："外地官员一年也进不了几次京，况且他们不缺那几个银子；至于考生，能够进京应试的，盘缠也不会少那几个银子。"乾隆觉得言之有理，便同意下来。

正所谓万事开头难，为了在新规实施时少出纰漏，和珅亲自坐镇税关。

商人们带着货物出入京城是做买卖，一买一卖中间有利润，朝廷收点税倒也无可厚非。但是很多外地进京的官员都表示不理解，尤其是外地官员进京，大多是给皇上述职来了，凭什么要交税！但和珅可不管那么多，准备官员、商人一刀切。

时有山东巡抚诺穆新进京述职，经过崇文门税关时，税吏将他拦下，要求他缴纳30两银子方可通过。诺穆新急了，他说："我几个月往返京城一趟，上次来还没有这个规矩，难道你们让我交我就交？"税吏见诺穆新不配合，便说："此事由皇上钦定，和珅监督，从外地入京的官员必须按照官品大小缴纳数量不等的银子方可过关。有敢违抗者，严惩不贷。"

诺穆新倔脾气上来了，怒道："我今天偏不交此税，看你们能奈我何？"

税吏知道诺穆新是山东巡抚，得罪不起，忙飞报和珅。和珅纵马疾驰赶到关前，见诺穆新正与税吏对峙，忙喝住自己的手下，将诺穆新拉到僻静处，好言抚慰道："诺大人若实在不想交这个税，和某愿意替诺大人垫付。诺大人进京述职，时间紧迫，请即刻入城吧。"

诺穆新被和珅的激将法给激怒了，大声叫道："我堂堂一省巡抚岂会交不起几十两银子，无须你来垫付。"就这样，诺穆新被和珅轻而易举地摆平了。

诺穆新进京向乾隆述职完毕后，斗胆进言道："臣在进京时路过崇文门，发现外地进京的官员都要交税才能入关。"乾隆不动声色地说：

"有什么问题吗?"诺穆新说:"皇上英明,不该出此下策,从外地进京来述职的官员又不是到京城来做生意,交什么税?"乾隆觉得诺穆新所言极为刺耳,怒道:"大清虽是朕的,但朕从来不花户部的钱,朕后宫养着那么多人,内务府不想办法开源,让朕喝西北风去呀!你们好不容易来京城一趟,连几十两银子都舍不得掏吗?"诺穆新一时语塞,不知所措,只得称罪告退。

和珅不仅向进京述职的外地官员收税,连押解战利品回京的官员也不放过。

有一年,缅甸国发兵攻打云南,云贵总督李侍尧率兵迎战,大败缅甸军队,缅甸军队退回国内。李侍尧趁势反攻,缅甸军队抵挡不住,遣使往李侍尧军中求和。李侍尧不敢擅自做主,以八百里加急飞报乾隆,乾隆做出指示:"缅甸军队必须无条件投降,缅甸必须年年进贡,并向大清称臣。"

李侍尧接到乾隆的指示后,向缅甸发出最后通牒,缅甸国王深知自己兵微将寡且国力衰弱,难以和大清抗衡,只得答应下来。乾隆闻报大喜,命令李侍尧将战争中缴获的战利品解送北京。李侍尧领命后,一面留兵警戒边界,一面亲自解送战利品进京邀功。

一路风餐露宿,李侍尧一行数百人最终带着 50 车战利品来到北京郊外,时值黄昏,李侍尧本欲快马加鞭入城,不料在崇文门税关被截住,税吏说:"若要进城,请先交税。"李侍尧久居边关,不知其中奥秘,怒斥税吏道:"我乃云贵总督李侍尧,押送战利品进京,凭什么交税!"税吏平日里达官显贵见多了,满不在乎地说:"此关由内务府和珅和大人监管,就算是皇亲国戚进城,也必须交税。这是皇上的旨意!"

李侍尧见税吏把皇上抬了出来,也不敢过于放肆,于是说:"缴税就缴税,多少钱?"税吏盘查一番后,对李侍尧说:"你们这几百号人再加上大车 50 辆,最少也得交 3000 两银子。"李侍尧怒道:"什么,3000 两?你们到底是在这收税还是蓄意敲诈,岂有此理!"税吏一本正经地说:"我等只是奉命执行公务,该收多少税也是照章办事,请大人不要见怪。"李侍尧说："此关既是由和珅监管，你们将和珅叫来，我要亲自与他理论。"

税吏无奈，只得派人去请和珅。和珅对李侍尧之名早有耳闻，知道他是个不好惹的角色。

李侍尧，原为汉军镶黄旗人，他的祖上李永芳是清朝功臣，父亲李元亮也官至户部尚书。李侍尧精明干练，颇有才略。乾隆第一次召见李侍尧就对他印象颇深，认为他是"天下奇才"，并破格提升他为副都统。当时有人以违例谏劝，乾隆却说："李永芳的玄孙，怎么能与其他的汉军相提并论呢？"此后，李侍尧又历任工部侍郎、户部侍郎、两广总督、户部尚书、湖广总督、工部尚书等，后来调任云贵总督。

深受乾隆器重的李侍尧，也很会讨好乾隆，在同僚中以进贡方物最得乾隆欢心。乾隆曾夸他与山东巡抚国泰的贡品最好，远超他人。

对于这样一个重要人物，和珅自然不敢怠慢，连忙赶往崇文门税关。等他赶到崇文门税关，李侍尧已经在关外等候许久，憋了一肚子气。见到和珅后，李侍尧劈头盖脸地大骂道："这是谁给皇上出的这么个馊主意，堂堂天子脚下，设什么关税，你就是和珅？"

和珅驱马近前说："在下是和某人，你是云贵总督李侍尧李大人吧？"李侍尧没有正面回答，只以马鞭指着和珅说："我奉皇上敕令押送从战场上缴获的战利品50车进京，速开城门。"和珅说："既然是需要入国库的东西，那就免税了，但李大人乃朝廷一品大员，从外地进京须交50两银子的税金。"李侍尧大怒道："这是谁规定的？"和珅说："内务府规定，皇上批准的，一品官员入城50两银子，二品官员入城30两银子，三品官员入城20两银子。"李侍尧见和珅不依不饶，态度强硬，只得交了50两银子，这才得以入城。经崇文门税关这么一折腾，李侍尧在馆驿中住下已是半夜，又饿又冻的他十分生气。

次日，乾隆召见李侍尧，一见面就嘉奖他道："你在云南督军与缅甸作战，连战告捷，打得入侵者求和乞降，真是劳苦功高，朕得你捷报，不胜欣慰。"

李侍尧昨晚在崇文门折腾到半夜方才入城，没睡几个时辰就赶入宫中，显得有些困乏，他强打精神回道："臣蒙皇上厚恩，督师于云南边陲之地，教训入侵者是臣的本分，不敢妄自贪功。"

乾隆见李侍尧精力不济，关切地问道："朕怎么看你有些没精神，是不是身体不舒服？"

李侍尧据实回奏道："臣接到皇上诏命后，日夜兼程往京城赶，路上不敢有半点懈怠，没想到却被崇文门税关拖到半夜才入城，所以今日颇感困乏，请皇上恕罪！"

乾隆摇头道："这是怎么回事？"

李侍尧一五一十地将事情的经过告诉乾隆。乾隆听后解释说："原来如此，你有所不知，向外地进京官员收税的规定也是近期才开始实行的，和珅也是替朕办事。"

李侍尧说："恕臣直言，皇上不该听信小人之言，这样做无异于巧取豪夺，臣斗胆请皇上收回成命，撤销这一税种。"

乾隆闻言很不高兴地说："怎么？就因为崇文门税关征了你50两银子的入城税，你便如此心中不平。"

李侍尧说："微臣并不是在意这50两银子。"

乾隆更加恼怒了："你们不在乎钱，可朕缺钱，你退下吧。"

李侍尧见乾隆动怒，不敢多言，怅然而退。

兵部尚书阿桂与李侍尧是老相识，李侍尧早年曾跟随阿桂南征北战，二人交情颇深。李侍尧到了京城，自然要去拜访阿桂。二人见面后，闲聊了几句，阿桂说："侍尧啊，你在云南打败缅甸大军，居功至伟。今日见到皇上，少不了一番嘉奖吧。"李侍尧一脸无奈地说："皇上糊涂啊！"阿桂惊奇地问道："你何出此言？"李侍尧说："我昨日进京被和珅挡在崇文门外，强行征收了50两银子的税金。今日我据实禀明皇上，没想到皇上却龙颜大怒，让人心寒。"阿桂说："和珅现在是皇上身边的红人，在崇文门税关向外地进京官员征税就是他献的计策，目的是要给内务府增加收入。"李侍尧说："君子爱财，取之有道，皇上不该如此。正所谓父有诤子，君有诤臣，请大人力劝皇上将崇文门税关的官税废除，只收取商税。"阿桂也觉得此事事关大清江山社稷及人心向背，自己作为朝中老臣，食君之禄，忠君之事，理应向皇上进谏，于是满口答应下来。

某日退朝后，群臣皆散去，只有阿桂一人站在原地不动，乾隆见状，问他："你不退朝，还有事要奏吗？"阿桂说："臣斗胆请皇上停收崇文门税关的官税，只收取商税。自皇上在崇文门税关开征官税以来，外地进京的官员多有怨言，长此下去，君臣生隙，社稷难保。"

阿桂说完，心中忐忑，没想到乾隆十分平静，沉默良久才说："朕最近也收到了一些类似的奏章，建议朕取消官税。百官敢于犯颜直谏，说明我朝言路畅通，朕理应从谏如流，即便你今日不上奏，朕也准备和内务府商量一下，取消崇文门官税。"

翌日，乾隆召见和珅，表示要取消崇文门官税。和珅见乾隆已经拿定主意，也不再坚持，说："众怒不可犯，那就将官税取消吧，毕竟商税才是崇文门税关的主要进项。"乾隆安慰他道："自从爱卿担任内务府总管以来，朕手头宽裕多了，倒是你因此受了不少委屈，难为你了。"和珅说："皇上心里舒坦，臣心里才能踏实，至于个中酸甜苦辣，任由世人去评说吧，臣无所谓。"乾隆调侃道："爱卿心里只有朕，可谓有君无民。"和珅笑道："君民本为一体，两者休戚与共，何谓有君无民？"乾隆闻言大笑道："知朕者，和珅也。"

可以看出，和珅一心想着为乾隆敛财，以至于不顾自己的名声，不管身后的骂名，心甘情愿地替乾隆背上奢侈的"黑锅"。也正是因为和珅的"计策"，内务府的府库才日渐充盈。

在担任崇文门税务监督期间，和珅可以说是尽职尽责，没有丝毫懈怠，运用各种手段来增加税关的税收。在他的努力下，崇文门以每年17.32万两的收入位居全国 30 个税关第四位（嘉庆四年的数据），远远高于其他关口。

另外，和珅的理财能力还体现在内务府的管理上。内务府是皇室的财政机构，主管包括皇室的日常用度在内的一切开销。由于乾隆生活奢侈，内务府负债累累，难以为继。和珅接管之后，情况有了很大的改观。他不但能用内务府的银两为乾隆操办寿宴，而且自己还能从中获利。史书曾记载乾隆办八十大寿寿宴时的情景。乾隆本人表面上宣称要力行节俭，但臣下却大操大办，所有摆件都焕然一新。和珅"劳民伤财"没有直接表现在征收老百姓税收上，所用的主要是三品以上大员进献的银两以及其他官员捐俸，其中尤以两淮盐院所纳 400 万金资助为甚。所有这些，都不能不归功于和珅。

和珅在迎合乾隆的过程中将自己的理财能力展现得淋漓尽致。凭借这一点，他在乾隆心目中占据了十分重要的地位，也使他在朝廷中牢牢站稳了脚跟。

第八章　结朋党提携故旧

日益得到乾隆宠信的和珅，得了崇文门税务监督这个肥差，不仅大大充盈了乾隆的小金库，他本人也从中获利不少。

聚敛了钱财，和珅准备搬迁新居。他把驴肉胡同的老宅留给弟弟和琳居住，自己带着妻儿及管家刘全等一干下人住进了什刹海旁的新居。人逢喜事精神爽，和府上下无不欢天喜地，向来吝啬的和珅更是破天荒地给家中的仆人发了赏银。

和珅给自己的新家取了一个大气的名字：和第。他在建造这座宅院时颇为费心，时常亲自监工，还贿赂宫中的太监，把宁寿宫的式样描摹下来，然后命人按照图纸建造，并在家里修建了一座全由楠木造成的建筑，模仿宫中的楠木殿。府中花园则借鉴江南园林的布局，亭台楼阁、假山池子都很精巧别致。

管家刘全跟随和珅几十年，自打和珅记事起，他便鞍前马后地侍候着。和珅的父亲常保去世后，忠心的刘全一直不离不弃，要说刘全还真有识人之明，和珅是他看着长大的，他一直坚信和珅将来必有大作为，于是默默地把宝押在和珅身上。

现在看着和珅步步高升，刘全打心眼里感到高兴。一天，主仆二人在花园里闲逛，路过一个亭子时，刘全对和珅说："老爷，我见其他亭子上方都挂有匾额，为何这个亭子没有呢？"和珅解释说："我打算请一位高人来为此亭题匾。"刘全满脸堆笑，奉承道："要说文韬武略，老爷您天下第一，何必要请他人代笔呢？"和珅笑道："人外有人，天外有天，我可不敢忝居大才子之列，你听说过南袁北纪的说法吗？"刘全想了想，不确定地说："莫不是指袁枚和纪晓岚？"和珅点头道："算你还有点见识，袁枚的诗不输唐代的李白和杜甫，号称无书不读的纪晓岚更是被称为天下第一才子，当今皇上最喜欢与他诗词酬唱，若得此人题匾，乃吾辈莫大之荣幸。"刘全当下接过话茬："那老爷修书一封，我去将纪晓岚请来便是。"和珅摇摇头说："纪晓岚这个人自恃才高，一般人是请不动的，还得我亲自出马才行。"

刘备三顾茅庐，方才请动诸葛亮，纪晓岚虽然不及诸葛亮，但是和珅也不敢怠慢，亲自备了份厚礼登门求见。纪晓岚见和珅来访，笑迎道："和大人日理万机，今日前来，必有要事吧？"和珅说："鄙人最近乔迁新居，想请纪大人题个匾额，请纪大人务必赏脸！"纪晓岚笑道："手起笔落的事，和大人遣一人来唤便是，何必亲劳大驾？"当下两人约定：纪晓岚第二天登门题匾。

次日，和珅用官轿将纪晓岚接到自己府中。寒暄客套一番后，和珅领着纪晓岚移步换景，纪晓岚左顾右盼，见和珅的府邸甚是豪华，亭台楼阁错落有致，假山真水点缀其间，不禁叹道："和第就是和第，果然名不虚传！"

不一会儿，他们来到要题匾的亭子前，纪晓岚见亭子周围栽满竹子，看上去甚是幽静，便说："和大人也是读书人，可知《诗经》中有一句赞美周王宫的话：'如竹苞矣！如松茂矣！'意思是说，王宫里的竹子苍翠茂密。和大人早晚会出将入相，而且此处亭子周围皆是竹林，正好与《诗经》中的意境暗合，不如就将此亭命名为'竹苞'如何？"

和珅也熟读《诗经》，当下拊掌称叹道："纪大人果然才思敏捷，和某自愧不如！"

实际上，纪晓岚献"竹苞"二字另有寓意，但和珅顾不上细细推敲，便催着纪晓岚赶紧挥毫泼墨。刘全大字不识几个，向来看和珅的脸色行事，见和珅向自己点头示意，便三步并作两步将笔墨纸砚拿来。纪晓岚将袖子一挽，大笔一挥，转眼之间，"竹苞"二字已成，笔力苍劲浑厚。和珅乐不可支地吩咐刘全请京城最好的工匠将"竹苞"二字制成匾额，悬于亭端。

大功告成，纪晓岚正打算告辞，和珅一把将他拉住，挽留道："纪大人好不容易来我府中一趟，岂有不吃饭便走的道理？纪大人这边请，府中已备下酒宴，今天务必尽兴而归。"

作为乾隆的宠臣，和珅这次请纪晓岚到自己家中作客，目的并不只是为了让纪晓岚给自己题一块匾，同时也想借这个机会跟这位天下第一才子拉近距离。而对纪晓岚来说，他并不想与和珅结交，只不过碍于同朝为官，不能不给面子，所以尽管两人在饭桌上侃侃而谈，从下里巴人聊到阳春白雪，但纪晓岚打心里瞧不起和珅。在他看来，和珅不过是小人得势，凭借皇上的宠信平步青云而已，并没有什么真才实学。不过，和珅对纪晓岚却是推崇备至，并深深折服于其渊博的学识！

其实，和珅在咸安宫官学读书时也是一个勤敏好学之人，就是这样一个内敛矜持的人，在毕业后短短的时间里出乎意外地成为咸安宫官学学子中官运最亨通的一个。虽然纪晓岚看不起他，但有的是人看得起他，甚至千方百计想要巴结他。这不，很快就有他的旧日同窗粉墨登场了。

这一年，和珅的同窗好友、贵州按察使海宁进京述职。海宁仕途还算顺利，但他向往京城，一心想做一名京官，希望能够像和珅那样，每天立于庙堂为皇上尽忠。

如何才能实现这个愿望呢？海宁没事的时候就经常琢磨，在所有同学中，现在只有和珅在京城混得最好，而且自己以前与和珅的交情还不错。他在贵州时，经常听人说和珅与当今皇上关系密切。放眼整个朝廷，没有哪个人能像和珅那样在短时间内同时兼任户部侍郎、军机大臣和内务府总管，看来自己若想调到京城，和珅是办成此事的不二人选。

打定主意的海宁向朝廷述职完毕后，便登门拜访和珅。有朋自远方来，不亦乐乎！见到多年未见的老同学，和珅自然是盛情款待，两个故旧坐在一起免不了高谈阔论一番。和珅关切地问道："海宁兄在贵州任职多年，该地风土人情如何？"海宁说："贵州各民族杂居一起，风俗与中原地区大不相同，我待在那个地方实在是惶惶不可终日啊！"

和珅面露同情之色："我听说贵州有许多白莲教逆贼，民风彪悍，朝廷很是为之头疼。海宁兄久居边关之地，确属不易！"海宁不想多谈这个话题，他今天可不是诉苦来的，还有更重要的事情。所以，他赶紧转移话题："唉，别提了！士别三日，当刮目相看！你如今可是今非昔比了，可还记得当年'苟富贵，勿相忘'的约定？"

原来，在咸安宫官学念书期间，和珅曾与海宁交好，有一次放学后，两人一起喝酒，和珅酒后乱言说了一句"苟富贵，勿相忘"，没想到今日被海宁旧话重提。和珅大笑道："海宁兄，当年你父亲身居要职，我本来想沾你的光来着！"

海宁苦笑道："我的出身比你好，却远不及你官运亨通啊！你有机会就提携兄弟我一把吧！"和珅爽快地说："好说！对了，你常年在贵州任上，与云贵总督李侍尧可有交集？"海宁说："李侍尧总督云南和贵州两省，但其总督衙门设在云南昆明，很少到贵州来，我与他一年也见不了几次面。"和珅试探道："听说李侍尧在云南专横跋扈、一手遮天、作威作福，常把自己比作康熙帝时的云南王吴三桂。"

海宁闻言吃了一惊，对和珅说："李侍尧虽然骄狂，但我还真没听说他敢自比吴三桂，莫非你与李侍尧有隙？"和珅也不拐弯抹角，直言道："不瞒你说，上次李侍尧运战利品进京，路过崇文门税关时，不仅拒绝交税，还恶言相加，令我久久不能释怀！"海宁一听马上就明白了和珅的目的："原来如此！李侍尧一向飞扬跋扈，但是要说李侍尧谋反，那也太夸张了，他还没有吴三桂的胆量。不过，说他贪赃枉法倒也不是空穴来风，云南和贵州的百姓都知道李侍尧是个捞钱的好手。"和珅听了精神为之一振，追问道："你可有真凭实据？"海宁说："我也只是风闻而已，不过我在贵州多年，人脉非常广，暗查李侍尧倒也不是什么难事。"和珅意识到，若要扳倒李侍尧，海宁是个关键人物。于是，他向海宁承诺：只要海宁把这件事办妥，一年之内，他就想办法调其入京。

李侍尧在云南经营多年，自以为山高皇帝远，可以无所顾忌地擅作威福，他做梦也没有想到，睚眦必报的和珅已经在暗中开始向他撒网了！

和珅在咸安宫官学的老同学，除了海宁之外，还有一个叫国泰。

国泰从咸安宫官学毕业后，到河北唐山县任县令，一干就是10年，始终没有挪过窝。看着昔日的同窗好友和珅与海宁步步高升，他心里不由得五味杂陈。这不，和珅刚刚送走海宁，国泰便来登门了。

国泰是四川总督文绶的儿子，身为权贵子弟，他从小锦衣玉食，养成了飞扬跋扈、不可一世的性格，脾气暴烈，不学无术。有人这样评价国泰："性暴戾，妻子仆隶皆若一日不可共居。"国泰盛怒时，要么扑向妻子，要么拿刀惩罚仆隶。就连他的妻子，都无法与他共处一日，换了别人，是无论如何也不会与他结交的。

然而，和珅深知建立官场人脉网络的重要性，在利益的驱使下，尽管聚集在他周围的多为贪慕钱财、虚荣势利的小人，但只要这些人能为他办事并效忠于他，他也就顾不了那么多了。

听说国泰前来拜见，和珅热情地接待了他，笑着迎上去说："好你个国泰，上学的时候就数你心眼多，今日来找我，肯定是有什么要事吧？"国泰苦笑道："你就别嘲讽我了，我浑身都是小心眼，所以只能当个小小的县令，不像和兄雄才大略，短短几年便一飞冲天，身兼户部侍郎、军机大臣、内务府总管等多个要职，可谓要风得风，要雨得雨，恐怕早就忘了我这个老同学了吧？"

和珅一脸认真地说："'苟富贵，勿相忘'，我最看重同学情谊，就算你不开口，我心里也惦记着你呢。你有何打算，不妨说来听听。"国泰也直言不讳："我无非就是想升官。"在老同学面前，和珅也不自夸，照实说来："我现在的职务，像户部侍郎、国史馆副总裁都是副职，不掌实权；军机大臣听上去很威风，可实际上我对军机处的工作根本就插不上手；而内务府总管其实就是皇上的私人管家，无法插手朝廷事务。你若想升官，还得靠你自己努力。"

国泰急了："你这不是等于没说嘛。"和珅见状，不慌不忙地说："你先听我把话说完，如果你盲目用力，恐怕再混10年也还是现在这个样子。但是，如果我对你稍加点拨，你再精准发力，定可收事半功倍之效。"

国泰如梦初醒，高兴地说："请和兄为我指点迷津！"

和珅略一沉吟，说："当今皇上最喜作诗，几乎随时随地都能即兴而作。若要比诗作的数量，就算是号称'南袁北纪'的袁枚和纪晓岚加在一起，也不及皇上的一半。当然，皇上的诗作数量庞大但民间流传的极少，如果你能将皇上的诗作广泛宣传，到时皇上龙颜大悦，赏你个知府当也是可能的。更重要的是，一旦与皇上攀上关系，你以后的仕途就顺畅了，明白吗？"

国泰听完不禁泄了气，为难地说："我一个小小的县令，哪来那么大的能量。再说，皇上的诗作很少外传，又如何能落到我的手里？"和珅笑道："你脑子如此不开窍，难怪熬到现在还在县令的职位上徘徊。"

国泰说："你就别在这里跟我卖关子了，有话直说。"

和珅笑了笑，接着说下去："我追随皇上多年，家里收藏了上万首皇上的诗作，这些资源我可以无偿转给你，你只需将皇上的诗作在你那儿传播开来就可以了。然后，我再找个机会游说皇上去你那里巡游，届时皇上必然会发现自己的诗作盛传。在以大文豪自居的皇上看来，你不遗余力地弘扬圣作便是天大的功劳，到那时，什么样的高官都不在话下了。"

国泰感激涕零地说："和兄深谋远虑，用心良苦，我都不知道该如何回报你了。"和珅摇摇头，笑道："你对我最好的回报就是将来升任大官后一定要与我在朝中共进退，或者在外地做我强有力的外援。"国泰自然满口答应下来。

得到和珅的指点后，国泰容光焕发地回到河北唐山县，立即召集下属官员开会，要求他们积极行动起来学习乾隆的诗作。他在会议上将乾隆的大量诗作拿出来给下属们看，开宗明义地说："现在大家要认真研究、学习皇上的诗作，从县城到村镇，从大人到小孩，特别是县里的各种学堂，各级官员率先垂范。总之，全县百姓有能对皇上的诗作倒背如流、滚瓜烂熟者，皆重重有赏。"

重赏之下，必有勇夫。自从国泰下达动员令后，河北唐山县的民众空前活跃，乾隆的诗作在此地的流行程度简直出乎国泰与和珅的预料。

一天，和珅与乾隆闲聊，乾隆不经意间又赋诗数首。和珅见乾隆当天兴致颇高，乘机进言道："皇上的诗词文章旷古绝今，天下之人无不仰慕，臣对皇上佩服得五体投地。"乾隆笑着说："朕有自知之明，朕的诗作不过是些二流作品而已，只因朕是皇上，你才对朕推崇备至。"和珅笑道："皇上您太谦虚啦，臣有一个同窗好友名叫国泰，在河北唐山任县令，他上次来北京省亲，向臣提到唐山县境内凡是能识文断字的人，都能随口背出皇上的诗作，当地士民无不称颂皇上天才。"乾隆闻言十分惊奇，半信半疑地说："爱卿可不要仗着朕的宠信便信口胡说，这可是欺君之罪。"和珅连忙下跪道："和珅纵然有九条命，也不敢欺瞒皇上。臣说的句句属实，皇上如果不信，可以亲自去唐山看看！"乾隆笑道："唐山离京城咫尺之隔，朕也很久没有出宫了，改日朕去唐山走一遭，若有虚言，朕绝不饶你！"

几天后,和珅忙里偷闲,跟着乾隆出京微服私访河北唐山。为了将整部戏演得逼真一些,和珅出发前并没有提前通知国泰,所以,当他和乾隆漫步在唐山县城的大街上时,蒙在鼓里的国泰没有做任何接驾准备。这恰恰是和珅的高明之处。

且说乾隆与和珅一行扮作客商走在唐山县城的大街上,只见街头巷尾熙熙攘攘,热闹非凡,其中自然少不了一些文人墨客在卖弄诗词。由于国泰之前的大力宣传,很多文人都乐于攀比,看谁能背出更多乾隆的诗词。亲眼看见唐山文人对自己的诗作倒背如流后,乾隆高兴地对和珅说:"看来爱卿所言不虚,你带我去见一见你那位老同学国泰。"

很快,和珅与乾隆一行便来到唐山县衙门口。衙役报告国泰说皇上驾到,惊慌失措的国泰跌跌撞撞地迎出来,连忙跪下,乾隆将他扶起,说:"你就是国泰,听和珅说你们是老同学。朕今日在县城转了一圈,见城中文人多有咏诵朕的诗作者,朕的诗作好像没有这么大的知名度呀!"

国泰恭敬地说:"微臣对皇上的诗作非常敬仰,经常研习。微臣任唐山县令多年,可能唐山民众也是受微臣影响吧。"

乾隆亲切地问道:"你在这里供职多久了?"

国泰回道:"微臣在此地任县令 10 年有余了。"

乾隆说:"朕见唐山市井甚是繁华,说明你治县有方啊!"

和珅听到这里,赶紧朝国泰使了个眼色,国泰立马心领神会,谦卑地说:"皇上英明,大清万里疆土无不繁盛!"

乾隆听得内心越发高兴,转身责怪和珅说:"自古举贤不避亲,你这个老同学既会说话,又有能力,你为什么从来没有向朕举荐过呢?"

和珅笑着解释道:"臣得陛下圣眷,加官晋爵,朝中大臣多有非议者,倘若臣再举荐老同学,定然会遭到弹劾,说臣结党营私,臣实在是吃罪不起呀!"

乾隆见和珅说得情真意切,叹道:"大清忠臣,非你莫属!朕今日就要提拔你这位老同学。国泰，朕调你到山东济南任知府，你意下如何？"

国泰极力掩饰内心的狂喜，跪谢道："谢皇上隆恩，微臣有生之年必为皇上鞠躬尽瘁，死而后已！"

当下国泰又命人设宴为乾隆接风洗尘，君臣三人把酒言欢，倒也尽兴。

这次和珅真是导演了一场好戏，既向乾隆表了忠，又成功地帮助老同学国泰升了官，可谓一举两得。

从国泰的升迁之路可以看出，如果能够巴结上朝廷高官，经由对方的提携而平步青云，无疑是一条最便捷的升官之路。和珅以其在朝廷中的势力以及乾隆的宠信，成为人们争相巴结的对象，而这些人最后也得偿所愿，连年升迁。这正应了一句老话："年年升迁有靠山，朝中无人难做官。"

官场得意的和珅，家庭生活也很幸福，他的儿子丰绅殷德马上就要过生日了，和第上下一片喜气。和珅是乾隆身边的红人，很多达官显贵都想趁机结交他，于是借着给他的儿子过生日之名行贿。生日当天，和第门前车水马龙，不管来客是否与和珅相识，管家刘全来者不拒，礼物不论轻重，照单全收。

席间，管家刘全走过来，附耳对和珅说："老爷，今天有一位客人给您送来了一份大礼，足足有 10 万两银子。"和珅闻言一惊，平时给自己送礼的阔绰之人不少，但一出手就送 10 万两的还是头一次，送礼之人必有要事相求。想到这里，和珅吩咐刘全："你将那人请到我的书房，我要单独会见他。"刘全领命而去。

和珅整了整装束，来到书房。不一会儿，管家刘全便将客人领了进来，来人大约 50 岁，须发半白。和珅还未开口，对方先施礼道："江西饶广道台苏凌阿拜见和大人，祝令公子生辰吉乐！"和珅赶忙回礼道："原来是苏凌阿大人，失敬，失敬！"

两人礼毕坐定，苏凌阿笑道："久闻和大人之名，如雷贯耳，今日得见，足慰平生渴仰之思也！"和珅说："苏大人手笔之大让和某惊叹不已，不知有什么难事需要和某代办？"苏凌阿说："和大人果然爽快，那苏某就直言不讳了，我在官场摸爬滚打这么多年，到现在还只是一个小小的道台，实在惭愧。久闻和大人手眼通天，苏某一直想在京城谋个职位，还请和大人在皇上面前为我美言几句，苏某感激不尽。"

和珅皮笑肉不笑地说："10万两银子换一个京官，苏大人可真是异想天开啊！"苏凌阿见和珅面露不满之色，显然是嫌自己送的银子少了，忙补充道："今天这10万两银子只是个见面礼，我在京城有一处私宅，明日和大人过来看看，如果满意的话，就是和大人您的啦！"和珅也不客气，当下双方约定明日看宅。

次日，和珅应邀回访苏凌阿，苏凌阿早早便在大门口迎谒，满脸堆笑地将和珅迎入内堂。和珅边走边注意观察，进入内堂后，苏凌阿说："怎么样，和大人可还满意？"和珅点点头，赞道："不错，此处宅院甚合我的口味，苏大人果然有品位！"

两人正说着话，忽然一个小女孩从外边走了进来，小女孩十三四岁，长得很是清新可人，苏凌阿主动介绍说："这是我的小女儿纳兰，这次我来北京，她非要跟着我来。"

和珅家中只有一个儿子，并没有女儿，见苏凌阿的小女儿纳兰如此可爱，当下对苏凌阿说："我一直想要个女儿，无奈一直不如愿，苏大人，如果你不介意的话，我想将你的小女儿收为义女，你这座宅子我也不要了，你看如何？"

苏凌阿自然求之不得，这对他可是天大的好事，从此不愁没有靠山了。他高兴地说："小女能有和大人这样一个干爹，是她的福分，苏某岂有不同意之理！"当下让小纳兰认了干爹，和珅还把小纳兰带回家让夫人冯霁雯见了见。小纳兰倒也不认生，左一个干爹，右一个干娘叫得和珅夫妇乐不可支。

收人钱财就得替人办事，对苏凌阿所托的事情，和珅很是上心。一天，乾隆将一个奏章递到和珅手里，说："眼下吏部侍郎（一说吏部员外郎）之职有个空缺，吏部给朕拟定了几个候选人，朕一时拿不定主意，爱卿帮朕参谋参谋。"和珅接过奏章一看，只见苏凌阿的名字赫然纸上，还有几个较为年轻的候选人，他想，自己正为苏凌阿一事无从下手而犯愁呢，真是天助我也！想到这里，他不动声色地说："皇上，吏部侍郎一职责任重大，最好选一个经验丰富的官员。我看这几个候选人中，只有苏凌阿任官时间最长，臣以为苏凌阿施政经验丰富，当是最佳人选。"

乾隆听了颇以为然，于是就钦点苏凌阿为吏部侍郎。和珅可以说不费吹灰之力便玉成此事，苏凌阿如愿以偿，很快便走马上任了。

看着和珅在朝中的势力越来越大，有个人也坐不住了，这个人便是和珅在咸安宫官学的老师吴省兰。早在咸安宫官学时，吴省兰便对和珅这个得意门生关怀备至；英廉之所以选中和珅做孙女婿，吴省兰也功不可没。如今和珅得势，吴省兰也忍不住向和珅投了拜帖。

恩师要来拜访，和珅断然没有不欢迎的道理。师生相见，吴省兰刚要行礼，却被和珅一把拉住："普天之下，只有学生向老师行礼的，岂有老师向学生行礼的道理？这要是传出去，天下人还以为我是个欺师灭祖之徒呢。"

吴省兰笑道："和大人如今身份尊贵，我向您行个礼也很正常，所谓尊卑贵贱，说的就是这个道理。"

和珅诚恳地说："您不仅是我的老师，更是我的导师，您就像是我前进道路上的灯塔一样，没有您，就没有我的今天。"

吴省兰慨叹道："以和大人的潜力和资质，将来定是一人之下，万人之上的宰相，有和大人这样的学生，老师的脸上也是有光的。"

和珅颇有几分得意之色，他想到自己新居落成后，吴省兰还是头一次登门，便打算带他在府中逛一逛。两人一边走一边聊，不久便来到了花园里，走到凉亭边上，吴省兰看见亭端挂着一个匾额，上面镶有"竹苞"二字，便对和珅说："这两个字看上去好像不是大人的笔法呀！"和珅笑道："老师果然好眼力，此匾非我所题，乃是天下第一才子纪晓岚为学生题写的。老师高才，品鉴一下！"吴省兰又盯着看了半晌，突然对和珅说："不对呀，莫非纪晓岚与你有仇？"

和珅闻言十分不解："学生愚钝，不知老师所言何意？"吴省兰指着匾额说："这'竹苞'二字拆开来念分明是'个个草包'的意思。"和珅一拍脑袋，恍然大悟道："该死的纪晓岚，竟敢变着法骂我，我早晚叫他好看。"

又气又急的和珅冲着不远处的管家刘全大喊一声，叫他马上将匾额拆下来烧了。刘全不明就里，询问原因，和珅也不解释，只是对纪晓岚大骂不已。

吴省兰趁着自己刚才替和珅拆穿纪晓岚的机会，对和珅说："我这次来，是想让和大人为我在朝廷里谋个职位，希望和大人能够多多留意。"和珅一听，立马计上心来，对吴省兰说："我现在的诸多职位中，有一个国史馆副总裁的头衔，如果老师感兴趣的话，我愿将这个职位拱手让与老师，反正我也忙不过来，不知老师肯笑纳否？"吴省兰不好意思地说："国史馆副总裁一职是当今皇上亲自授予大人的，大人将这一职位转给我，似有不妥吧？"和珅笑道："只要老师愿意，皇上那边我自会解决。那个该死的纪晓岚现在任国史馆总裁，老师以后帮学生好好监管此人。"吴省兰趁机大表忠心："纪晓岚跟你过不去，就是跟我过不去！"

几天后，乾隆召见和珅，和珅趁机奏道："皇上厚恩，命臣身兼数职，臣纵使有三头六臂也忙不过来。臣才疏学浅，不能胜任国史馆副总裁一职，特向皇上请辞。"乾隆笑着说："别人都是向朕伸手要官，唯有爱卿能量力而行，向朕辞官。好吧，朕答应你，请你在卸任之前保荐一位才学兼优之士接任。"和珅顺水推舟地说："那臣就斗胆推荐了，臣在咸安宫官学的老师吴省兰，学富五车，才高八斗，定能胜任国史馆副总裁一职，请皇上恩准！"乾隆说："俗话说，名师出高徒，你的老师定然错不了，那就让吴省兰担任国史馆副总裁吧。"（一说吴省兰是在和珅的帮助下得以在科考中赐同进士出身，被授为翰林编修。）

和珅说："臣还有一事要启奏皇上，权当是给皇上逗个乐子。"乾隆一听顿时来了兴致，催促道："你有什么乐事，快快讲来。"和珅顿了顿，说："前不久，臣乔迁新居，因有一个亭子尚未命名，故请国史馆总裁纪晓岚代为起名。臣素来仰慕纪大人高才，不料他却借题匾之机暗藏玄机，辱骂微臣。"乾隆被勾起了好奇心："纪晓岚向来爱开文字玩笑，他给你的亭子起了个什么名呀？"和珅说："纪晓岚断章取义、牵强附会地将《诗经》中'竹苞'二字题给微臣充作亭名。"乾隆一听不禁哈哈大笑起来："竹苞竹苞，这两个字拆开念岂不就是'个个草包'的意思吗？"和珅见乾隆高兴，也赔笑道："皇上圣明，只是那纪晓岚着实可恶！"

乾隆笑毕，说："纪晓岚书生意气，爱卿不要跟他一般见识，倒是爱卿应该反躬自省，有时间要多读书。"和珅说："皇上说的是，此事全怪臣愚钝，才被纪晓岚钻了空子。"乾隆又问："最后是谁给你拆的招呀？"和珅如实回道："日前，臣的老师吴省兰到臣家中做客，方才跟臣说破'竹苞'二字的讽义，臣不甚惭愧！"乾隆闻言复大笑，和珅亦笑，君臣尽欢。

后来，吴省兰还被和珅派到永琰（后继位为嘉庆皇帝）身边，名为陪读，实为监视。但是，永琰奉行韬光养晦的策略，对此欣然接受，并处处小心，吴省兰一时抓不着他的把柄。嘉庆即位后，给昔日的恩师朱珪写信，想请朱珪早日回京，助自己一臂之力。吴省兰探知此事后，马上报告了和珅。和珅生怕朱珪回朝后威胁自己的地位，便以嘉庆笼络人心为由给乾隆打报告。乾隆交出权力后本来非常烦闷，闻听此事，震怒不已，认为嘉庆拉拢人心，培植心腹，岂不是要把他这个太上皇架空！于是询问大臣董诰该怎么处理。董诰认为嘉庆这么做并无不妥，但是又不敢顶撞乾隆，便委婉地说："臣听说过，圣主无过言。"这句话简直无懈可击，嘉庆已经即位，当然有权决定任何人事调动，董诰为人臣子，是不能挑皇上的毛病的。乾隆顿时明白董诰在善意地提醒自己，他只好顺水推舟，勉励董诰好好辅佐嘉庆。最后，因和珅从中作梗，朱珪短时间内没能调回京城。

第九章　下江南重提旧案

作为乾隆的宠臣，和珅在关键时刻总能得到乾隆的支持，事事办得顺风顺水，不仅捞到了好处，还收买了人心。同样，在皇帝需要臣下支持的时候，他也总是毫不犹豫地站在乾隆这边，比如在乾隆南巡一事上。

乾隆在位期间，花了大量时间在各地的巡幸上。据统计，乾隆在位60年，巡幸活动超过150次，平均每年出巡两次以上，不仅在清朝历史上首屈一指，而且在中国历史上也极为罕见。无怪乎当时有朝鲜使臣称乾隆朝为"一日不肯留京，出入无常"的"马上朝廷"。

乾隆认为，巡幸是加强统治的一个重要措施。他的南巡主要是到江浙一带巡视。南巡大多在正月中旬出发，当年四月下旬回到北京，行程近6000里。

当然，乾隆南巡，并不仅仅是为了领略江南的美景。江南素以物产丰富、人文荟萃而名满天下，经宋、明以来，朝廷屡次衣冠南渡，中国的文化命脉得以在江南一带延续，江南的士风一直胜过北方。清军入关以后，在北方可谓所向披靡，但在江南却遭到了以书生文人为首的义军的顽强抵抗，并由此引发了诸如"扬州十日"等惨绝人寰的屠城事件。清朝统治者对江南文人感到十分头疼，加上清朝自认为秉承了传统华夏文明，对文物鼎盛的江南心存忌惮，为此多次开设"博学鸿词"等科，希望以此拉拢、安抚江南士人。在这一背景下，乾隆南巡也是为了借机笼络人才及地方的豪强大户，缓和江南的反清情绪。

此外，自宋、明以来，江浙一带加上南巡必经的直隶、山东等省，物产丰富，是国家的粮仓及经济命脉所在。但是，这些地方水患频繁，乾隆在南巡的时候一般会视察河道，下令解决水患，关心农业发展情况。

但是，每次南巡，乾隆也不得不考虑经费问题。他前四次南下均花费巨大，所以，他一提出要下江南，马上就有官员出来劝阻，理由无非是国库紧张，百姓疲羸。而和珅的聪明之处正表现在这里，他屡次力排众议，力挺乾隆南巡。这让乾隆十分满意。

乾隆四十四年（1779年）正月，乾隆以"观民省方，勤求治理"的名义，又召集群臣商议南巡之事。兵部尚书阿桂首先进言道："皇上曾四次下江南，耗费了大量钱财，江南的官员们为了逢迎皇上，大肆铺张，搞得江南百姓苦不堪言。如今朝廷财政困难，请皇上以江山社稷为重，慎重考虑。"

吏部尚书永贵也附和道："皇上，臣赞同阿桂大人的意见，由于皇上前四次下江南消耗巨大，如今经济疲软，粮食产量较前几年不增反减，百姓生活水平有所下降，请皇上三思！"

良药苦口利于病，忠言逆耳利于行，但乾隆的脸色越来越难看。和珅知道乾隆下江南心切，于是鼓起勇气，力排众议道："二位大人适才所言谬矣，皇上下江南是为了体察民情，治理水患，何来扰民之说！如今江南地区经济疲软，皇上正好借此次南巡实地考察其中的利弊得失，然后因势利导，调整经济政策。至于二位大人所言国家财政不堪重负，二位大人可以放心，我是内务府总管，皇上这次南巡，一切开支由内务府负责，保证不花户部一分钱。"

乾隆见和珅为自己解了围，顿时声音也大了起来："朕花自己的钱去江南走一遭，有何不可？朕心意已决，即日摆驾南巡，和珅随行，太子监国，你等尽心辅佐，不得有误！"

天子车驾南行，和珅陪伴左右，一路浩浩荡荡，奔向扬州。扬州号称江南第一名城，其繁华程度比北京有过之而无不及，乾隆每次下江南都要在扬州待很长时间。扬州人称自己的城市为"小北京"，民间更是将扬州称作清朝的陪都。和珅自然也不敢对扬州掉以轻心，亲自授意两淮盐政做好准备。这位官员本是一个道台，因为犯了过错被革职，为了重获起用，他贿赂和珅，才被乾隆任命为两淮盐政。

两淮盐政接到和珅的书面照会后，连忙把乾隆即将入住的栖霞山行宫修葺一新，只等乾隆圣驾到来。

当和珅与乾隆等一众人马迤逦行至扬州城外10里处时，只见一条红地毯连绵不绝直通城内，望眼欲穿的督抚及以下官员全都跪拜迎接。随后，扬州官员将乾隆迎至行宫。乾隆见行宫如此华丽，不高兴地说："朕来这里是为了体察民情，你们如此铺张，让朕如何跟百姓交代？"

负责修葺行宫的两淮盐政见皇上怪罪，一时惶恐不敢言语。和珅见局面僵持，忙打圆场道："皇上息怒，这次修葺行宫的费用，是两淮盐商自发捐赠的，丝毫没有扰民之嫌。"

乾隆的脸色这才稍微缓和下来。随后，扬州官员设宴为乾隆接风洗尘。宴席上，乾隆突然来了兴致，对官员们说："朕好文事，天下皆知，扬州自古以来就享有盛名，前朝的文人墨客来扬州游玩时留下了无数墨宝，尔等给朕盘点一下历代名人赞颂扬州的著名诗句，就当作是给朕助兴了。"

官员们一听都踊跃献诗，从王建的《夜看扬州市》、杜牧的《遣怀》到李商隐的《隋宫》，大家越说越来劲，乾隆忙叫停道："看来诸位爱卿都是饱学之士，和珅，你不来两首？"和珅笑道："臣才疏学浅，只知有一句'腰缠十万贯，骑鹤上扬州'。"众人听了都大笑不已，乾隆更是笑得前仰后合。

当天晚上，和珅私下与两淮盐政见面，突然提起两淮盐引案。

两淮盐引案是怎么回事呢？乾隆年间，时任两淮盐政尤拔世向乾隆上了一份奏折，揭开了两淮盐业的官商们掩盖已久的一个大窟窿——前任盐政普福曾奏请预先支取第二年的盐引，预提了20万引。当时规定，盐税每引为一两，预提的盐引要交三两的税。也就是说，盐政应该向户部上交60万两银税，但只上交了27万余两，剩下的30余万两银子不知所踪。

除此之外，尤拔世又奏请把之前22年预提盐引的收入都算清楚。

当然，尤拔世本人并非清官，只是因为他初到两淮，不了解两淮官商关系盘根错节，一上任便向盐商索贿，结果碰了一鼻子灰。他盛怒之下，索性将遮掩两淮盐税窟窿的白纸捅开，由此掀起了一场乾隆时期官场、两淮盐业上的腥风血雨。

当时清朝用兵四川，每日消耗的军饷数额巨大，对朝廷来说负担不小。尤拔世这份奏折可以说正中乾隆下怀，他马上下令调查此事，结果发现此案涉及几任两淮盐政及众多盐商，官商勾结侵吞税银达千万两之多，舞弊时间甚长，上下相欺，贪利成风。

案件查明后，涉案人员均遭到严惩。当然，欠下的银税仍然要还，但接任的盐政总是以种种借口推托，极少上缴，乾隆本身就不高兴。这次他亲临扬州，见此地如此繁华，盐商生活奢侈，心中更为不满，觉得当地官员给自己的进献太少了，于是借机旧事重提。

由于事发突然，两淮盐政一时猜不透和珅的真实意图，也不敢贸然拒绝，只得先行答应下来，回去再另想对策。但他琢磨了一夜也没想明白，第二天一大早赶紧找来自己的幕僚汪如龙商量对策。

汪如龙是当地的一个大盐商，本系书香世家，其祖父于康熙时做过道台，其父则于乾隆初年当过知县，后来辞官归隐，据说还曾追随名闻天下的郑板桥学习书画。汪如龙本人也是琴棋书画样样皆通，可惜多次参加科举考试皆名落孙山，加上家中余钱不多，于是弃文从商，逐渐成为江南大贾。但汪如龙还是向往仕途，所以一心想要改变自己的商人身份。

新任两淮盐政到任之初，汪如龙就主动前往结识，进献了许多关于如何收税纳捐、如何追查走私漏税以及如何查假打非的敛财良策，深得两淮盐政赏识。而汪如龙为人狡诈多变，极会见风使舵，反复无常。乾隆这次南巡，汪如龙亲自督促大小盐商捐献钱款，修建行宫，铺平道路，置办器物，不仅展现了自己的办事能力，而且从中渔利颇丰。

汪如龙了解了事情的来龙去脉后，自荐明日亲自去拜见和珅，探明口风再见机行事。

第二天，两淮盐政一大早就去给和珅请安。和珅是何等聪明之人，自然知道对方此行没这么简单，故意问道："这么早过来，想必不仅仅是为了请安吧？"

两淮盐政谄媚地笑道："和大人英明，在下佩服之至！小人有个朋友，一向仰慕大人，特献宝马一匹前来求见。"

收礼收到手软的和珅，寻常的金银已经很难打动他，唯有古玩、宝马之类的奇珍异宝才能让他动心。果然，两淮盐政和汪如龙此举一下子就引起了他的兴趣。他问道："对方是什么来头？"

两淮盐政回道："江南富商汪如龙，也是在下的幕僚，现在就在外面带着宝马候着呢。大人一起出去瞧瞧宝马吧？"

和珅走出寓所，见汪如龙举止儒雅，气度不凡，不由得生了几分敬重之心。汪如龙见到和珅，忙跪拜道："汪某拜见和大人，久闻大人之名，今日一见，足以慰平生仰慕之情。"

和珅亲切地说："快快请起！我看汪兄之马乃异域宝马，不知可否一试？"

汪如龙自然首肯。和珅一跃而上，汪如龙在后面略一加鞭，那马便奔驰而出，须臾即回。和珅在马身上丝毫未动，感觉甚是平稳，下马后，他对汪如龙说："此马莫非是汗血宝马？"汪如龙谄媚地笑着说："此马名曰赤兔，不但是汗血宝马，而且是汗血宝马中的极品。听说和大人出身侍卫，武功高强，所谓宝马配英雄，如果和大人喜欢此马，汪某愿双手奉上。"和珅笑道："那我就恭敬不如从命啦！"

汪如龙轻易送成了礼，借机说道："日后还请和大人多多关照，和大人有什么需要尽管跟小人说，保证让和大人乘兴而来，满意而归。"和珅笑道："好说好说，哪天有空了，我要跟你好好聚一聚。"随后，汪如龙拜别而去。

皇帝从北京跋山涉水来到江苏扬州，江苏巡抚没有不露面的道理，所以，乾隆前脚刚到扬州，江苏巡抚后脚就跟来了，他向乾隆请罪道："臣接驾来迟，请皇上恕罪。"乾隆说："接朕事小，处理政务要紧，江苏乃江南重镇，你给朕治理好了比什么都强。"江苏巡抚忙恭敬地回道："臣一定肝脑涂地，不负皇上厚望！"乾隆说："你回南京去吧，过些日子朕还要去浙江巡视。"

和珅见江苏巡抚辞别乾隆走了出来，便在半道上截住他问道："大人这么快就要回南京啦。你来扬州也不来拜访一下我，难道你只知有皇上，不知有我和珅吗？"江苏巡抚不屑地说："人言和珅是石头缝里进出来的孙悟空，今日一见，名不虚传也。"说罢拂袖而去。

眼看江苏巡抚摆明了不想依附自己，和珅一时也无可奈何，只能以后再找机会教训一下他了。现在扬州那么多人等着巴结自己，和珅暂时还不想花心思去想这些不愉快的事情。

这天，乾隆跑了一天早早就休息了，和珅却没闲着，因为汪如龙又来请他赴宴了。他随汪如龙来到一座私人宅第，酒过三巡，两人谈得十分投机。

得知汪如龙的出身后，和珅有意拉拢他，便说："你我同为读书人，又同样科场失意，可以说同是天涯沦落人，以后一起共创大业吧！"

汪如龙也知道自己若能入得和珅门下，荣华富贵不在话下，不禁高兴地说："小人有大人为师，如沐春风，岂敢不肝脑涂地以报大人？还请大人以后多加照顾，多加栽培。"

和珅满口允诺。就这样，汪如龙拜在了和珅门下。有了这层关系，两人的关系也就更深入了一些。又几杯酒下肚后，和珅问道："你这次请我来，不光是为了喝酒作乐吧？"

汪如龙忙说："能够结识大人，小的已经知足了。"

和珅意味深长地一笑："那莫非是两淮盐政有事相求？"

汪如龙知道什么都逃不过和珅的火眼金睛，当下也不再绕圈子："不瞒大人，我早听说盐政大人的官位是拜大人所赐，不过，盐政大人似乎对和大人不够大方。扬州现在最能赚钱的买卖就是食盐生意,利润惊人,只要大人能让我当上盐政,我愿意每年孝敬大人20万两银子。"

面对回报如此丰厚的买卖,和珅没有理由不答应。事后,两淮盐政向汪如龙打探和珅的口风,汪如龙谎称和珅对其并无不满,只是公事公办而已。两淮盐政这才放下心来,不过他还是赶紧拿出10万两银子给和珅送去。

在乾隆离开扬州的前一天,汪如龙再次宴请和珅。为了向和珅表示忠心,汪如龙将祖传的一幅名画送给和珅,并在画中夹了一张银票。他的苦心没有白费,后来和珅在乾隆面前把汪如龙好好夸了一番,又说现任两淮盐政虽然迎驾有功,但却极为奢靡,应加以警诫,否则天下群起效仿,竞相奢侈,国于民都不是好事。乾隆觉得和珅言之有理,于是让他推荐两淮盐政的合适人选。就这样,汪如龙顺利当上了两淮盐政。

事后,前任两淮盐政愤愤不平,找到和珅申辩此事,说自己每年向和珅孝敬10万两白银,为什么还会丢掉两淮盐政的肥缺。和珅不动声色地告诉他,只因为别人孝敬的更多,边说边伸出两根手指,暗示汪如龙给的是20万两。这位前任盐政大人顿时哑口无言,悻悻离去。此乃后话。

离开扬州后,乾隆去了苏州几天,然后辗转来到杭州府海宁,下榻海宁名人陈元龙家。陈元龙是雍正朝太子太傅、文渊阁大学士,已去世多年。

说起陈元龙与乾隆之间的渊源,民间有很多传说,其中一个版本认为陈元龙是乾隆的亲生父亲。

此事说来话长,陈元龙在康熙朝担任礼部尚书时,他在北京的府邸与雍正的府邸相邻。当年康熙皇帝老迈,见雍正膝下无子,实在不放心把大清的江山交给他。就在这时,传来了一个好消息,雍正的妃子怀孕了,但让雍正失望的是,这次生出来的又是一个千金。无巧不成书,就在同一天,隔壁的陈元龙家也生了一个孩子,而且是一个男孩。忧虑的雍正想出了一个调包计，他以庆贺两个孩子周岁为名，把陈元龙及其家眷骗进府中，趁机用女儿换走了陈元龙的儿子。陈元龙虽知是计却敢怒不敢言，也不能揭穿，只好隐忍下来。事后，陈元龙小心谨慎地把雍正的女儿当成自己的女儿抚养起来，自己的亲生儿子则成了雍正的儿子，等到后来雍正当了皇帝，这个孩子就成了太子，再后来也当上了皇帝，也就是大名鼎鼎的乾隆皇帝。

乾隆一生六次下江南，有几次都住在陈元龙的老家浙江海宁。在下榻陈元龙老宅的几天时间里，乾隆亲题堂匾两块，一曰"爱日堂"，一曰"春晖堂"，不管是"爱日"还是"春晖"，都是出自同一句诗："谁言寸草心，报得三春晖。"于是，笃信"狸猫换太子"故事的海宁百姓，更加确信乾隆就是陈元龙的亲生儿子！

传说归传说，一些反对"狸猫换太子"故事的有识之士认为，乾隆一向喜欢到处题匾卖弄文采，"爱日""春晖"只是巧合而已。乾隆之所以这样写，是出于对陈元龙家"六部五尚书，四朝三宰相"的赞叹，因为陈家几代人都在朝中担任要职，不仅是海宁本地的书香世家，更是清王朝数百年来的名门望族。其府邸是海宁名胜，亭台楼榭，花木扶疏，自然是接驾驻跸的理想之处。认同"狸猫换太子"故事的人认为，乾隆下江南来到海宁是"回家省亲"，是来陈家老宅祭拜祖宗。而反对者认为乾隆下江南之所以莅临海宁这个小地方，纯粹是奔着海患来的，因为乾隆年间海潮频繁，海宁一带是重灾区，乾隆下江南的主要目的之一就是治理海患。

这一点不难证实，乾隆来到海宁的第二天，就亲自来到钱塘江畔视察水情。时逢钱塘江涨潮，乾隆对和珅说："你听说过钱塘潮吗？"和珅回道："臣孤陋寡闻，没听说过。"

乾隆说："朕每次下江南，都会来这里观看钱塘潮。这钱塘江位于江海交汇之处，每天都要承受两到三次的海潮袭击，海潮初来之时本不甚猛烈，只因钱塘江底地势凸隆，海潮冲来后，受地形陡峭影响，潮头突然高耸而起，所以就形成了我们刚才看到的洪峰肆虐的情景，平时的小潮小浪不打紧,若赶上几年不遇的特大洪峰,海宁及其背后的千顷良田就要遭殃了,更重要的是居住在灾区一带的老百姓的生命财产也会受到威胁。"

和珅趁机给乾隆戴高帽:"皇上洞察秋毫,臣万分惭愧。"

乾隆继续说道:"历代以来,朝廷都会在这里修筑海堤,最早的堤坝是用泥土堆积而成,元代时改土坝为木坝,明朝时水利专家开始用石头筑堤坝,称为石塘。但是,建造这方圆数十里的石塘耗资巨大,朝廷和地方的财政都不堪重负,所以百余年来经常半途而废。"

和珅立马表态说:"臣忝居户部侍郎,愿为修筑海堤竭力筹款。"

乾隆说:"这可是一项规模浩大的工程,需要上千万两银子。"

和珅坚定地说:"这是造福千秋万代的工程,只要皇上批准,臣将极力筹措。"

"好,有你这句话,朕就放心了。"乾隆随即又对一旁的浙江巡抚李质颖说,"和大人刚才给朕保证了钱不再是问题。朕命令你立即在钱塘江一带开修海坝,就用独创的鱼鳞石塘法构筑,但是有一点,你必须监督到位,朕不希望辛苦筹措的钱被承办此事的官员层层盘剥克扣。在修筑堤坝的过程中,朕会派户部官员前来督查,若发现有偷工减料克扣工程款的,一律处斩!"

李质颖惶恐不已,赶紧表态:"皇上放心,臣一定严格监督,绝不让一分一厘的工程款流入贪官的腰包。"

和珅也适时附和道:"皇上天威,量那些个承办官员就是吃了豹子胆也不敢冒天下之大不韪,李大人乃第一承办人,定然不会辜负皇上的一片苦心。"

李质颖见和珅为自己说话,忙接过话茬:"和大人所言极是,臣定当不负皇上重托。"

在乾隆的高度重视下,钱塘江石塘工程历经数年而成。由于乾隆有言在先,承办的官员即使有贼心也没贼胆,加上浙江巡抚李质颖事必躬亲,钱塘江海塘修筑得非常坚固,海宁一带的百姓无不欢欣鼓舞。对此，和珅功不可没，这也成为他一生中做过的少数几件好事之一。

　　这次南巡，乾隆多次颁发谕旨，免去直隶、山东等地应征地丁钱粮的十分之三；凡老民老妇，均加恩赏赐。途中他又派官员祭祀兴修河道的已故官吏。他还在杭州、江宁等地举行了阅兵仪式，再一次拜谒了朱元璋孝陵，最后才起驾回京。

第十章　查贪腐威逼利诱

这次南巡途中，和珅忽然离开乾隆，带着一队人马急匆匆地直奔云南、贵州方向而去。这是怎么回事呢？

原来，乾隆南巡之前，贵州按察使海宁解除旧任，被任命为奉天府尹。上任之前，按照惯例，皇帝要接见新任官员，进行一番"任职谈话"，顺便了解一下地方上其他官员的表现。因此，海宁来京陛见。

海宁到京后，首先登门拜访和珅，一见面，他就兴奋地对和珅说："大人上次交给我的任务，终于有进展了。"

和珅闻言大喜："真是想什么来什么，你说说看，你都掌握了李侍尧的哪些罪证？"

于是，海宁将自己知道的有关李侍尧贪污受贿的种种传闻一一道来：第一，李侍尧派遣下属到江苏购买进贡的物品时，曾收取下属官员的贡银上万两；第二，李侍尧在修缮自己的宅第时，放出风声来，让下属表示表示，借机勒索白银上万两；第三，李侍尧每次过生日都大肆收礼。

和珅想了想，说："看来是时候对李侍尧下手了，你明日便入朝面圣，揭发李侍尧的恶行，看皇上如何反应再作定夺。"

次日，海宁入宫进见乾隆，启奏道："臣原为贵州按察使，自觉有义务向皇上举报官员行贿受贿的违法行为。今有云贵总督李侍尧，在云南贪纵营私，请皇上下令彻查。"

乾隆向来倚重李侍尧，现在有人揭发他，到底查还是不查，乾隆一时拿不定主意：查的话，万一真的查出问题，到时不好处理；不查的话，又显得自己有袒护的嫌疑。

乾隆征询和珅的意见，和珅装出一副为皇帝考虑的样子，小心翼翼地说："皇上一向痛恨贪污腐败，李侍尧担任督抚这么多年，拥兵自重，在督抚当中影响很坏。无论海宁所言是否属实，都应该派人详细调查一下，无罪最好，有罪则请皇上裁断，如此，皇上和大臣们都能安心！"

第二天早朝时，乾隆大致说明了事情的来龙去脉，问群臣道："谁愿去云南查办李侍尧？"

和珅站了出来："臣受皇上大恩，旦夕思报，愿亲赴云南调查李侍尧案。"

乾隆说："爱卿精神可嘉，只是你毫无办案经验，最好还是从刑部选一人前去。"

和珅坚持道："臣任职户部之前也没有相关经验，上任后也算没有辜负皇上重托，皇上就让臣去云南历练历练吧。"

乾隆见和珅态度坚决，便说："好吧，朕任命你为钦差大臣赴云南查办李侍尧，为保万全，就让刑部侍郎喀宁阿与你一同前往吧。"

朝议已定，恰逢乾隆南巡，和珅一行便与乾隆一同南下，然后再朝云南进发。

对和珅来说，这次查办的对象是乾隆极为倚重的总督李侍尧，事情能不能办好，将直接影响他在乾隆和朝中大臣心目中的形象，进而影响到日后的升迁。因此，这是个不小的挑战，他也想借此机会亮亮自己的本事，让别人再也不敢小看他。

和珅一路急行，首先来到了贵州。贵州巡抚舒常得到消息后，赶紧出城迎接，和珅说："今有贵州按察使海宁检举云贵总督李侍尧贪赃枉法，皇上震怒，派我与刑部侍郎喀宁阿前来查办。皇上口谕，命你协助办案！"

舒常却婉言推辞道："贵州虽受李侍尧辖制，但他很少过问贵州的事情，加上李侍尧为人傲慢，我平日里与他交往甚少，他到底有没有贪赃枉法，我也不太清楚。"

舒常的拒绝有点出乎和珅的意料，同时，舒常这种明哲保身的态度，也让和珅意识到自己将要面对的是一个强大的对手。对于舒常的态度，他倒是可以理解，但他绝不能止于理解，而必须把舒常争取到自己的阵营里来。因此，他强压心中的怒火，笑着说道："舒大人，你就不要揣着明白装糊涂了，你手下的按察使海宁跟我说你与李侍尧关系密切，现在李侍尧是嫌犯，你若能出面指证李侍尧的不法行为，我保证不会让李侍尧的事情牵连到你。"

舒常仍不松口，坚持道："我与李大人休戚与共，我是不会往李大人身上泼脏水的。况且，据我所知，李大人并没有什么贪赃枉法的劣迹，我就是想举证，也无从说起呀！"

和珅见舒常坚决不肯配合，恫吓道："我奉圣旨前来查案，绝不是到这来走走过场的，李侍尧在云南为非作歹，我手上也不是一点证据没有，李侍尧此次恐怕是在劫难逃。识时务者为俊杰，你若执迷不悟，一味知情不报，就请引颈受戮吧。"

舒常怒道："你要是真有李大人犯法的证据，何必来激我，我倒要看看你这个户部侍郎能在云贵的地界上掀起什么浪头来！"

和珅见舒常态度强硬，只得打消从舒常身上寻求突破口的念头。他与喀宁阿在贵州逗留几天后，继续向云南进发，舒常早已先人一步将消息告知李侍尧。李侍尧知道和珅来者不善，也做了充分的准备。和珅一见到李侍尧，便拿出圣旨，宣布将他革职查办，待案情明了后再做处理。

随后，和珅秘密提审了李侍尧。李侍尧说："我对皇上忠心耿耿，日月可鉴，如今被小人诬告，还请和大人明察。"和珅说："你的巨额财产来源不明，你的几十栋私人宅第在那摆着呢，你一年的俸禄才多少，你若没有贪污，哪来那么多钱？"李侍尧说："简直是一派胡言，你们最好拿出证据来，否则，我回头要在皇上面前告你们诬陷。"

和珅皮笑肉不笑地说："总督大人不必过于担心，现在有人举报你，皇上当然不能不调查清楚。如果查无此事，自然会还大人一个清白。我们也是奉旨行事，还请大人配合一下。"

其实，和珅这次提审李侍尧并没想从他嘴里挖出什么有价值的信息，有哪个犯人会不打自招呢？以李侍尧的罪过，即便坦白，也是难逃一死。

面对老谋深算的李侍尧，和珅决定主动示弱，他将李侍尧革职后，便不再过问此案，自顾自地游山玩水去了。他知道，云南毕竟是李侍尧的地盘，李侍尧在此地经营多年，定然耳目众多，根基深厚，要想找出其贪赃的证据，恐怕没有那么简单。所以，他决定采取欲擒故纵的方法，表面装作不思公务的样子，暗地里却派刑部侍郎喀宁阿率领一批得力官员四处查访，寻找证据和线索。几天下来，他们倒也搜集到了一些证据，但这些证据全都无关紧要，远不足以置李侍尧于死地，和珅感到十分失望。

眼看调查迟迟没有进展，和珅不由得心急如焚。他知道事情拖得越久，对自己越不利。他绞尽脑汁，想要找到一个突破口。功夫不负有心人，经过仔细琢磨，他想到了一个人，那就是云南巡抚孙士毅。

孙士毅是进士出身，以知县的身份回家乡杭州府仁和县等待授官。乾隆南巡杭州期间，与当地文人士子一起饮酒赋诗，孙士毅作为进士得以参加宴会，与文人一起斗诗。乾隆十分喜欢孙士毅的诗作，当场宣布："如此文采，当得第一名。"随即任命孙士毅为内阁中书，充任军机章京，不久迁为侍读。后来，大学士傅恒督师征讨缅甸，以孙士毅掌管章奏。战后叙功，孙士毅被授为户部郎中，此后又历任大理寺少卿、广西布政使、云南布政使，几年后被提拔为云南巡抚。

事不宜迟，和珅当即直奔孙士毅的府邸，孙士毅闻知和珅到来，忙迎出来："和大人远来，孙某失迎了！"

和珅说："我到云南也有几天了，你怎么一直没有露面呢？"

孙士毅解释道："和大人如今是钦差，奉皇上之命前来云南查办云贵总督李侍尧，孙某与李侍尧为同城督抚，理应避嫌，请和大人理解。"

和珅笑道："你避什么嫌呀，朝廷设立督抚制度的本意就是为了使督抚之间互为纠察,现在李侍尧遭到指控,皇上派我前来调查此事,你不在此时戴罪立功,更待何时呀?"

孙士毅面露难色,说:"和大人有所不知,李侍尧为了确保云南本地的官员不揭发他,每有不法所得,都会给有牵涉的官员分一杯羹。在下作为云南巡抚,自然也牵涉其中,一旦李侍尧的罪名被坐实,我也难逃干系。"

和珅说:"这次来云南,不是我非要跟李侍尧过不去,而是皇上有意查办李侍尧。皇上的意图很明显,那就是拿李侍尧开刀,杀鸡儆猴,震慑一下全国的督抚。"

孙士毅说:"我要是站出来指证李侍尧,皇上会对我既往不咎吗?"

和珅半是威吓半是利诱:"纸是包不住火的,皇上的决心这么大,李侍尧这次肯定是跑不掉了。你不指证他,总有别人会站出来指证。只要你肯出面,这个立功的机会,我还是愿意留给你的。"

孙士毅考虑再三,终于决定站在和珅这边,把自己知道的情况和盘托出:"李侍尧的罪行不外乎三种——卖官鬻爵、挪用公款放高利贷、向境外走私食盐,但具体细节我也无从得知,只知道个大概。"

和珅追问道:"李侍尧断然不会自己招供的,据你所知,李侍尧的心腹是谁?"

孙士毅想了想说:"要说心腹,非李侍尧的管家赵恒莫属。只要大人能想办法撬开赵恒的嘴巴,李侍尧就百口莫辩了。"

事情好不容易有点眉目,和珅一刻也不敢耽搁,马上命人拘传李侍尧的管家赵恒。李侍尧的管家赵恒之于李侍尧,就像和珅的管家刘全之于和珅。李侍尧贪污受贿的所有账目都要经赵恒之手,李侍尧本人也非常信任赵恒,待他如同家人。和珅这次奉命来云南调查李侍尧,贵州巡抚舒常与李侍尧同坐一条船,早在和珅离开贵州之前便将消息密告李侍尧,李侍尧马上找管家赵恒商议对策。

赵恒说:"俗话说,强龙不压地头蛇,老爷在云南经营了这么多年,根基深厚,和珅不过是皇帝身边的一个红人,他有什么能耐能将老爷您扳倒。"

李侍尧仍然有点担心，说："和珅不是一个人来的，刑部侍郎喀宁阿也被皇上派来协助办案，此人不可小觑。朝廷上上下下的官员，该打点的我都打点过了，这些人应该轻易不会松口，即便某些官员想落井下石，他们掌握的那点证据也微不足道。和珅这个人面善心狠，我担心他拿你开刀。"

赵恒说："我一向对老爷忠心耿耿，难道您还信不过我吗？"

李侍尧说："我当然信得过你，正因为我俩交情深厚，我才担心你呀！我这些年来优于办贡，皇上对我多少还是有一些感情的，他或许是派和珅来走走过场，估计不会有太大问题。等和珅来了以后，我们见机行事，如果势头不对，你就到外地去避避风头。"

出乎他们意料的是，和珅一来便将李侍尧下狱，赵恒也很快被软禁起来，因此，和珅刚一下令拘传赵恒，刑部侍郎喀宁阿便将赵恒押来审讯。一见到赵恒，和珅声色俱厉地问道："李侍尧贪赃枉法，你为虎作伥，你可知罪？"

赵恒冷冷地说："我家老爷为官清廉，我忠于职守，何罪之有？"

和珅见一个家奴竟敢如此放肆，大怒道："我看你是不见棺材不落泪，这里虽然不是刑部，但是刑部的十八套刑具也一应俱全，我看是你的嘴硬，还是刑具厉害？"

赵恒是个色厉内荏之徒，听说和珅要动刑，顿时心跳加快，脸色苍白地说："你要对我用刑？"

和珅笑道："这里天高皇帝远，我就是用刑了，你又能奈我何？"

接连几天，刑部侍郎喀宁阿命令手下对赵恒严加拷打，赵恒经不住拷打，每日哀号不断，到第四天时，他彻底崩溃了。和珅再度提审他，他哀求道："和大人，我招，我全招。"

和珅说："早知今日，何必当初，你都说说李侍尧平日里是如何贪赃枉法的？"

赵恒不敢有所隐瞒，一一招来："李大人将云南省内的官职明码标价,谁给他送的钱多,他就把官位给谁。通常是一个知府10万两银子,一个县令1万两银子。李大人还经常挪用公款向民间放高利贷,以牟取暴利。他还勾结越南、缅甸等国的盐商,利用职务之便,假公济私,向国外走私食盐。李大人在昆明等地建有豪华宅第数十座,皆系其非法所得。"

和珅命人把赵恒的供词详细记录下来,并迅速传唤涉案官员。涉案官员来后,他念了几段赵恒的供词,警告他们说:"朝廷现在已经准备处理李侍尧了,如果你们再不揭发李侍尧的罪行,配合朝廷查案,就没有机会减轻罪责了。"

在和珅的连哄带吓下,这些官员为了自保,纷纷揭发李侍尧贪污受贿的罪行。

证据确凿之后,和珅再次提审李侍尧。他斥责李侍尧说:"你卖官鬻爵,挪用公款放高利贷,利用职务之便向国外走私食盐。一桩桩,一件件,你的管家赵恒已供认不讳,你自己看着办吧。"

李侍尧心中一沉,对和珅说:"我是贪了不少银子,但其中的大部分都用来给皇上办贡了。我有罪,但我无愧于皇上,要杀要剐,随你们的便!"

和珅见李侍尧摆出一副死撑到底的样子,怒道:"我先抄你的家,判你个斩监候。至于阎王爷收不收你,还得皇上说了算。你刚才说你的贪污所得大部分都给皇上办贡了,那好,我把你押到京城,让皇上跟你当面对质吧。"

当和珅准备押着李侍尧回京复命时,云南巡抚孙士毅提前一天找到他,对他说:"李侍尧这次是在劫难逃了,和大人回到北京,见了皇上后,一定要替我多多美言。"和珅安慰他说:"你虽系从犯,但你在办案过程中屡有立功表现,即便不能功过相抵,皇上也不会重责你的,你就把心放到肚子里去吧。"孙士毅有点犹豫地说:"下官想亲自写一封悔过书给皇上,希望皇上能法外开恩,继续留用我。"和珅点点头说:"好吧,你当年以文入仕,皇上对你还是很欣赏的,你把悔过书写得恳切一些，我再替你说些好话，估计皇上也能理解你是受到李侍尧威逼，贪污并非出于本意。"听了和珅的话，孙士毅不安的心情终于有所舒缓。

回京时，和珅取道贵州，贵州巡抚舒常得知消息后惊慌不已，遂在贵州地界将和珅截住，说是有要事相商。和珅等人不知道舒常葫芦里究竟卖的什么药，便跟着舒常来到他的府邸。舒常设宴热情款待和珅，和珅面无笑意，冷冷地说："我从你这里去云南时，要求你配合我们查办李侍尧案，你居心叵测，心怀鬼胎，毫不配合，如今我凯旋而归，你却在此置酒摆宴，大献殷勤，居心何在？"

舒常苦笑道："我之所以没有为大人查办李侍尧案出力，实在是有不得已的苦衷。二位大人有所不知，李侍尧俨然是云贵两省的土皇帝，我在他的手下任职，不容易呀，看不到他倒台，我是不敢乱说话的。如果我揭发他的罪行，而你们又没有将他扳倒，那我可就惨了。在下自知有罪，今天特意为两位大人准备了一点礼物，不成敬意，还请两位大人务必笑纳！"

舒常一边说，一边从身上摸出两张银票，分别递给和珅与喀宁阿。喀宁阿睁大眼睛一看，原来是一张50万两银子的大额银票，于是将目光投向和珅。

和珅知道舒常这是临时抱佛脚，而自己没必要跟钱过不去，不过，他不知道喀宁阿是什么态度，于是转过头问道："喀宁阿大人意下如何？"喀宁阿作为刑部侍郎，平时给他送礼的人也不少，但一次就送50万两银子的，他还是头一次遇到。俗话说，钱能通神，心动不已的喀宁阿对和珅说："和大人，在李侍尧案件中，牵涉舒大人的地方并不多。况且，李侍尧本人也没有供出多少不利于舒大人的罪证，舒大人在李侍尧案中最多是个无足轻重的胁从而已，我看我们就得饶人处且饶人吧。"

和珅闻言眉开眼笑地说："舒大人真是大手笔啊，云南一案，罪在李侍尧一人，你和孙大人一样都是无辜的。只要李侍尧见了皇上之后不胡乱攀咬，我和喀宁阿大人是不会为难你的。"

舒常心里的一块石头终于落了地，高兴地说："二位大人放心，李侍尧这个人，我还是了解的，他傲上而不辱下，我与他关系向来不错，他是绝不会在皇上面前把我供出来的。"和珅不以为然地说："李侍尧不说，不等于皇上不会怀疑你。"喀宁阿适时插话道："皇上很相信和大人，和大人的话，皇上是不会不听的。"舒常说："二位大人所言极是，舒常就全仰仗您二位了，尤其是和大人。"和珅笑道："100万两银子买个平安，值了！"

在当时的官场中，只要官位不丢，就等于摇钱树不倒，什么时候缺钱了，摇一摇，马上又财源滚滚了！

李侍尧被押解进京后，乾隆亲往狱中探望。李侍尧见到乾隆，惶恐道："臣乃戴罪之身，安敢劳皇上大驾？"乾隆和蔼地说："你是朕的爱将，为朝廷立过不少功劳。朕曾对大臣们说你是大清最能干的督抚，不想你今日竟堕落至此！"

李侍尧忍不住为自己辩解道："臣辜负了皇上厚望，但臣的大部分所得都进贡给皇上了，请皇上明鉴！"

乾隆说："你隔三岔五就给朕上贡，朕早就知道你的财路有问题，怎么着，难不成下面的官员给你送的礼，你全都送给朕了？"

李侍尧哭诉道："皇上英明，下面官员进奉的财物确实都上贡了，臣不敢私吞。皇上，臣和别的贪官不一样，别的贪官都是中饱私囊，臣从来都是把大头献给皇上，自己只留小头呀。"

乾隆叹口气说："你说的这些朕都知道，但国有国法，家有家规，你死罪可免，活罪难逃。"

李侍尧说："臣能明白皇上的苦心，臣愿伏法！"

乾隆说："你也一把年纪了，活一天算一天吧，朕不会见死不救的，朕能抓你，也能放你。"

事实上，李侍尧所言不虚，他行走官场几十年，向来以办贡见长。连乾隆也承认，李侍尧的贡品在同僚中是数一数二的。据说，李侍尧从任热河副都统开始到进牢房，进贡120多次，一年中进贡最多达9次。

毫无疑问，进献贡品不仅需要花费心思，更要花费银两。李侍尧仅在苏州置办古玩、玉器、龙袍等物,就花了2万多两银子。李侍尧担任两广总督时,在广东订制以紫檀木、花梨木、红木为材料加工制作的宫廷家具,从订制到完工花了两年多的时间,花费自然不菲。如此频繁办贡,花费巨大,李侍尧的钱从哪里来呢?

一般来说,办贡的费用是以官员的养廉俸银支付,除织造、盐官、关差每年有专门的银两用来办贡外,所有官员置办贡品都是自掏腰包。当时云贵总督每年的养廉俸银不过2万两左右,李侍尧当然不会自己付这笔钱,那就只能往下搜刮,他被查实勒索下属的银两就达3万多两。

李侍尧每年进献的贡品颇受乾隆喜欢,被驳回的数量极少,这也难怪乾隆夸他为"贡优奇才"。

由此可以看出,乾隆不想杀李侍尧,原因是多方面的:一来,李侍尧本人确实有才干;二来,李侍尧贪赃枉法大多与办贡有关。乾隆之所以让和珅负责办理李侍尧案,目的是想扼制督抚以进贡为名而肥己的贪欲,一方面为皇帝纳贡正名,另一方面则是想警告督抚别再贪婪肥己。

云南一案是乾隆下的指令,由和珅具体执行,李侍尧自然无法反抗,但这实际上是乾隆自导自演的一场戏。乾隆对李侍尧的信任程度仅次于和珅,他是不舍得让李侍尧去死的,为此,他召见和珅说:"现在云贵总督李侍尧已被革职下狱,天下悚然,震慑各省贪官的目的已经达到,这件事就这样吧。"

和珅一头雾水地说:"还没有将李侍尧明正典刑呢,不知皇上是何意呀?"

乾隆面露不悦之色,说:"你又不是不知道,李侍尧的不法所得大部分都办贡给朕了,难道你还想治朕受贿罪吗?你饱读诗书,难道不懂得'水至清则无鱼,人至察则无徒'的道理吗?"

和珅惶恐道:"具体如何行事,还请皇上明示!"

乾隆考虑了一下,指示道:"若依大清律严格执法,李侍尧难逃一死。朕想将李侍尧的案子交予六部会审,爱卿以为如何?"

和珅有些犯难了,说:"臣现在只是一个户部侍郎,人微言轻啊!"

乾隆笑道："这个好办，朕现在就任命你为户部尚书。"

和珅大喜，跪谢道："谢主隆恩，其他五部臣管不了，但户部一定会宽宥李侍尧的。"

乾隆说："你代表户部表态后，相信其他五部也会看着办的。"

在乾隆的授意下，很快，吏部、礼部、兵部、工部、户部、刑部等六部官员联合会审李侍尧。和珅作为户部尚书，首先表态说："李侍尧曾有大功于社稷，今虽贪赃枉法，念在他往日的功劳上，可从轻处罚。"

和珅本以为其他五部尚书有眼力见儿，没想到他们根本不买他的账，异口同声地表示，李侍尧一案案情重大，证据确凿，不杀李侍尧不足以谢天下。和珅无奈，只得如实禀报乾隆。

乾隆也有点无可奈何，毕竟这步棋是他让下的，他沉默良久，对和珅说："此计不成，又当如何？"和珅出主意道："臣有一计不知是否可行，皇上可就李侍尧案向各省的督抚们征求处理意见，兔死狐悲，相信那些督抚定会替李侍尧求情。"

乾隆认为此计甚妙，于是就按和珅所言，将李侍尧案的案卷发给各省督抚，请他们各自表态。果然不出和珅所料，各省督抚纷纷上表为李侍尧求情，大意是：李侍尧历督两广、江浙、云贵等省，在职期间政绩斐然，且屡有军功，多次击退外国进犯，是大清不可多得的将才，虽贪污了一些银子，想来必是一时糊涂，请皇上法外开恩，饶他一命，以观后效。

乾隆一一看过各省督抚的奏折后，长舒了一口气，随即昭告天下：云贵总督李侍尧贪赃枉法，本应处以极刑，朕念其屡有大功于国家，暂免其死罪，判斩监候！

李侍尧一案充分显示了乾隆高超的政治技巧和帝王权术。这次和珅虽然没能如愿将李侍尧斩首，却向乾隆展示了他的办事才干，可谓不虚此行。

此外，和珅在云贵两省逗留期间，了解到两省地方官员"赃私狼藉，吏治废坏，府州县多有亏空，需彻底详查，清厘积弊"，于是给乾隆上了一份奏章，详细汇报此事，并提出了处理办法。乾隆阅后十分满意，本打算任命和珅为云贵总督，但考虑到此案是和珅亲自处理的，可能会惹人非议，而且他也不愿意和珅长期远离自己，便任命福康安为云贵总督。

和珅还向乾隆面陈了云贵两省设关、盐务、钱法，以及边务（与缅甸的关系、与越南的贸易等）诸事，均合乎乾隆的想法，得到了乾隆首肯并批准实施。事后，乾隆任命和珅为御前大臣，并补任镶蓝旗满洲都统。

至此，李侍尧案算是圆满结束，和珅奉承乾隆道："皇上真乃聪明、仁智、雄略之主也。"乾隆笑着问道："此话怎讲？"和珅早已打好了腹稿，便滔滔不绝地说："皇上纳贵州按察使海宁之言，派臣与刑部侍郎喀宁阿远赴云南调查，是为聪也；皇上对贪污果断用力，将李侍尧绳之以法，是为明也；皇上捕李侍尧而不杀，是为仁也；皇上绥靖云南，只惩办李侍尧一人，余者不问，是为智也；皇上明辨是非，将威德加于四海九州，是为雄也；皇上摆布群臣如弈棋，留李侍尧一条活路，是为略也。以此论之，皇上岂不是聪明、仁智、雄略之主！"

乾隆闻言十分高兴，但他好像突然想起了什么，对和珅说道："爱卿不夸朕之明，朕倒是忘了，李侍尧此次获罪，云南巡抚孙士毅和贵州巡抚舒常难道就一点问题也没有吗？"

和珅一时有些心慌，生怕乾隆追查下去，赶紧解释道："皇上，云南巡抚孙士毅主动投案自首，戴罪立功，对臣侦破李侍尧案起到了关键作用。而且他与李侍尧素来面和心不和，李侍尧所犯之事，他大多没有参与。臣临走时，孙士毅还写了一封言辞恳切的悔过书，其情可悯，其罪可恕，请皇上明鉴！至于贵州巡抚舒常，他与李侍尧并非同城，虽隶属于李侍尧，但李侍尧对贵州的事情很少插手干预，他们之间的交往并不多，又怎么可能沆瀣一气呢？"

乾隆显然不信和珅这套说辞，毫不留情地说："我看你是收了孙士毅和舒常的礼物，才在朕面前替他们说好话。"和珅心中暗暗叫苦，但也只能硬着头皮继续为自己辩解:"皇上就是借臣一百个胆子,臣也不敢徇私枉法呀,请皇上明鉴。"

乾隆一脸严肃地说:"朕说过,水至清则无鱼,你即便收了孙士毅和舒常的一金半银,朕也不会因此而怪罪你。但你要时刻警钟长鸣,不要做太出格的事情,明白吗?"

和珅满头大汗地说:"皇上对臣的恩德天高地厚,臣感激涕零!"

话说李侍尧这次倒台,并没有就此一蹶不振,乾隆四十六年(1781年),乾隆又起用他为陕甘总督,镇压回民起义。更令人意想不到的是,同年五月,乾隆便任命李侍尧协同查办甘肃布政使王亶望之捐监冒赈案。以贪污之人去治贪污之事,这真是天大的讽刺!李侍尧对此自然感恩不已,拼死效力。

但是,乾隆这一赦免之举,使地方官员以进贡为借口的侵贪之风更加严重,以致公事废弛,贿赂公行,官官相护,对清代吏治的影响十分恶劣。

第十一章　修典籍续梦红楼

办理李侍尧案，对和珅仕途的发展影响极大，一方面它吸引着和珅放下一切包袱，向贪官之路大步迈进；另一方面，乾隆也愈加看重他，给予他更多的职权。

乾隆一生抱负极大，不仅想要留得当世的盛名，还希望自己能够永垂不朽。古人曾说人有三不朽："其上立德，其次立言，再次立功。"乾隆自认为自己的德行足以广被天下，功绩也是百世无双，于是就想在"立言"上作些文章。

这也难怪，盛世必修典，自古以来概莫能外，宋朝有《资治通鉴》，明朝有《永乐大典》，清朝到了乾隆年间，国泰民安，人民生活相对富足，乾隆的励精图治更是将大清盛世推向了巅峰，坐在峰顶的乾隆向下俯瞰，自然会有一种一览众山小的感觉。

乾隆三十八年（1773年），乾隆宣布成立四库全书馆，其任务是将中国历史上的所有著作全部辑录在一起，这是一项非常浩大的文化工程，四库全书馆中光是负责抄录的工作人员就多达数千人。

乾隆四十五年（1780年），和珅从云南办理李侍尧案回京后，乾隆任命他为四库全书馆总裁。四库全书馆总裁需要对书籍的入选、版本择定等一系列事务做出决定，只有饱读诗书、精通经史的大学者才足以胜任。

以和珅的学问，显然无法担当这么重大的职责，所幸他为人机智、精明，而且他知道乾隆对《四库全书》的编纂极其重视，把它当作在位期间的一桩大事。因此，和珅投入了大量精力，兢兢业业，一丝不苟。还有一个有利的条件是，学富五车的纪晓岚充任副总裁在一旁协助。

《四库全书》历时十余年而成。和珅出任四库全书馆总裁时，四库全书馆这部文化机器已经运行多年，和珅在收尾阶段上任，无疑是捡了一个大便宜。上任伊始，和珅便召集全馆人员开会，勉励馆里的学士们加班加点，争取短时间内完成《四库全书》的编纂工作。

自从上次纪晓岚题匾讽刺自己后，和珅一直耿耿于怀，每每欲伺机报复，纪晓岚也一直在心里窃笑和珅才疏学浅。如今在乾隆的撮合之下，两人同在一个部门任职，而且是上下级关系，每天低头不见抬头见，按说和珅现在管着纪晓岚，欲加之罪，何患无辞？但他暂时也不敢去招惹纪晓岚，因为纪晓岚是四库全书馆的核心，和珅要想在四库全书馆有所作为，纪晓岚是至关重要的角色。而对纪晓岚来说，他与和珅无冤无仇，上次借题匾之机讥讽和珅，玩笑确实开得有点大，后来他也有所收敛。于是，两人出于现实的考量在心照不宣中选择了和解，配合得还算默契，四库全书馆的工作有条不紊地进行着。

在很多人眼里，可能和珅表现出来的更多是阿谀奉承的奴才形象，其实，他的才华和见识还是不错的。抛开他在政治上的功过是非不谈，他在四库全书馆担纲时，对于保全《石头记》（后改名为《红楼梦》）做出了很大贡献。

《石头记》的作者曹雪芹是康熙时江宁织造曹寅的孙子，自小家境富裕，过着锦衣玉食的生活。后来因为在康熙诸子争夺皇位的斗争中，曹家支持皇八子胤禩，皇四子胤禛即位后下令查抄曹家。曹雪芹当时只有13岁，随家人迁回北京老宅，生活的巨变令他痛苦不堪，及至他成年，家境更加穷困，竟然到了"举家食粥酒常赊"的地步。后来，曹雪芹靠卖字画和朋友救济为生。他爱好广泛，对金石、诗书、绘画、园林、中医、饮食等均有研究。

在隐居期间，曹雪芹以坚忍不拔的毅力，发愤著书，开始写作《石头记》。后来，他的儿子因无钱延医买药，不治身亡。丧子之痛使他陷入过度的忧伤和悲痛之中,以致卧床不起,约于乾隆二十七年(1762年)除夕病逝于北京,留下了《石头记》前八十回的书稿和后四十回的零散回目及片断。

这以后,《石头记》开始被世人辗转抄录传播开来。由于它影射了当时的朝政,同时书中有多处性描写,这些在今天看来虽然算不了什么,但在当时却备受封建道学者的反对,认为它"有碍观瞻""诲淫诲盗",因而遭禁。民间虽然也有少量《石头记》刻本,但主要是由少数想要谋利的书商冒险刊行,流传并不是很广,因此没有产生太大的影响。

和珅对《石头记》这本书也略有耳闻,但并没有太过在意。他担任四库全书馆总裁后,一天,他的党羽苏凌阿找上门来,两人寒暄片刻,苏凌阿问道:"和大人博览群书,可曾读过《石头记》?"

和珅见苏凌阿突然提及此书,想必是有些门路,于是屏退下人,说:"这可是禁书,苏大人为何有此一问?"

苏凌阿说:"我因一个偶然的机会寻得此书,一直珍藏家中。此书乃天下奇书,现在大人总领四库全书馆,我有心献给大人,希望大人将之流传后世。"

和珅作为爱书之人,自然想要一睹为快,于是说:"若此书果真如苏大人所言有奇特之处,我倒要好好拜读一下。"

苏凌阿当即将《石头记》抄本献给和珅,和珅如获至宝,说:"一切待我看后再作打算。"

和珅花了几天时间,把《石头记》仔细读了一遍,不由得倾心折服,认定这是不可多得的小说。不过,行事一向谨慎的他知道《石头记》是一部禁书,别说是正式刊行出版,即使藏在家中也要冒很大风险。一定要想个万全之策,否则他不但保不住这部书稿,还可能搭上自己的政治前途甚至身家性命。

他心里打起了如意算盘,这样的一本书,皇上一定喜欢,只要对它进行一番处理,不就可以把它献给皇上,以讨皇上欢心,进而刊行天下，落得个好名声吗？而且这部书缺少后四十回，正好可以命人在续写时对书中的主旨做些修正，使其合乎礼法。

拿定主意后，和珅找来苏凌阿，对他说："这是一本水平上佳的小说，只是书中的很多文字有违碍之处，如果能找人将书中的不妥之处修改一下，再把后面的四十回完善一下，或许可以收录到《四库全书》里面。"

苏凌阿闻言大喜："那我们找谁来整理这本书呢，和大人心中可有合适人选？"

和珅沉思片刻，脑子里一个个地过着自己觉得合适的人选，突然，一个人的形象在他脑海中变得清晰起来："有了，这件事交给高鹗必能办成。"

高鹗，进士出身，历任内阁中书等职务，其人多才多艺，性格爽朗，不仅能写小说、诗词，还工于戏曲、绘画，对金石之学也颇通晓。

和珅和苏凌阿商量好后，悄悄找到高鹗，命其续写，而高鹗恰巧痴迷于此书，于是欣然接受和珅的委托，找来密友程伟元，一起对《石头记》全书进行处理。一晃几个月过去了，高鹗一边读一边进行删改，也改得差不多了，于是与和珅开了个碰头会。高鹗说："曹雪芹写《石头记》，别具匠心地以神话故事开头是欲盖弥彰，整本书中充斥着对朝廷的极大不满，我已对其进行了最大限度的修改，请和大人核查。"

和珅补充道："《石头记》需要修改的地方不仅包括某些影射朝廷的地方，曹雪芹在书中大肆渲染男女私情，好像我大清是一个淫秽之邦似的。男欢女爱不是不可以写，只是不宜描写得过于细腻，所以，涉及男女私情的地方也应该淡化处理一下。"

高鹗听取和珅的意见后，又针对性地对《石头记》做了一些删减。和珅拿来细读之后，发现续卷写得过于绝望悲凉，于是让高鹗重新安排一个较为圆满的结局，同时对前八十回里面厌世的文字修改一番。高鹗觉得那样修改就歪曲了作者本意，是对原作者的不敬。和珅当然明白这样做会使作品的意味有所改变，但总比被禁强，于是他对高鹗半劝说半恐吓地说道："续写确实应该尊重曹雪芹的意愿，但那样一来，这本书就会永远无法公开面世。况且，万一朝廷追查下来，你作为续写者，肯定罪责难逃，曹雪芹也将背负骂名。只有将书中对朝廷不敬的地方略加改动，才能获得皇上的首肯，使其得以刊行天下。你也算帮曹雪芹遂了心愿。曹雪芹倘若泉下有知，就算内容有所改动，他也会心存感激的。"

高鹗觉得和珅的话不无道理。自康熙以来，清廷大兴文字狱，凡是诋毁清廷的言辞，哪怕是一些不相关的词语，如"华夷、明、清"等，都会被追查，令人提起笔来就胆战心惊。和珅本人就是积极禁书的官员，现在他要求这么做，高鹗也无可奈何，只好按他的意图重新续写后四十回的结尾，对曹雪芹原稿中凡涉及朝廷避讳之处都做了修改。

高鹗文采非凡，他所续写部分的语气、意境与原著几乎无二，几可乱真。重新续写的部分，基调也回暖了不少，甚至还有一些对当朝歌功颂德的地方。和珅看过新稿后，终于喜笑颜开。

之后，和珅开始琢磨怎样才能顺理成章地把书呈给乾隆，将自己的风险降到最低。经过缜密的思考和计划之后，和珅发现了一个十分难得的机会，那就是乾隆一向孝敬有加的皇太后此时正卧病在床，心中烦闷。他果断决定将书先献给皇太后。

于是，在皇太后生病期间，和珅每天都去请安探望，并且打着为皇太后消遣解闷的名义，每天为她讲述一段《石头记》的内容。皇太后被书中扣人心弦的情节深深吸引，甚至病好之后还要求和珅每天都为自己讲述一段《石头记》。

和珅一向善于言辞，他把故事描述得惟妙惟肖，太后越听越喜欢，一来二去就被迷住了，已经不满足于每天听和珅讲一点，干脆把书要过来自己读。和珅见目的终于达到，连忙拿出准备好的手抄稿献给皇太后，趁机说出本意："《石头记》是千古第一奇书，无奈现在被冤枉为禁书，真是可惜！"

很快，乾隆也知道了这件事，他命令和珅重新审查《石头记》。和珅连忙说自己已经将书稿审查了好几遍，写的都是家事，并没有什么忤逆的地方。同时将《石头记》献给乾隆御览，请求付诸发行，以使天下人都能阅读，沐浴皇恩。

好书的魅力总是能够打动很多人。乾隆看了《石头记》也爱不释手，赞不绝口，于是下旨："查禁违逆书籍，是为了端正世道人心，惩办大逆不道、煽动民变之徒。《石头记》所写都是家事，只能算是才子之书，从此解禁。"

大功告成后，和珅决定将《石头记》改名为《红楼梦》，印刷发行。同时摆酒款待高鹗，席间，高鹗问道："在下有一事不明，可否请和大人指点一二？"和珅笑道："无妨，有话请讲。"高鹗说："曹雪芹这本书原名叫《石头记》，和大人将其更名为《红楼梦》，是何用意呢？"

和珅解释道："一来是因为'石头记'这三个字缺乏吸引力。二来这本书让人看了之后有一种如梦如幻的感觉，权力、金钱、美女总是能让人如痴如醉，可自古以来富不过三代，既富且贵者更是难以持久，沧海桑田，纵观豪门变迁，无不是红楼一梦。曹雪芹的祖上曾是豪门望族，垄断江宁织造一职长达数十年。雍正年间，曹家贪污受贿案东窗事发，财产被朝廷尽数抄没，曹家从此没落。曹雪芹幼年时曾享受过一段锦衣玉食的富贵生活，后来家道中落，从此贫困潦倒。《红楼梦》一书其实是曹雪芹在饱尝世态炎凉的情况下写出来的，是一部带有家族传记性质的长篇小说，它之所以好看就是因为它源于生活，取材于现实之中。这本书的成书年代并不久远，所以更能激起人们的共鸣。"

高鹗闻言深感佩服，赞道："没想到和大人的境界如此之高，曹雪芹的祖上虽系名门，但与和大人相比，实在是相去甚远，和大人您的红楼之梦才刚刚开始。"和珅笑道："我这辈子算是无忧了，不过到子孙手上就不一定了！"高鹗感慨道："今朝有酒今朝醉，我敬和大人一杯。"

《红楼梦》自从发行以来，销量惊人，一年之内连续印刷了数次，不仅在民间广受欢迎，乾隆的后宫妃嫔也很痴迷《红楼梦》。乾隆的众多妃嫔中有一个香妃，此女体含异香，故而得名。乾隆爱香妃，不仅爱其体香，更爱其才，因为香妃是一个大才女。《红楼梦》传入后宫之后，香妃异常痴迷，终日手不释卷。

其实，《四库全书》中类似《红楼梦》的书有很多，《红楼梦》的改编只不过是其中的一个缩影而已，所有收录进《四库全书》的典籍无不是经过精挑细选。

编书需要参考文献，朝廷为此多次下诏寻找历史上流落下来的文献，但数千年来国家历经战火，老百姓肚子都难以填饱，哪里还有精力保存图书，所以很多民间文献都遗失了。明朝永乐年间成书的《永乐大典》是重要的官方参考文献，它收录的古代重要典籍多不说，还分门别类，而且收录的典籍绝大多数经过详细考证，对编修《四库全书》具有重要的借鉴意义。可惜清军入关后，《永乐大典》正本因乾清宫失火而毁灭，仅存副本。

清军入关，对"胡人、蛮邦"等字眼特别敏感，编入《四库全书》的典籍，凡发现有犯禁的地方都必须进行删改。和珅作为四库全书馆总裁，责任重大；纪晓岚作为四库全书馆的副总裁，责任次之。其实对清廷来说，汉人写的很多书都是禁书。但要将所有禁书全部焚毁也不现实，乾隆并不想像秦始皇那样焚书坑儒。所以，在编纂《四库全书》时，乾隆授意和珅与纪晓岚对问题不是太大的禁书进行改编，如此一来，很多原本因朝廷审查而无法出版的禁书，在经过御用学者修改后都被搬上了书架。

编书之余，和珅还多次上书，建议乾隆严加查缴书籍，对有违碍、悖逆字句的书籍一律加以销毁。《四库全书》最后定本时，收录书目总计3470种、79 016卷、36 078册（一说3503种，79 337卷，36 304册），在当时世界上可谓绝无仅有的一部，这其中也包含了和珅的辛劳付出。

乾隆有鉴于痛失《永乐大典》的前车之鉴，命人抄写了7部《四库全书》，以防丢失。其中，北京紫禁城皇宫文渊阁、京郊圆明园文源阁、奉天故宫（今沈阳）文溯阁、承德避暑山庄文津阁，合称"内廷四阁"（或称"北四阁"）各藏抄本一部；镇江金山寺文宗阁、扬州大观堂文汇阁、杭州西湖行宫孤山圣因寺文澜阁，即"江浙三阁"（或称"南三阁"）各藏抄本一部。副本存于京师翰林院。

除了担任《四库全书》总裁外，和珅还监督、修订了很多图书，如《皇清开国方略》《日下旧闻考》《清三通》《热河志》《石经》《大清一统志》等，为乾隆在立言方面做出了重要贡献。

第十二章　千叟宴奉迎圣意

和珅主管四库全书馆的这一年，乾隆还任命他为协办大学士，主管京畿的科举考试，任主考官。

权力越大，意味着找他办事的人也就越多。这不，和珅的老师吴省兰又登门造访了。和珅对他还是很客气有礼，笑着问道："恩师今日前来探访，必有见教吧。"

吴省兰赔着笑说："和大人是青出于蓝而胜于蓝，我哪里有什么见教，我是有一难事想请大人帮忙呀。"

和珅说："恩师的忙我定会尽力而为，有用得着学生的地方尽管开口。"

吴省兰叹了口气，说："我有个哥哥名叫吴省钦，诗词文章都不错，可惜运气不佳，每次参加科举都是名落孙山，现在都快40岁的人了，还在参加考试，也不知道什么时候能熬出头。听说今年的会试和大人是阅卷官，所以想请大人关照一二，不知可否？"

和珅感同身受地说："我也曾是科场失意人，清朝的科举制度弊端重重，徇私舞弊成风，已经无可救药了。既然恩师开了金口，学生定然照办，您回去后让令兄答题写文章的时候将他的名字巧妙穿插于整篇文章中，到时我给他打个高分便是。"

吴省兰千恩万谢地回家后，将和珅的话告知哥哥吴省钦。京畿科考前，和珅想方设法从乾隆的贴身太监那里探听到乾隆最近在看《四书》，并以自己对乾隆近日关心之处的了解，准确地猜出了出题范围，然后密报给诸多"门生"，其中自然包括吴省钦。

吴省钦大喜过望，做了充分的准备，并巧妙地将自己的名字穿插于试卷之中。果不其然，和珅与其他阅卷官沆瀣一气，成功促成了此事。当然，其他阅卷官也不会替和珅白尽义务，每个阅卷官身后都有自己的猫腻，大家只不过是互相照顾而已，清朝科场之黑暗由此可见一斑。

吴省钦高中进士后，备了份厚礼，亲自登门拜谢和珅。和珅慷慨激昂道："你的弟弟也是我的恩师，我视他如义父，大家关系如此，你的事也是我的事，你以后想来便来，只是不要再带什么礼物了。"吴省钦连连哈腰道："是，是，和大人以后有什么用得着小人的地方尽管开口，小人万死不辞！"

后来，吴省钦、吴省兰兄弟确实对和珅忠心耿耿，办起和珅交代的事情总是颇有手段，因而次次都让和珅感到十分满意。

如果说乾隆最初起用和珅只是因为喜欢和珅而加以重用的话，那么，此时此刻，乾隆是由衷地认为和珅是清朝不可替代的一个多面手。

当了几十年皇帝的乾隆感慨万千，发自肺腑地对自己的心腹大臣和珅说："朕做了几十年的太平天子，在朕的精心治理之下，大清国运昌隆，虽然偶有战事，但总的来讲，朕治理下的老百姓还算安居乐业，大清的经济空前繁荣，吏治也还算清明。虽然贪官不少，但朕也是惩前毖后，绝不姑息。做皇帝做到朕这个份上，虽死何憾！"

和珅趁机进言道："人生七十古来稀，皇上乃天之骄子，值此高寿之年，一定要好好庆祝一番。"

乾隆百无聊赖地说："从40岁开始，朕每年都有祝寿活动，每次朕过生日无不是普天同庆。说实话，年年祝寿，祝了30年，朕对过生日祝寿都有些腻烦了！"

和珅说："皇上之所以腻烦祝寿，主要是因为每年的祝寿活动毫无新意，不光皇上自己腻烦，就连为皇上祝寿的天下臣民也有些厌倦了。今年皇上七十大寿，应该弄点新花样才行。"

乾隆一听也来了兴致，问道："那如何才能将朕今年的寿诞办得有声有色呢？"

和珅早有准备，不慌不忙地说道："皇上，臣闻康熙皇帝过60岁生日时，别出心裁地办了一次千叟宴，以皇上现在的丰功伟绩，比圣祖康熙也不遑多让，康熙皇帝可以办千叟宴，皇上为何不可呀？"

和珅的话可谓一语点醒梦中人，乾隆处处以圣祖康熙为楷模，这么多年来，他在各个方面取得的成绩早已"不逊于康熙"，办千叟宴当之无愧。想到这里，乾隆高兴地说："爱卿的话算是说到朕的心坎里了，朕今年七十大寿就以千叟宴为压轴大戏，其他庆祝活动作为点缀，意思一下就可以了。"和珅欣然领命。

那么，何为千叟宴呢？叟者，老人也。所谓"千叟宴"，就是召集官员、缙绅中70岁以上的高寿老人，在皇宫中举办大规模酒宴，让这些高寿老人与皇帝同乐，庆贺前所未有的太平盛世。

在中国历史上，皇帝树立勤政爱民的良好形象的例子不胜枚举。而在清朝，举办"千叟宴"便是重要方式之一，仅从康熙朝到乾隆朝就举办过三次大规模的"千叟宴"，目的是彰显皇帝勤政爱民和体恤臣子的良苦用心。

和珅在准备乾隆七十大寿时格外用心，先是通告全国，要求各地官员将自己辖区内年满65岁老人的数量报上来，最后一统计，共得5000人（一说3000人）。

乾隆生日当天，北京城内张灯结彩，热闹非凡，先是朝廷百官和外地来的封疆大吏逐个向乾隆致祝寿词，献上各种贡品，然后是皇子皇孙、后宫嫔妃向乾隆称寿。乾隆坐在龙椅上，一时风光无限。最后，外国使节逐一向乾隆行三跪九叩礼以示臣服，乾隆对他们一一优抚。

这一天最忙的就是内务府，和珅作为内务府总管，更是忙上加忙。皇上过生日，前来祝寿的人无不是满载而来，真可谓礼炮一响，黄金万两。当然，银子虽然多得不可胜数，却跟户部没有半点关系，所有礼物和礼金全部由内务府接收，因为这是皇家财产。

整个祝寿活动的重头戏"千叟宴"安排在最后，几千名白须老者翘首以盼皇帝的到来。傍晚时分，乾隆在和珅的陪同下来到"千叟宴"

现场，几千名老人一起向乾隆下跪行礼并山呼万岁，乾隆高呼平身，老人们慢悠悠地从地上站起来。随后，乾隆举杯向众多老人敬酒，老人们一个个激动得涕泪横流。有的老人平生第一次见到皇帝，兴奋过度，几致晕厥。

为了在现场制造惊喜，和珅将事先安排好的几十位百岁老人引到乾隆面前，乾隆见眼前这些老人个个仙风道骨、精神矍铄，遂问和珅道："这几十位老者今年高寿啊？"

和珅回道："这是臣从数千名老人中特意挑选出来的几十位百岁老人，他们的年龄从100岁到120岁不等。"

乾隆走近这些百岁老人，逐一询问他们的年龄，老人们一一作答。乾隆龙心大悦，对这几十位百岁老人说："在你们面前，朕好像还是一个小孩子。"老人们齐声说："皇上洪福齐天，定能寿与天齐。"乾隆一时兴起，向这几十个百岁老人一一敬酒，老人们又逐个回敬，最后，乾隆喝得酩酊大醉。和珅见状，忙接过乾隆手中的酒杯替其饮酒。

宴会结束后，开始燃放烟花爆竹，整个北京城的上空一片五彩斑斓，各种礼炮竞相绽放，参加宴会的老人们本就老眼昏花，哪里经受得住这种视觉冲击，刹那间恍如进入天堂一般。乾隆未到活动结束，便有些体力不支，回寝宫休息去了。和珅作为活动主办人，一直坚持到庆典活动结束才打道回府。

乾隆寿诞次日，工部尚书金士松突然上奏弹劾和珅昨日僭越不法。乾隆十分奇怪地问道："和珅昨日全权操办朕的寿宴，夜深方才回家，有何僭越之举？"

金士松如实道来："皇上昨晚参加千叟宴，与众位老人畅饮，后来皇上喝醉了，和珅趁机替皇上与众人敬酒，此乃大不敬之罪，依法当斩。"

不等乾隆开口，和珅早已拜伏于地，哭诉道："皇上，臣昨天也喝多了，可能酒后失态，替皇上向老人们敬了几杯酒。臣也是为皇上着想，怕皇上饮酒过量有伤龙体，如果这也算僭越的话，请皇上治罪，臣无怨无悔。"

由于昨日的宴会，乾隆心情还不错，笑道："昨天的事情朕想不起来了，不过，和珅一向处处替朕着想，偶有不合礼数之处，朕也可以理解。"

但金士松仍不依不饶："皇上乃千古一帝，地位尊崇，普天之下，无人可以替代。和珅替皇上饮酒是明目张胆的僭越之罪，请皇上治其目无君上之罪。"

和珅继续为自己辩解道："皇上，臣确实有罪，但臣也是无心之过。昨天千叟宴现场的气氛太热烈了，皇上与几十位百岁老人互相敬酒，臣陪在皇上左右，看着皇上即将醉倒，臣如果不主动替皇上挡酒，岂不是公然置皇上的安危于不顾吗？请皇上明鉴！"

乾隆说："金士松，你不要再说和珅的不是了，和珅做的一切都是为了朕，朕要是真的治他一个僭越之罪，那朕又与昏君何异？和珅忠君忘己，为君分忧，你们应该向他学习才是。"

乾隆说完，转而亲切地对和珅说："爱卿，为了嘉奖你昨天晚上在千叟宴上的突出表现，朕赐你500两黄金，以示嘉勉！"和珅忙跪下谢恩。

忙完乾隆的祝寿庆典，和珅总算松了一口气，好好休息了几天。

第十三章　肃威刑甘肃反腐

在和珅日益得到乾隆宠信，风光无限之时，危机也悄悄地潜伏着。

乾隆四十六年（1781年），西北循化地区由于回教新旧教派之争，爆发了苏四十三起义。

甘肃是回族的聚居地之一。乾隆年间，甘肃安定（今甘肃定西市安定区）回民马明心创立新教，反抗门宦地主对农民的残酷剥削。这引起了旧教门宦地主的仇视，新老教派间多次发生争斗。而清廷则站在旧教门宦地主一边，于是，教派斗争开始转化为反抗清朝的武装起义。

苏四十三起义也是甘肃官员长期激化教派矛盾造成的。苏四十三起事之初并非与清廷对着干，主要还是与旧教相争，直到甘肃布政使王廷赞插手。

王廷赞原任宁夏道台，甘肃省原布政使王亶望升任浙江巡抚后，王廷赞接任甘肃布政使，时逢苏四十三起义，王廷赞觉得自己立功的时候到了。

苏四十三一开始起事，王廷赞就派人把新教的教主马明心抓到兰州。这步棋走得并不高明，因为这样做就等于把起义队伍引到兰州来了。起义者围住兰州后，王廷赞不由得慌了手脚，连忙上奏朝廷，乾隆下旨："毋乃过涉张惶，若稍有疏虞，王廷赞不能当其咎。"在清军的围剿之下，苏四十三退离兰州继续抵抗。

乾隆闻知此事后，大为震怒，紧急召集百官商议对策。

时任兵部尚书为阿桂，他也是和珅在同僚中最为忌惮的一位。阿桂是大学士阿克敦之子，满洲正蓝旗人，后以新疆战功升入正白旗。后来，跟随班第参加平定大小金川之乱，经过累次升迁，最后被任命为内阁大臣、工部尚书，驻扎伊犁。从此，阿桂在朝中的地位一天天提高，等到和珅飞黄腾达的时候，阿桂早已是乾隆朝无可替代的一名重臣。乾隆也深知阿桂能征善战，功勋卓著，所以对他特别器重。

但当时阿桂正在南方治理水患，暂时无法脱身，因此，乾隆在朝堂上朗声问道："暴民作乱，残杀无辜，陕甘地区的军队已不足以应付乱局，谁可替朕分忧，前往甘肃地区平定叛乱？"

乾隆话音刚落，和珅便出班奏道："皇上，甘肃乱民乃一群乌合之众，臣不才，愿领兵前往甘肃平乱。"

乾听了不禁有些犹豫，说："爱卿勇气可嘉，只是你从来没有打过仗，派你去平乱，朕不放心呀！"

和珅坚持道："皇上，臣自入仕以来，无尺寸之战功，朝中大臣多有非议者，说臣身无寸功而身居高位，臣也每每以此为耻。今甘肃发生叛乱，臣早年曾熟读《孙子兵法》，相信对付一小撮乱民必能手到擒来，请皇上放心。"

由于和珅执意前往，乾隆也有意让他到战场上去历练一下，于是命额驸拉旺多尔济，带领侍卫内大臣海兰察、护军额森特带兵征讨乱民；和珅为钦差大臣，前往督师。乾隆深知打仗并非儿戏，于是复用李侍尧，授予三品顶戴、孔雀花翎，到甘肃总办军务。

本来和珅见乾隆愿意派自己前去平乱，内心暗自得意，没想到乾隆略一沉吟，又把命令改成和珅与兵部尚书阿桂一起督军甘肃，和珅先行，等阿桂到达甘肃后，和珅听从阿桂指挥。这让和珅心中愤恨不已，这不就表明乾隆认为自己能力不够，实际上内心更加倚重阿桂吗？但他一时也没有办法，只能到战场上去证明自己了。

和珅领命后，迅速点兵一万向甘肃地区进发。他率军来到兰州城，甘肃布政使王廷赞向他汇报说："叛军对兰州的威胁已经解除，贼首苏四十三率领暴民转战河州去了。和大人远道而来，休息两日再进军也不迟。"

和珅怒道:"我是来甘肃救火的,叛贼横行法外,你这个甘肃布政使却一点也不着急,这是为何?"

王廷赞一时语塞,忙奉承道:"人言和大人一心为公,今日相见,果然名不虚传。"

和珅不耐烦地说:"你且向我汇报敌情,废话少说。"

王廷赞不敢怠慢,忙详细介绍敌情:"和大人,叛军首领苏四十三异常狡猾,他指挥数千乱民与官军打游击战,我进他退,我退他扰,两度乘虚袭破河州城,将河州府的钱粮洗劫一空。不仅如此,他还散布流言,号召社会上的不良分子归附于他,很多乱民都投到了他的麾下。现在听说和大人率领朝廷大军前来镇压,他便带着手下乱贼躲进了河州地区的深山老林里。"

和珅板起脸,严肃地说:"皇上对甘肃的匪情特别重视,我临行前,皇上千叮咛万嘱咐,要求我务必以雷霆万钧之势迅速绥靖地方。你作为甘肃布政使,应责无旁贷地协助我破敌才是。"

王廷赞忙不迭地说:"协助和大人是我的分内之事,一切都听和大人吩咐。"

和珅马上作了安排,说:"兵贵神速,我明日便挥师河州,寻敌决战。你调集本部人马随我出战,粮草用度都得跟上,不得有误。"王廷赞俯首听命,应声而去。

甘肃叛军首领苏四十三听闻和珅率领的朝廷大军已逼近河州地界,忙召集手下谋士商议对策,其中一个谋士进言道:"我久闻和珅之名,其人文不能治国,武不能安邦,靠着皇上的宠信才平步青云。而且,和珅从来没有真正带兵打仗过,一点作战经验都没有,皇上派他来甘肃征剿我们,实为清贼之祸、我等之福也,将军不必担心!"苏四十三仍然有点担忧:"和珅虽不足为惧,但清军声势浩大,我们该如何迎敌啊?"谋士笑道:"和珅建功心切,必求速战,将军可先用骄兵之计引其上当,再用诱敌深入之计重创敌军,给清廷一点厉害瞧瞧。"苏四十三闻言大喜过望。

很快，和珅大军气势汹汹地向苏四十三的叛军扑来，苏四十三早有准备，率兵迎战，他以鞭指着和珅骂道："你这个贪官，不在家里数银子，跑到甘肃来送死吗？你要是战死了，留下那么多家财给谁花呢？"和珅闻言大怒，骂道："刁民草寇，竟敢在此大言不惭，今日就是你的死期，还不快快下马受缚。"苏四十三笑道："你这个朝廷的鹰犬，今天我就与你决一死战。"

苏四十三话音未落，和珅已拔出宝剑，指挥清军发起了进攻，苏四十三率军迎击，两军混战一处。和珅初临战阵，亲眼看到战场上刀光剑影、血肉横飞的场面，心中一阵发紧。正当清军将士杀得兴起之时，苏四十三诈败而走，清军乘势掩杀，追杀一阵而回。

和珅初战告捷，一面上表奏报乾隆，一面整饬队伍，准备再战。

次日，苏四十三再次领兵前来挑战，战不多时又诈败而走，和珅率军穷追不舍。追到一处险要地段时，副将图钦保对和珅说："此处地势险要，三面环山，若敌军预设伏兵，我军危矣，请大人暂且收兵，待摸清敌情再做良图。"和珅压根没把苏四十三放在眼里，不以为然地说："你多虑了，苏四十三等一群草莽岂知兵法！与这等流寇作战，不必拘于常理。今日我必要杀尽叛贼，为皇上尽忠。"图钦保见和珅不听劝阻，只得说："大人乃三军主帅，不可轻进，小人愿率军追击残敌，大人坐镇此处督战即可。"

和珅见图钦保态度坚决，于是停止前进，由图钦保率军继续追击。果然，图钦保追至前方山谷中时，突然鼓角齐鸣，伏兵四起，刹那间箭如雨下，清军大败，图钦保也被乱箭射死。和珅赶忙率领后军冲入山谷之中，将残余军队接应出来。苏四十三反败为胜，对清军穷追猛打。正所谓兵败如山倒，和珅临阵经验不足，怎么也稳不住败军的阵脚，只得仓皇逃回兰州城暂避。苏四十三率领叛军将兰州城团团围住，和珅收拢残兵败将，清点人数，发现自己带来的一万大军只剩下五千人。

经此一战，叛军士气大涨，清军士气低迷，苏四十三猛攻兰州城，因久攻不下，只得领军退去。和珅再也不敢轻易出击，双方进入相持阶段。

乾隆十分关心甘肃战事，不断要求前方递呈战报。由于前次的失败，海兰察、额森特以及陕甘总督勒尔谨都知道和珅毫无指挥作战的才能，私下商定采取拖延之策，一切等阿桂到来再作打算。

阿桂得知甘肃军情紧急，忙安排好河工事务，快马加鞭、日夜兼程赶到兰州。阿桂来到后，和珅反咬一口，把失败的责任全都归之于将领不听调遣。阿桂听后不置可否，遂升帐派兵，诸将都听从号令，不见一丝不敬。阿桂转身问和珅："和大人不是说诸将不听从调遣吗，这又是为何？"从此，和珅对阿桂更加怀恨在心。

不过，经此一战，和珅也发现自己毫无军事才能，这是他一生中第一次也是最后一次督军打仗，此后再也没有指挥过任何军事行动。跟和珅比起来，阿桂则是一员能征善战的大将，他接掌军权后，立即调整部署，对苏四十三的叛军分进合击。清军在阿桂的英明指挥下进展神速，仅用月余时间便彻底扑灭了乱军，贼首苏四十三血战而死。和珅对阿桂取得的军事胜利心服口服，称羡不已！

正所谓吉人自有天相，和珅虽然打了败仗，但很快便找到了一个戴罪立功的机会。

当时，由于清军不能速胜，乾隆震怒，撤了陕甘总督勒尔谨的职，一时间，甘肃地方官员惶惶不可终日。甘肃布政使王廷赞为摆脱困境，主动上奏表示："臣自愿将历年积存廉俸银4万两，缴贮甘肃藩库，以资兵饷。"

王廷赞此举可谓搬起石头砸自己的脚，精明的乾隆从他的奏折中看出了破绽，王廷赞不过是个布政使，为何家计如此充裕？而且和珅到达兰州后，在奏折中多次提到甘肃地方经常阴雨，行军困难。乾隆联想到王亶望在甘肃任职期间连年奏报地方干旱，其中必有虚报情形，因此，他当即传谕和珅查明王廷赞的家产来源是否与甘肃捐监一事有关。乾隆之所以这样安排，也是为了给打败仗的和珅一个台阶下。

那么，何为"捐监"呢？捐监就是捐出身，即平民或生员通过出资报捐取得最高学府——国子监肄业的文凭。尽管它不像捐纳实职那样能直接当官，但是清朝明文规定，要想捐纳官职，首先必须具备贡、监生的资格。于是，很多不学无术的富家子弟对当时朝廷颁布的捐监制度趋之若鹜。

捐监制度虽然对解决清廷的财政危机、缓解士人进阶的压力方面起到了积极作用，但是对科举制度、社会风气都产生了消极的影响。所以，乾隆在乾隆三十一年（1766年）下令停止捐监制度。

和珅走上仕途后的第一个职位就是户部侍郎，后来又升任户部尚书，对于朝廷的捐监制度，他是很清楚的。甘肃当局每年都会向朝廷陈述灾情，要求继续在全省范围内捐监。而乾隆为了减轻户部的压力，屡屡批准甘肃当局的奏请。和珅出于贪官的本性，敏锐地察觉到捐监对地方官员来说实在是一块肥肉。甘肃连年捐监，经手的官员一定贪了不少银子，如果能借机整肃一下甘肃官场的贪腐之风，皇上就不会因为自己在甘肃打了败仗而责罚自己了。可是，千头万绪，该从哪里下手，怎么查呢？和珅认为，陕甘地区十年九旱，但到底每年的旱情如何，有没有甘肃当局汇报的那么严重就很难说了。

为了了解实际情形，和珅决定到甘肃民间私下调查一番，结果让他喜出望外，很多农民表示甘肃自从乾隆三十九年（1774年）大旱一年后，其余年份并无大旱，只是每年会有局部地区的小旱情。农民都是靠天吃饭，反映的情况应该属实，那说谎的一定是甘肃的官员。和珅想，甘肃地方官将每年的旱情扩大化，将多出来的捐监粮食中饱私囊，很明显，他们每年给户部报上来的捐监赈灾的账目必然有误。但是有一点是跑不掉的，甘肃多年捐监，朝廷有明文规定，在捐监过程中只能捐粮食，不能捐钱，更不允许地方官将捐监的粮食折为银子。如此一来，甘肃的府库必然充盈。也就是说，如果甘肃的府库是亏空的，甘肃的官员就难辞其咎了。

现在，摆在和珅面前的三个嫌犯分别是陕甘总督勒尔谨、甘肃布政使王廷赞、兰州知府蒋全迪，这三位都是朝廷大员，没有皇帝的允许，和珅是不能随便查他们的。于是，和珅派八百里加急飞报乾隆，指出了甘肃官场的种种弊端。乾隆阅后大笔一挥，拟了一道圣旨，命令和珅全权查办甘肃的一切不法之事，甘肃所有地方官员必须无条件配合。

得到乾隆的授权后，和珅雷厉风行，以乾隆的名义命令甘肃布政使王廷赞打开甘肃府库。经过一番查验后，和珅发现甘肃府库内的存粮没有盈余不说，反倒正常的储备量都不够，于是责问王廷赞："你们甘肃年年捐监，粮食都捐到哪里去了？"

王廷赞"从容不迫"地说："甘肃年年干旱、颗粒无收，每年通过捐监所得的粮食都用于赈灾，由于赈灾所用粮食甚多，捐监筹措来的粮食根本就不够用，所以甘肃的府库一直处于亏空状态。"

和珅冷笑一声，毫不留情地指出："我已经去民间调查过了，近年来甘肃省只是局部地区有小灾小旱，根本就没有什么重大的旱情，你们年年虚报旱情，冒领捐监粮，损公肥私，你可知罪？"

王廷赞表面不动声色，针锋相对道："和大人说我们捐监冒赈，可有证据？"

和珅怒道："你要证据是吧，好的，你等着。"

和珅本想逼王廷赞就范，没想到王廷赞不见黄河心不死，当下两人不欢而散。

事后，和珅觉得甘肃官场的水很深，自己一个光杆司令实在是孤掌难鸣，他想来想去，觉得李侍尧曾长期执掌地方，熟悉地方上的事务，是查案的不二人选，于是就上表请求让李侍尧协助自己办案。乾隆顺水推舟，任命李侍尧代理甘肃总督，协同和珅查案。

在和珅向乾隆搬救兵的同时，甘肃的官员也没有闲着。王廷赞遭到和珅一顿当头棒喝后，立即与陕甘总督勒尔谨、兰州知府蒋全迪开了一个秘密会议。会上，王廷赞哭丧着脸说："这几年，我们每年都向朝廷谎报灾情，将捐监所得粮食以赈灾的名义装进自己的口袋，现在皇上派和珅前来查办，恐怕是要东窗事发了，该怎么办才好？"

勒尔谨一脸愁容地说："这个和珅打仗不行，查案倒是有些能耐，李侍尧当年就是被他扳倒的,看来我们这次是在劫难逃了。"

蒋全迪还算冷静,出主意道:"久闻和珅嗜财如命,有钱能使鬼推磨,我们将他收买如何?"

王廷赞点头表示同意:"如今也只能死马当活马医了,先送他几万两银子试探一下。"

勒尔谨觉得眼下也没有更好的方法,只能走一步算一步了:"不管和珅是否收取我们的贿赂,我们几个人必须统一口径,绝不能让和珅轻易找到破绽。你们两个派人知会下面县里的官员,让他们都管好自己的嘴巴,大家一荣俱荣,一损俱损。"

会后,三人各自依计而行,蒋全迪要求下面的官员务必守口如瓶;王廷赞则秘密拜访了和珅,向和珅送上一张5万两银子的银票。为了稳住甘肃的官员,和珅将计就计,假意收下了王廷赞的银票。

不数日,李侍尧走马上任,和珅秘密拜访了李侍尧,对他说:"你我之前多有误会,今日正好冰释前嫌,我们都是当今皇上器重之人,当以国事为重。如今甘肃的官员们捐监冒赈,年复一年,案情重大,但现在没有确切的证据,我正为此事头疼呢!"

李侍尧说:"捐监是一省之大事,经手之人众多,想要遮掩得密不透风是不可能的,以我的经验来看,案件若想有突破性的进展,还得从县官入手。"

和珅想了想说:"好,我明天就带人去天水县调查,不查出个端倪来,誓不收兵。"

李侍尧也表示支持:"好,祝和大人早日奏凯,我在兰州稳住各方势力,让他们无法掣肘你在天水县的行动。"两人商议妥当后便各自准备去了。

且说天水县令王平接到兰州知府蒋全迪的通知,知道朝廷要追查近年来甘肃捐监冒赈的事情,心中十分忐忑,生怕哪天会查到自己头上,乌纱帽不保。然而,做了亏心事,鬼神迟早是要找上门来的。就在王平惴惴不安之时,和珅已率领三百精兵直奔天水县而来。

和珅到达后,将王平唤到密室中,连恐带吓地说:"甘肃省捐监冒赈的事情已经败露,李大人正在兰州提审省级官员,希望你能看清形势,我的办案宗旨是抗拒从严,坦白从宽。"王平听了直冒冷汗,但仍缄口不言。

和珅见状,继续开导道:"你只是一个小小的县令,定是受上司胁迫,不得已做了些贪赃枉法的事情,只要你现在能够悔悟,我以钦差大臣的名义保你无罪;否则,一旦别人先你一步坦白此事,后果的严重性你可要想好了。"

和珅的话起了作用,王平的心理防线彻底崩溃了,他一五一十地招供道:

"我在天水县做了快10年县令,甘肃捐监刚开始确实是大旱,由甘肃布政使王亶望主管捐监赈灾事宜。王亶望这个人善于钻营、贪婪无度,他在处理当年的捐监赈灾事宜后发现捐监赈灾实在是个捞钱的好机会。于是,他和陕甘总督勒尔谨、兰州知府蒋全迪等人,年年向朝廷谎报灾情,请求捐监赈灾。陕甘地区历来是出了名的干旱少雨地区,所以朝廷也没多做调查,很快就批准了王亶望等人的捐监赈灾请求。王亶望等人趁机大肆侵吞捐监粮食。

"屡屡得手后,王亶望更是有恃无恐地规定,捐监者可以直接将粮食折为白银缴纳。每年分赃时,王亶望、蒋全迪、勒尔谨三人拿大头,我们这些县令也能分到一笔数额不小的赃款。由于上上下下打点得非常到位,所以朝廷对甘肃捐监冒赈一事没有任何察觉。更为可笑的是,捐监赈灾最大的贪腐头目王亶望,被朝廷调往富庶的浙江省任巡抚,理由便是皇上及吏部认为王亶望在甘肃任期内赈灾有功。

"王亶望调走后,新任布政使王廷赞倒是收敛了许多,他不像王亶望那样明目张胆地欺瞒朝廷,但是每年或多或少还是会向朝廷虚报部分灾情,把捐监赈灾账面上的粮款从上到下一一分赃。我每年都会有几千两银子入账,这些年分了大概有两三万两银子吧。"

听了王平的陈述,和珅目瞪口呆,良久才缓过神来,不无感慨地说:"想不到你们甘肃的官员如此胆大妄为,数年来竟然把皇上蒙在鼓里,始作俑者王亶望居然还被冠以赈灾功臣之名荣升浙江巡抚,你们真是太厉害了。"

王平说:"下官已经将自己知道的所有情况和盘托出,还请和大人宽宥下官的罪过。"和珅说:"你适才说的这些惊天案情足以让你将功折罪了,我当禀明皇上,保你无事。"王平说:"下官愿将历年来的不法所得全部献给大人。"和珅笑道:"算你识相,我保你稳坐天水县令宝座。"

和珅软硬兼施,迫使天水县令王平就范后,又让王平写了一份供状,供状中列举了兰州知府蒋全迪和甘肃布政使王廷赞的诸多犯罪证据。和珅随即拿着王平的供状火速赶回兰州,将天水之行的收获告知李侍尧,李侍尧听得目瞪口呆,叹道:"王亶望真是胆大包天,这样的'人才'真是难得啊,只可惜天网恢恢,疏而不漏,远在浙江的王亶望恐怕做梦也想不到他马上就要大祸临头了。"

和珅得意地笑道:"王亶望确实高明,但我们两个也不傻,他这次能栽在你我手上,也算是他的福分。"

李侍尧问道:"和大人,这下一步的棋该怎么走呢?"

和珅心中早有主意,说:"天水县令王平在供状中指证兰州知府蒋全迪的罪证最多,我决定立即拘传蒋全迪,从他的嘴里挖出更多的东西来。"

李侍尧赞道:"和大人思路清晰,办案手段凌厉。"

和珅听了李侍尧的话不禁有点飘飘然,冷静下来后,他马上拘传了兰州知府蒋全迪,并将其软禁起来。他把天水县令王平的供状扔给蒋全迪,蒋全迪仔细看了一遍,知道王平已经出卖了自己,白纸黑字不容辩驳,但他转念一想,横竖是个死,不如顽抗到底,遂抵赖道:"这分明是天水县令王平企图陷害于我,我是冤枉的。"

和珅见蒋全迪死到临头仍不肯招供,便下令用刑。一连三天,蒋全迪尝遍了各种刑具,但他也是个"硬骨头",咬紧牙关就是不松口。第四天，和珅来到牢房，见蒋全迪已被折磨得奄奄一息，几天没有睡觉，连眼睛都是半睁半闭的。和珅咬牙切齿地骂道："蒋全迪，我定要让你求生不得，求死不能，看你招还是不招？"

蒋全迪就算是钢筋铁骨也熬不住了，赶紧求饶道："我招，我全招！"和珅笑道："早知如此，何必当初！你从头到尾、仔仔细细地跟我说一遍，然后签字画押。"

蒋全迪叹了口气，说："乾隆三十九年甘肃大旱，朝廷下令捐监，拿捐监得来的粮食赈济灾民。时任甘肃布政使王亶望主管捐监赈灾，自此以后，王亶望认为甘肃地处偏远，又素有旱名，遂滋生了捐监冒赈的邪念。此后数年，王亶望串通陕甘总督勒尔谨，屡次向朝廷谎报灾情，请求捐监。朝廷批准后，王亶望便与我串通一气，把捐监所得的粮食大部分做了假账，名为赈灾，实则落入了各级官员的口袋。这事一直是我与王亶望主管，我们两个分到的赃款最多，陕甘总督勒尔谨分到的赃款仅次于王亶望和我。

"勒尔谨虽是总督陕甘，但他与我们并非同城办公，更多的时候是在陕西，坐在省外便能分得大量赃款，他倒也乐享其成。至于甘肃省下面的各级官员，王亶望和我会根据其出力多少、贡献大小进行分赃。多年来，大家各得其所，一直相安无事。如果不是今年甘肃发生暴民叛乱，也许这件事还会一直隐藏下去。现在被和大人连根拔起，也许是天意吧！"

和珅面露得意之色，说："你继续说下去。"

蒋全迪接着说道："后来，朝廷以王亶望赈灾有功将其升为浙江巡抚，王亶望走后，王廷赞继任甘肃布政使。我与陕甘总督勒尔谨极力拖王廷赞下水，王廷赞初时不肯，但甘肃官风不正，多年来的官场弊端积重难返，从下到上，没有一个官员反对捐监冒赈，王廷赞若不顺从众意，在甘肃便待不下去。久而久之，王廷赞的防线终于被攻破，不过，他虽然同意与我们同流合污，但也不敢像王亶望那样肆意妄为，他上任以来，虽然每年也向朝廷谎报灾情、捐监冒赈，但总的数量比王亶望执政时少了许多。"

和珅追问道:"这些年来,你们甘肃捐监,大约有多少银子?"

蒋全迪想了想说:"具体多少我也记不清了,应该不下于1000万两银子吧。刚开始捐监时,我们只收粮食,不收银子。后来我嫌麻烦,就下令各州县一律以银子代替粮食捐监,反正每年也没有多少旱情需要拿粮食去赈济。"

和珅分析道:"照你这么说,在整个甘肃捐监冒赈案中,你和王亶望是罪魁祸首,陕甘总督勒尔谨坐地分赃,对你们的行为听之任之,关系不是太大,后任甘肃布政使王廷赞也涉案不深。"

蒋全迪点头表示同意。

和珅不无感慨地说:"你和王亶望的贪腐本领确实非同凡响,甘肃捐监冒赈这么大的案子,你们简直做到了天衣无缝的地步。"

蒋全迪一副自认倒霉的神态:"普天之下,无官不贪,只不过我们把动静搞得太大了,如果能适可而止的话,也许就不会出现今天这个局面了。"

随着蒋全迪的招供,和珅下一个要收拾的人就是甘肃布政使王廷赞。当和珅将天水县令王平和兰州知府蒋全迪的供状摆到王廷赞面前时,王廷赞知道大势已去,喟然长叹道:"我来甘肃之前本来是个清官,可如今这个世道做官难,做个清官更难。很多时候,要是不和贪官同流合污,便很难在这个污浊的官场中站稳脚跟。"

和珅打断他的话,怒道:"现在说这些已经太晚了,把你这两年来的不法行为从实招来。"

王廷赞说:"甘肃官场从上到下已经腐败透顶,我作为布政使焉能独善其身?两年来,我通过捐监冒赈的方式累计贪污银子数万两,下面的官员也各有所得。"

和珅说:"已经成贪官了,还在这里装清高,你就引颈待戮,等着严惩吧。"说罢拂袖而去。

甘肃捐监冒赈案的大鱼小鱼基本都浮出水面了,也该收网了。随着和珅一声令下，甘肃大大小小的贪官纷纷落网。接着，和珅上表乾隆，乾隆接报后简直不敢相信自己的眼睛，没想到自己治下居然会发生这种事。龙颜大怒的他，下令将主犯王亶望、蒋全迪斩立决；陕甘总督勒尔谨坐地分赃，本当斩首，念其曾对朝廷有功，赐自尽；甘肃布政使王廷赞其罪可诛，被判处绞刑；其余官员根据贪污情况以及治理政绩也受到了相应的处罚，而天水县令王平因在和珅办案过程中有重大立功表现，赦免其一切罪过，继续掌管天水县。

此次和珅因办案有功，加兵部尚书衔。李侍尧因协助和珅侦破甘肃贪腐大案，升任陕甘总督。

甘肃捐监冒赈案几乎牵连了甘肃官场的所有官员，上至总督，下至州县衙役，涉案人数之多、案情之重大，着实让乾隆瞠目结舌，更让他意想不到的是，大清的贪腐分子简直是无孔不入，甘肃捐监冒赈案的余波骤起。

事情是这样的，甘肃捐监冒赈案的主犯、原甘肃布政使、现任浙江巡抚王亶望被斩首并处抄没全部家产，乾隆命令闽浙总督陈辉祖负责查抄事宜，没想到陈辉祖在抄没王亶望家产的过程中竟徇私舞弊，中饱私囊，结果东窗事发。那么，这一系列的作假行为，远在北京的乾隆又是如何知晓的呢？

当时，闽浙总督陈辉祖和浙江布政使盛住一起负责查抄事宜，共抄得王亶望家产合计白银300多万两。俗话说，官高一级压死人。陈辉祖私自将王亶望家的查抄底册做了一些修改，从中截留下来100万两银子，然后取出10万两送给浙江布政使盛住，剩下的90万两全部据为己有。盛住本想与陈辉祖"四六开"，自己得40万两，陈辉祖得60万两，没想到陈辉祖却武断地搞了个"九一开"。

陈辉祖这次分赃不均给自己埋下了严重的隐患。碍于陈辉祖是自己的上级，盛住一直隐忍不发，直到半年以后，陈辉祖因为一件工作上的事情将盛住大骂了一通，盛住对陈辉祖越发不满，于是偷偷跑到京城刑部告发了陈辉祖，将陈辉祖半年前查抄王亶望家产时作假的事情和盘托出。刑部据实上报乾隆,乾隆大怒,派首席军机大臣阿桂调查陈辉祖。

阿桂领命后,带着浙江布政使盛住赶到福建与陈辉祖对质。陈辉祖见盛住窝里反,已经将自己检举揭发,只得乖乖交代了自己抄没王亶望家产时搞的那些猫腻。事实清楚,证据确凿,阿桂奏报乾隆,乾隆下令将陈辉祖革职,押往京城治罪,后来被判处斩监候。可惜,他还不悔改,最终被判处死刑。

官员接二连三贪赃枉法的行为使得乾隆震怒不已,他无奈地对和珅说:"朕治下的太平盛世乱象迭起,简直到了无官不贪的地步,真是让朕痛心呀!"

和珅忙安慰乾隆说:"人本来就会有些私欲,皇上只要做到赏罚分明就可以了,不必过于苛责自己。"

乾隆本来觉得自己身为一国之君,被这么多官员当猴子一样耍,内心五味杂陈,和珅的话总算让他内心稍微好受了一些。

第十四章　弃国泰明哲保身

和珅刚刚办完甘肃的贪腐大案，没想到反腐这把火很快也烧到了自己身上，使他经历了宦海生涯中最凶险的一场风波。

前面说过，山东巡抚国泰本为一个小小的县令，后来在和珅的举荐下步步高升。可以说，没有和珅不遗余力的提携，就没有国泰后来的荣华富贵。国泰坐上山东巡抚的宝座后，也对和珅投桃报李，每年都会给和珅送上大量的钱财。

国泰初到山东任巡抚时，还算勤于政事，廉洁奉公，但他并非廉洁之人，只不过刚刚上任，难免要做做面子工程。巡抚的位置坐稳后，他便琢磨着如何为自己敛财。他与山东布政使于易简狼狈为奸，做了不少贪赃枉法的事情。

为了向下面的官员索贿，国泰以莫须有的罪名将下面县里几位较为清廉的县令无端罢免，其他官员敏锐地觉察到了官场中的风向标，纷纷登门向国泰送礼行贿。若有下属官员送礼送得少了，国泰便会找机会敲打修理或故意刁难他们，直到他们服服帖帖地送上大礼为止。

自古以来，上行下效，巡抚如此，下面的官员自然纷纷效仿，在这样的大环境下，清官根本无法生存。国泰在任期间，山东官场贪污行贿之风盛行，整个山东省范围内，从上到下，各级官员层层摊派苛捐杂税，几乎到了竭泽而渔的地步，山东百姓怨声载道。

祸不单行，本来山东的人祸已经很严重了，却又突发天灾，省内大部分地区连遭水涝灾害，农民颗粒无收，国泰趁机向朝廷请求赈灾。乾隆听说山东遭灾，百姓流离失所，当即敕令户部拨款赈灾。和珅身为户部尚书，又是自己的亲信请求拨款，于是大笔一挥，给山东拨了50万两银子赈灾。

国泰接到朝廷的赈灾款项后大喜过望，与布政使于易简商定，只拨30万两银子用于赈灾，剩下的20万两银子二人平分，装进自己的口袋。但是，50万两银子变30万两银子只是过了第一手，这30万两银子从省里往下拨，各级官吏也免不了克扣一番，于是这30万两银子就变成了20万两银子……用于救灾的款项经过层层盘剥后，连10万两银子都不到。很多得不到救济的灾民只得背井离乡，少数没有劳动能力的老弱病残则四处行乞。

经过国泰及一众贪官几年的折腾，山东民生凋敝，但老百姓的死活又有谁会去管呢？国泰的贪欲有增无减，既然老百姓已经被榨干，那就挪用府库的钱。在他的带领下，山东官员纷纷将公款据为己有，各地府库都出现了很大亏空。国泰坐镇一方，俨然就是山东的土皇帝，不管是户部拨来的公款还是山东本地的财政收入，一律收入他的小金库。山东布政使于易简为虎作伥，也获益颇丰。

好在山东离北京并不远，很多关于山东的坏消息不胫而走，传到了监察御史钱沣的耳中。

钱沣，进士出身，历任江南道监察御史、太常寺少卿、通政司副使、户部主事、监察御史等职。他出身于寒素之家，从小养成了不媚时俗、不畏权贵的品格，为官清廉，刚直不阿，一心效忠朝廷，敢为他人所不敢为，言他人所不敢言。

钱沣听到来自山东的种种消息后，向乾隆奏道："山东巡抚国泰辜负皇上的信任，将山东省治理得乌烟瘴气。臣听说近年来山东人口大量外流，很多山东百姓已经沦落到衣不蔽体、食不果腹的地步；臣还听说山东巡抚国泰骄奢淫逸、巧取豪夺，不仅于大涝之年克扣赈灾款项，还大肆侵吞府库银两作为私用。山东吏治废弛，急需整治，请皇上派钦差大臣到山东查办，廓清山东的乱象。"

钱沣的举动令朝中大臣十分震惊，本来御史的职责就是监察官员、上书言事，但自从御史王盖等人因弹劾大臣被乾隆治罪以后，御史们几乎不敢再弹劾大臣了，何况钱沣弹劾的还是和珅的亲信，大家都不禁为钱沣捏一把汗。但钱沣对大臣们为了保住官位而三缄其口的行为深为反感，他说："朝廷之所以设立谏官这一职位，就是为了弥补吏治中的缺陷，现在许多官员尸位素餐，不能履行职责，使得豺狼遍野，这样朝廷设立谏官还有什么用呢？"所以他才甘冒危险，毅然上书弹劾国泰。

乾隆接到钱沣的检举后，极为重视，于次日早朝对众大臣说："近来有监察御史向朕揭发山东巡抚国泰贪赃枉法，侵吞公款，山东吏治黑暗，百姓民不聊生。你等可有耳闻？"

吏部尚书永贵进言道："臣也听说国泰在山东无法无天，贪污受贿，导致民怨沸腾，请皇上明鉴。"

都察院御史刘墉愤然道："既然山东有不法之徒，臣愿与和大人一起前往查办。"

刘墉乃清朝名臣刘统勋之子，进士出身，素有才名。他平日里虽与和珅有说有笑，其实打心眼里不齿和珅的所作所为。清廉刚正而又城府极深的他之所以要拉着和珅一起去山东办案，其实是想借机扳倒和珅。和珅与国泰关系密切，若和珅参与办理此案，必然会千方百计为国泰洗脱罪名，自己到时候见机行事，抓住和珅的把柄后参他一本，足以让和珅吃不了兜着走。不过，和珅也不傻，他知道刘墉拉自己一起去山东查办国泰是黄鼠狼给鸡拜年——没安好心。因此，他推辞道："山东巡抚国泰和我是故交，我去多有不便，还是避嫌为宜。"

刘墉笑道："和大人曾经查处过云南李侍尧案和甘肃捐监冒赈案，办案经验丰富，如今和大人推脱不去，难道是想暗中保护国泰不成？"

和珅面露不悦："臣绝无此意，请皇上明察。"

乾隆笑道："能大义灭亲方显英雄本色，和珅、刘墉，朕命你二人为钦差大臣，赶赴山东纠察山东巡抚国泰，克日启程，不得有误。"

和珅与刘墉领命后，各自回去准备。

出发前一天夜里，和珅辗转难眠，自己与国泰曾经称兄道弟，不容不救啊！他想来想去，还是连夜给国泰写了一封信，嘱咐国泰赶紧想办法摆平此事，万一让刘墉查到证据，后果不堪设想。

钱沣办案经验丰富，担心和珅会预先进行安排，暗中动手脚，于是与刘墉商议，他一个人着便装先行，由刘墉稳住和珅。和珅本来打算等国泰复信后再与刘墉动身，没想到国泰的复信被先行一步的钱沣查获，他自然是等不到了。

这时，刘墉不停地催促和珅出发，说他拖延必是有什么隐情。和珅推脱说："我之所以屡屡延后出发，是为了现在甘肃各级官府重建。官吏考选正值紧要关头，我现在正是忙碌的时候，即使过几天再去山东又有什么关系呢，怎么能因此说我存有私心？"

话说国泰正在府中寻欢作乐，忽然接到和珅的信，知道大事不妙，赶紧叫来布政使于易简，对他说："我们被监察御史弹劾了，如今皇上命和珅与都察院御史刘墉前来调查，和珅与我交情不浅，自然好说话，但那个刘墉却是来者不善，我们得赶紧想个办法应对才是。"

于易简说："我哥哥于敏中生前与刘墉有些交情，但现在我哥哥已死，人走茶凉，不知道刘墉买不买我的账。不管怎样，钦差来了，一定会先查府库，我们挪用了那么多公款，得赶紧想办法补齐才是，只要查不出府库的亏空，其他问题都好应付。"

国泰点头表示同意："这样吧，你我分头出动，马上向省里的富商们筹借银子去，一定要赶在钦差到来之前将府库的亏空补齐。"

于易简犹豫地说："如果商人们不肯借，该怎么办？"

国泰说："这些富商平日里多有仰仗我们的地方，谅他们不敢不借。我们不仅要借到他们的钱，还要让他们守口如瓶。"

此时此刻，对国泰和于易简来说，时间不仅是金钱，更是生命。山东的富商大贾基本都在济南居住，国泰和于易简逐个登门拜访，又是威逼又是利诱，富商大贾们倒也不敢不借。国泰和于易简信誓旦旦地保证："这次向你们借钱是临时拆借，最多一个月，等朝廷派来查案的钦差一走，立即如数奉还。"就这样，国泰和于易简忙了一天，好说歹说总算将府库的亏空补齐，两人自以为这样就可以高枕无忧了。

几天后，和珅与刘墉抵达济南。国泰和于易简二人因早有准备，倒也显得"从容不迫"。刘墉与和珅商议后决定将国泰和于易简二人隔离审查，刘墉审于易简，和珅审国泰。

分工完毕后，和珅约谈国泰，国泰倒也不遮掩，不等和珅开口便主动坦白说："你我相识多年，我不怕老实告诉你，自古以来便有'千里做官，只为吃穿'的说法，我确实贪污腐败，但人人都有贪念，还请和大人多多关照。"和珅听了十分生气，训斥道："真是恬不知耻，我能不能关照你，还得看你贪污腐败的严重程度。你若是犯了十恶不赦之罪，谁也救不了你。"

国泰说："前年山东大旱，朝廷拨款50万两白银赈灾，我贪了一些，再就是逢年过节，下面的官员会送些礼，这些都是官场常态，我不也经常给你送礼嘛。"

和珅说："就这些吗？"

国泰说："这两年天灾人祸，山东从上到下只能用一个'穷'字来形容，老百姓过惯了苦日子，熬一熬也就过去了，可我们这些官老爷平日里养尊处优惯了，日子该怎么过还得怎么过，而朝廷发的那点俸禄太少，我就只能挪用了府库里面的银子，我这也是没办法。"

和珅惊道："府库里的钱都是朝廷的，连当今皇上都很少跟户部借钱，内务府没钱了，皇上也得削减开销，你居然敢动用府库的钱，胆子真大！"

国泰一脸得意地说："和大人放心，现在山东府库里一两银子都不少，我都从民间想办法给补齐了。"

和珅想了想，又问道："历年来的往来账目可有问题？"

国泰回道："问题当然是有的，不过请和大人安心，我的幕僚都是做假账的一流高手，历年与朝廷及地方上的往来账都做得毫无瑕疵，断然查不出什么问题。"

和珅仍不敢掉以轻心，警告道："刘墉乃当世英才，能力胜我十倍，可不是那么好糊弄的，一切还得小心行事。"

就在和珅约谈国泰的同时，刘墉也约谈了山东布政使于易简。于易简试探刘墉道："我哥哥于敏中生前跟我说他跟刘大人是至交，他日若遇到什么困难，可以找刘大人帮忙。"刘墉正色道："于敏中曾任首席军机大臣，生前确实与我有些交情。甘肃捐监冒赈案案发后，首犯王亶望供出于敏中是他在朝廷里的靠山，皇上极为震怒。于敏中活着的时候以廉洁之士自居，没想到暗中却干些见不得人的勾当，我误交了你哥哥那样的朋友啊。"于易简听了刘墉的话，一时哑口无言。

刘墉见状，改变语气，和颜悦色地说："俗话说，一母生九儿，我相信你一定是个遵纪守法的好官。"于易简冷笑不语，刘墉追问道："清者自清，浊者自浊，于大人，你跟我讲一讲山东的情况吧。"于易简勉强道："我与巡抚大人国泰执掌山东数年，恰好赶上山东百年不遇的大涝灾，我们这几年过得很不容易，朝廷的那点赈灾款无异于杯水车薪。我和巡抚大人每年都会搞募捐活动，动员本地商人慷慨解囊，如今皇上却怀疑我们贪污，真是令人心寒呀！"

刘墉见于易简说得如此真切，有些不好意思地说："这也怪不得皇上，皇上总揽全局，监察御史弹劾谁，皇上就可能查谁，概莫能外。听说你和国泰贪污了不少涝年的赈灾粮款，可有此事？"

于易简喊冤道："天地良心！朝廷里的那些个监察御史只知道捕风捉影，既然刘大人来山东了，尽可以到下面去调查，一切自然会水落石出。"

天下的贪官哪有不打自招的道理，和珅暗中袒护国泰，自然问不出什么东西来，但刘墉可没那么容易糊弄，他对和珅说："于易简一上来就跟我套近乎，他身上绝对不干净。"

和珅说："山东虽然疑点重重，可现在毫无头绪，我们该怎么查呢？"

刘墉故意激他道："和大人在甘肃和云南查案的时候不是很有办法吗，怎么到了山东就一筹莫展啦？"

和珅想了想说:"人为财死,鸟为食亡。贪官们之所以敢冒天下之大不韪,无非是为了钱。山东现在百业凋敝,贪官们无钱可捞,一定会打府库的主意,我们只需查验一下山东府库是否亏空,便能找到案件的突破口,刘大人以为如何?"

刘墉笑道:"正所谓朝中有人好做官,国泰和于易简像是朝中无人的官吗?京城的动静早在他们的掌握之中,我们跑得再快也没有他们快。和大人不必担心,我自有妙计,我们先到山东各地走一走再说。"

和珅这次不得已来山东办案,表面上积极,实际上却很消极,没有提出任何有用的建议,一切全凭刘墉做主。刘墉提出要到地方上查看,他自然没话说,于是两人便在山东转了一圈,这一转就是20多天,可是,地方上的官员都是国泰的亲信,他们根本查不出个所以然来。

忙活了一通后,两人回到济南,刘墉对和珅说:"看来我们这趟是白跑了,回京后我要奏明皇上,以后不能再让那些监察御史风闻言事了。"

和珅心中暗喜,忙点头称是:"刘大人说得对,监察御史听风就是雨,害得我们白跑一趟,浪费朝廷的人力物力。"

国泰和于易简听说钦差要走,内心狂喜,笑着说:"还望二位大人回去后在皇上面前帮我们美言几句!"和珅临走时抚慰国泰说:"皇上把山东这么大一个省交给你来治理,希望你感念皇恩,把山东治理出个模样来。看看你现在把山东搞成什么样了,民不聊生!"国泰惶恐听命。

和珅与刘墉前脚刚走,济南的富商大贾便纷纷上门来讨债,国泰和于易简兑现诺言,不仅将拆借的银子如数退还,还付给少量利息以示酬谢。然而,人算不如天算,国泰和于易简做梦也没有想到,刘墉与和珅出山东、进河北后,突然杀了个回马枪。和珅见刘墉要回山东,已然明白刘墉的用心,但这时再想给国泰通风报信已经来不及了,他只能放弃国泰。

眼见刘墉与和珅再次抵达济南,国泰和于易简大惊失色,忙问其故。刘墉说:"我与和大人走得匆忙,忘了核查你们山东的府库,回去后如果皇上问起来,我与和大人没法交代,请巡抚大人立即带我们去盘查府库。"

国泰和于易简心里暗暗叫苦,但又无法推脱,只得硬着头皮带和珅与刘墉去府库查看,不看不要紧,一看吓一跳,山东的府库里竟然空空如也。

和珅知道再也不能替国泰打圆场了,遂怒斥国泰说:"这府库里的银子都到哪儿去了,快快如实招来!"

国泰和于易简面面相觑,无言以对。刘墉下令将他们二人收监,事实清楚,国泰和于易简毫无抵赖的余地,只得将侵吞公款的经过据实交代。

初战告捷,刘墉与和珅上书乾隆,乾隆大怒,下令将国泰和于易简二人就地正法。乾隆盛怒之余,又命和珅与刘墉深入山东各地,仔细核查前年山东涝灾时朝廷赈灾款的具体发放情况。

和珅与刘墉领命后,不辞劳苦,历时数月将山东省跑了个遍,调查结果显示:前年山东涝灾,户部拨款50万两银子赈灾,实际落到灾民手里的不足10万两银子,经手的各级官吏均有克扣赈灾款的行为。乾隆闻报,下令大规模整治山东的各级贪官。法不容情,山东一省共有200多名各级官员锒铛入狱。

这次查办山东贪腐案,刘墉和钱沣打算借机扳倒和珅,为国除害,就把缴获的国泰写给和珅的密信交给乾隆。

等到刘墉与和珅回京复命,面见皇上的时候,乾隆突然断喝一声:"和珅,你可知罪?"

和珅从来没见过乾隆对自己如此严厉,顿时慌了手脚,扑通一声跪倒在地,说:"皇上明察,臣此去山东,小心谨慎,秉公办案,唯恐有负皇恩,请皇上明鉴!"他不知道乾隆手里到底掌握了什么证据,反正不能贸然认罪,决定等了解清楚再见机行事。

乾隆内心毕竟还是偏向和珅的,他将钱沣查获的国泰所写的密信交给和珅,看他有何反应。和珅一见密信,心中大惊,但他表面上装出毫不知情的模样,一边慢慢地读着信,一边强迫自己冷静下来,考虑对策。

很快,他就"义正词严"地对乾隆说:"臣没有接到这封密信,倘若接到,臣一定会更加严惩国泰。"他这话一出口,乾隆的语气马上缓和了下来,转而问刘墉,在这次办案过程中,和珅是否有阻挠办案。刘墉只得据实禀报,说和珅对犯官严词审讯,并无徇私之举。乾隆这才转怒为喜,一颗悬着的心也放了下来,说:"国泰只是一厢情愿,和珅作为朝廷重臣,不可能做出这种不轨之举。"

就这样,和珅用自己的沉着机智,巧妙化解了一场风波。

此次和珅与刘墉办案有功,被升为内阁大学士。刘墉本想借国泰案扳倒和珅,没想到和珅在关键时刻选择了明哲保身。另一边,山东的贪官全部伏法,山东百姓无不拍手称快。

第十五章　查疑案敲山震虎

从山东回来不久,和珅屁股还没坐稳,朝中又发生了一件不大不小的事情:军机章京海升的夫人"自杀"身亡了。这本是海升的家事,但海升身份特殊,所以乾隆亲自过问了此事,朝中大臣也纷纷表示慰问。就在这时,海升亡妻的弟弟一纸诉状将海升告到了刑部,说他姐姐是被海升打死的。

诉状到了乾隆手里,乾隆大怒,命令纪晓岚负责审理海升杀妻案。海升是首席军机大臣阿桂的门生,平日里为人敦厚。案发后,阿桂责问海升,海升诉苦说自己与妻子性格不合,经常吵架。案发当日,两人又因家庭琐事发生争执,在互相厮打的过程中,海升失手将妻子勒死。

阿桂知道真相后十分恼怒,但眼下木已成舟,海升是自己一手提拔起来的亲信,不能眼睁睁看着他遭受厄运。阿桂思来想去,决定出手帮助海升渡过这一难关。他听说乾隆命大学士纪晓岚审理此案,便写了一张便条派人递给纪晓岚。

纪晓岚与阿桂交情笃厚,见阿桂的便条上书"大事化小,小事化了"八个字,心中已然明白阿桂是想让自己睁一只眼闭一只眼,放海升一马。于是,纪晓岚并不开棺验尸,而是直接提审海升,对海升说:"你的夫人到底是怎么死的?"海升哭诉道:"内人性情古怪,经常郁郁寡欢,这次不知为什么想不开,所以才自杀身亡。"纪晓岚说:"你的妻弟告你杀妻,你作何解释?"海升回道:"我这个妻弟与我素来不睦,恨不得置我于死地而后快,他的话不足采信,请纪大人明察!"

草草审问后,纪晓岚上奏说海升的夫人饱受疾病折磨,确系自杀,而海升的妻弟本来就有点疯癫，他的话不足为凭。

乾隆看完奏折后信以为真，于是就不再深究。哪知树欲静而风不止，海升的妻弟再次到刑部击鼓鸣冤，消息传到和珅的耳朵里，他觉得事有蹊跷，遂上奏乾隆说："海升之妻自杀案恐怕没有那么简单，请皇上发回重审。"乾隆向来信任和珅，于是说："既然你觉得此案有猫腻，朕就命你重审，还死者家属一个公道。"

和珅把案件接过来后，既不提审海升，也不提审海升的妻弟，而是下令开棺验尸，结果发现海升夫人脖子上的勒痕并非绳物所致，很明显是被他人杀害，海升有重大嫌疑。

和珅大喜，立即提审海升，责骂道："大胆海升，亏你还是朝廷命官，竟敢杀妻瞒报，还不从实招来！"海升辩解道："内人是自杀的，我何罪之有？"和珅怒道："开棺验尸的结果显示是他杀，你说你夫人是上吊自杀，可验尸报告显示她是被人用手勒死的，事实俱在，证据确凿，容不得你狡辩。"

海升也是个明白人，知道蒙混不过去，只得将杀妻经过全盘招供。

案情大白后，和珅上表乾隆，乾隆将纪晓岚召来痛骂了一顿，责备他说："朕看你平日聪明绝顶，没想到你如此迂腐无用，是自杀还是他杀，开棺便知，你却草草了事，难不成是收了海升的贿赂，所以装傻充愣？"

纪晓岚惶恐道："臣年老昏聩，请皇上治罪！"乾隆下令将纪晓岚革职，回家反省。

阿桂见自己的门生海升已服罪，纪晓岚被罢官，心中虽然恼怒，却也无可奈何，还好皇上没有怀疑到自己头上来。和珅也知道阿桂与海升的密切关系，但阿桂是当朝第一重臣，所以他并没有借题发挥去弹劾阿桂。不过，由于阿桂曾上书替海升解围，也受到了处罚。

阿桂见和珅日益威胁到自己在朝中的地位，心中不由得忐忑不安。当时，和珅与阿桂都是军机大臣，阿桂是首席军机大臣，执掌军机处。其时，军机处分为两派，一派以阿桂为首；另一派是和珅，他本来是孤家寡人，但后来收服了福长安，与阿桂这一派倒也势均力敌。

福长安是军机处学习行走，进入军机处的时间最短，却大有来头。他的父亲傅恒是清朝名将，姑母是孝贤纯皇后，即乾隆的第一任皇后，因生性恭俭，颇受乾隆宠爱，夫妻感情极深。傅恒在乾隆时期历任侍卫、总管内务府大臣、户部尚书等职，授一等忠勇公、领班军机大臣加太子太保、保和殿大学士等职，逝世后蒙乾隆恩宠，加封为郡王。

傅恒共有四个儿子，大儿子和二儿子都娶了乾隆的公主为妻；三儿子福康安颇有乃父之风，英勇无敌，是战场上的一员猛将，乾隆倚之为两广总督；四儿子便是福长安。

与三位兄长相比，福长安既不是驸马，也不像福康安那样骁勇善战。看到兄长们个个身居高位，福长安心急如焚，费了很大的劲才进了军机处。进入军机处后，他唯首席军机大臣阿桂马首是瞻，向来不把其他人放在眼里，王杰和董诰对他很是厌恶。和珅倒是想改善与福长安的关系，但一直苦于没有好的机会。

福长安有一个小舅子，其人不学无术，却一直想弄个官当当，于是就求姐姐给福长安吹枕边风。时间长了，福长安答应为他谋个县令的职位。福长安思来想去，觉得自己与阿桂关系不错，不妨找阿桂帮帮忙，没想到阿桂却怒斥道："我是看你父兄的面子才与你结交的，你自己无才无德也就罢了，居然还想给你不学无术的小舅子张罗前程，真是不可救药！这事到此为止，以后再提，休怪我无礼。"

福长安在阿桂那里碰了一鼻子灰，却敢怒而不敢言。数日后，和珅通过小道消息得知此事，便想借机拉拢福长安，以摆脱自己在军机处长期以来的孤立地位。一天，在军机处办完公务后，和珅主动邀请福长安到自己府上作客，福长安也知道和珅在朝中的势力不容小觑，便欣然接受了。

来到和第后，福长安见和第富丽堂皇，不禁叹道："人言和第华贵，今日一见，果然名不虚传！"和珅设宴款待福长安，席间，福长安对和珅说："昔日我依附阿桂，对和大人多有得罪，今日正好借此机会向和大人赔礼。"说罢便向和珅敬酒,和珅将酒一饮而尽,故意激将道:"我听说日前福大人求阿桂给你的小舅子谋个县令职位,阿桂不仅不愿帮忙,还把福大人给臭骂了一顿,可有此事?"福长安脸一红,说:"老匹夫甚是无礼,我早晚要让他好看。"和珅笑着说:"福大人的三个兄长皆位高权重,地位尊贵,为何要舍近求远呢?"福长安说:"我的兄长们也没少帮我的忙,我现在的职位就是他们帮我争取到的,他们老是劝我要独立,我实在是不好意思再向他们开口了。"和珅仗义地说:"不就是一个县令吗,我来帮你安排。"福长安大喜过望:"若真能办成,我当弃阿桂而追随和大人,以后在军机处,你我便是铁板一块。"和珅笑道:"举手之劳,何足挂齿!"是日,两人尽欢!

果然,一个多月后,和珅成功为福长安的小舅子谋到了县令的职位。福长安将和珅请到自己家中,大摆宴席表示感谢,和珅得意地说:"怎么样?我和某说话还算话吧!"福长安感激地说:"和大人一诺千金,如果和大人不嫌弃,我愿与和大人结为兄弟。"和珅喜道:"福大人是皇亲国戚,和某求之不得呀!"

自此,和珅与福长安结为死党,二人经常称兄道弟,关系密切,把矛头一致对准以阿桂为首的军机大臣。后来,和珅又奏请乾隆让福长安代替自己任户部尚书,户部乃是肥缺,福长安因此对和珅更是感激涕零。

后来,嘉庆曾试图分化福长安与和珅的关系,但福长安执意追随和珅,一门心思地维护和珅。

第十六章　骋疆场和琳建功

古人常说，一人得道，鸡犬升天。和珅得到乾隆的宠信后，为了使自己在朝廷中的地位更加稳固，他花了很大的力气来构建自己的人脉网。除了拉拢朝廷中有利用价值的官员外，对于自己的家人，他也不遗余力地为他们谋求更好的前途。

众所周知，和珅有一个弟弟叫和琳，他们兄弟之间的感情一直很好。后来，和珅得到乾隆的垂青，平步青云，从驴肉胡同的老宅搬走后，兄弟俩聚少离多。与和珅相比，和琳的仕途比较一般——从咸安宫官学毕业后，和琳一直充任吏部笔帖式，这是吏部的普通职务，属于秘书职位。

和琳在吏部笔帖式的岗位上兢兢业业，十年如一日，终于等到了一次升职的机会。吏部进行人事调整，和琳因工作勤恳、认真负责被提升为吏部给事中——这是一个五品官，从事文职工作。此时和珅已经官居一品，见弟弟和琳还在官场上停滞不前，心里十分着急，决定出手相助。

一天，和珅找和琳谈话说："你我兄弟二人自幼父母双亡，与继母相依为命，一起长大，后来又一起读书。记得我们当年在咸安宫官学上学，著名诗人袁枚先生曾期许我俩说'擎天兼捧日，兄弟各平分'，如今我确实做到了捧日，而你却还在原地打转，徘徊不前，如此下去，何以擎天？"

和琳不以为意地说："天将降大任于斯人也，必先苦其心志，劳其筋骨，我现在也只能屈身守分，以待天时了。"

和珅笑道:"树挪死,人挪活。我看你还是别在吏部待着了,你自幼好武,要不我想办法给你谋个武职,如何?"

和琳犹疑地说:"现在太平盛世,天下无战事,武将又能如何?不过,我确实向往军旅生活。"

和珅放低声音,推心置腹:"不是我背地里诅咒皇上,历史上的王朝哪个不是盛极而衰?如今天下承平日久,眼看康乾盛世已经走到了尽头,大清王朝的下坡路就在眼前,武将报效国家的时刻即将到来,你此时不从军,更待何时?"

和琳觉得和珅言之有理,但又觉得事情没那么容易:"哥哥果然有政治远见,我倒是想从军,怎奈报国无门!"

和珅点拨道:"放眼望去,朝廷武将之中,以阿桂和福康安二人最有能耐,尤其是阿桂,出将入相、文武双全,皇上极为倚重他。你若能在他手下办事,定能学到不少本领,将来天下扰攘之日就是你建功立业之时。所谓厚积薄发,说的就是这个道理。"

和琳不禁有些疑惑:"阿桂与你不和,他怎肯收我?"

和珅自信地说:"阿桂在朝中德高望重,无人可以取代,我早就想与他化干戈为玉帛,只要我倾力交好,精诚所至,金石为开,我想阿桂多少还是会给我一点面子的。"

和琳喜道:"哥哥的话令我茅塞顿开,那就拜托哥哥多多费心了。"

和珅做事向来雷厉风行,不久,他在军机处找了个机会对阿桂说:"我的弟弟和琳现在吏部工作,任吏部给事中,但他自幼尚武,想弃文从武,跟着大人学些本领,以报效国家。若大人能将他收于麾下,和某感激不尽。"

阿桂暗忖:和珅如此明目张胆地想将弟弟安插在自己手下做事,不知道到底是何居心,不如一口回绝了事。但他转念一想,自己与和珅并无深仇大恨,只是不屑其为官之道而已。和琳为人如何不得而知,不如将计就计,把他放在自己身边办事,视其优劣而用之。如果和琳是来充当和珅的眼线,那就把他晾起来,让他知难而退。想到这里,阿桂对和珅说:"既然和大人这么说了,那就让和琳到我手下做名副将吧,如果他可堪大用,我绝不屈他的才。"和珅本以为阿桂会拒绝,没想到阿桂如此爽快地答应下来,不由大喜过望,当下谢过阿桂,然后赶紧将这个好消息派人告知和琳。

和琳到阿桂手下后,工作积极,办事勤勉认真,给阿桂留下了良好的印象。在长期的相处中,阿桂发现和琳与和珅的性格大不相同,和珅八面玲珑、左右逢源;和琳则忠厚老实、正直耿介、不喜钻营,对阿桂既不刻意逢迎,也不蓄意讨好,只是尽力完成自己的本职工作,但在才学方面丝毫不亚于和珅。有其兄未必有其弟,久而久之,阿桂对和琳的人品和能力刮目相看。

这一期间,和珅也没有忘记给和琳寻找施展才华的机会。恰巧浙江学政窦光鼐上书弹劾义乌县令滥收苛捐杂税,浙江布政使盛住纵容不法。乾隆大怒,派阿桂为钦差大臣前往浙江查办。和珅趁机请求乾隆派自己的弟弟和琳随阿桂一起去浙江办案,乾隆同意了。

到达浙江后,阿桂坐镇杭州,命和琳调查义乌县令案件。和琳在义乌县张榜晓谕,要求当地百姓主动举报县令的不法行为,但百姓慑于县令的淫威,无一人敢站出来指证。和琳无奈,只得请求窦光鼐协助调查。

窦光鼐的学生王以衔对和琳说:"百姓之所以不敢主动揭发义乌县令,主要是因为其家族在当地的势力很大,万一朝廷派来的官员整不倒他,等朝廷官员一走,他肯定会找当初揭发他的人秋后算账。"和琳谦虚地请教道:"如你所言,应该如何行事才好?"王以衔主动请缨:"既然百姓们不敢明着指证义乌县令,我愿悄悄潜入民间,暗中搜集他的罪证。"和琳说:"如此甚好,若能就此扳倒他,你就立了一大功。"

明修栈道,暗度陈仓。和琳坐在县衙里不动声色,王以衔则深入街头巷尾与百姓攀谈。当地百姓平日里被县令及其家族压迫得敢怒而不敢言,王以衔动之以情,晓之以理,同时为了最大限度地消除百姓们的顾虑,他只要求乡亲们提供县令的不法证据,并不要求他们当面指证。经过一番耐心细致的开导，当地百姓纷纷将历年来县里向他们巧取豪夺的物证献上，这些物证基本上是县衙勒捐的书面凭证。王以衔将证据搜集完毕后，交给了和琳。

和琳随即开堂提审义乌县令，将搜集到的物证扔到他面前，县令知道抵赖不过去，只得将自己犯下的罪行如实招来。和琳让县令在罪状上签字画押，然后将他押到杭州去见阿桂；阿桂了解案情后，命人将浙江布政使盛住下狱，并再次提审义乌县令，县令承认盛住是自己在省里的靠山。阿桂又让两人当面对质，盛住终于承认了自己的纵容姑息行为，还承认自己曾多次收受义乌县令的贿赂。案情明了后，阿桂与和琳将罪犯解赴京城。

因为盛住与乾隆有些沾亲带故，乾隆决定亲自过问此案。在判决盛住时，乾隆征询阿桂与和琳的意见，阿桂说："浙江吏治风气极差，盛住贪赃枉法，目无朝廷，但他认罪态度很好，一心悔改，而且做官一向勤劳，可酌情减轻处罚。"和琳反对道："皇上若不严加惩处，天下人会认为皇上徇私枉法。皇上乃一代明君，不可因小情而失大义。"乾隆说："古有明训，王子犯法与庶民同罪。正因为盛住与朕的关系，所以更应该将其明正典刑。和琳能如此顾全大局，真乃我大清官员之楷模也。"最后，盛住被判处斩监候。和琳因正直敢言且能力出众，被加封为湖广道御史，从此慢慢进入了乾隆的视野。

和珅知道和琳犯颜直谏的事情后，私下里提醒和琳说："浙江布政使盛住与皇上沾亲带故，你应该为他求情才对，像阿桂那般正直之人都知道替皇上着想，你却只认死理。像你这般死心眼，早晚会在官场上栽跟头。皇上虽然一时抹不开面子从重处罚了盛住，但他回过头来肯定会后悔的，你看着吧，不出两年，盛住必然官复原职。"和琳愤然道："食君之禄，忠君之事。我只辨是非曲直，不问人情世故，一切顺其自然。"和珅见和琳如此执拗，也无可奈何。

当时，与和珅同朝为官的大臣中，真正能与他相抗衡的除了阿桂就是福康安。福康安是福长安之兄，由云骑尉起家，屡立战功，历任云贵、四川、闽浙、两广总督，后又任工部尚书、兵部尚书、协办大学士等职位，更被乾隆加封为太子太保、一等嘉勇忠公，是名副其实的朝廷重臣。和珅不免有些嫉妒，总想找个机会打击一下福康安的气焰，没想到机会很快就来了。

和珅听闻福康安在京城大兴土木、营建新宅，托他以前的部下湖北按察使李天培往北京运送木料，李天培为了省钱，居然假公济私，利用职务之便擅自动用漕船，致使河道壅塞，航道迟滞。

和琳时任湖广道御史，和珅马上把这件事告知和琳，和琳一向正直无私，立即上书朝廷弹劾李天培。乾隆任命阿桂为钦差大臣，前往湖北调查李天培案。李天培对自己的犯罪事实供认不讳，但矢口否认福康安涉案。事后，阿桂报告乾隆说："福康安委托李天培代为采购木料运送京城，不想李天培财迷心窍，居然动用朝廷运粮的漕船为自己服务，此事与福康安无关，罪在湖北按察使李天培一人。福安康功勋卓著，应从宽处理。"

但乾隆下决心要严办此事，于是亲自下谕判定，湖北按察使李天培革职充军伊犁；两广总督福康安因安南作战有功，从宽处罚，罚总督俸禄3年。另外，湖广道御史和琳因纠察地方官有功，升兵部侍郎。

经过这件事后，福康安领教了和珅的手段，再也不敢大意。和珅也深知自己的地位无法与福康安相比，有意无意地开始拉拢福康安。福康安看出了和珅的心思，他不愿与小人交恶，于是表面上对和珅很和气。和珅趁机让和琳投靠福康安。和琳虽然很感激兄长的扶持，但他仍保持着自己独立的人格和处世方式，在与同僚相处时显得游刃有余。没多久，和琳升任正蓝旗汉军副都统。

和琳虽然平步青云，高官厚禄，但他一直渴望在战场上建功立业。当时内叛外乱时有发生，所以要想为朝廷效力，并不是没有机会。

很快机会便来了，乾隆五十六年（1791年），廓尔喀（即尼泊尔王国）贸然兴兵，直犯日喀则，洗劫了扎什伦布寺，掠走大批珍宝财物。驻藏大臣保泰临阵退缩，竟然打算把达赖和班禅移至青海。

乾隆闻报后，当即命福康安为大将军，与参赞海兰察、奎林（福康安的堂兄）率巴图鲁侍卫入藏。和琳主动请缨，乾隆嘉其勇，任命他为驻藏大臣，负责督办前藏地区的粮饷供应。

福康安受命驰抵后藏，立即整兵进行反击，很快便收复济咙（今吉隆），歼敌千余人。济咙以外，高山耸峙，道路崎岖，行走艰难。福康安决定兵分两路，一路由他本人率领，由济咙直夺界隘热索桥；另一路由成德等率领，由聂拉木直奔关隘铁索桥。

次年六月，福康安领兵抵达廓尔喀关津热索桥。这里两边悬崖峭壁，前面又有河流阻挡，敌人设碉卡防守，难以攻取。福康安派兵潜入上游捆木渡河，分兵三股，奇袭敌军。廓尔喀军败退，清军占卡焚栅，夺桥前进。成德所率清军也攻碉夺卡，占据山梁，强夺铁索桥。两路军分别夺渡热索桥和铁索桥后，翻越高山，攻占要道，深入廓尔喀境内数百里，很快逼近了廓尔喀的都城阳布（今尼泊尔首都加德满都）。

在此期间，和琳源源不断地把粮食、火药等物资运到军前。八月八日，廓尔喀国王感到势穷力竭，表示愿送还在扎什伦布寺掠夺的财宝、金塔顶、金册印，认罪乞降。

八月十九日，福康安接受廓尔喀投降。九月四日，清军由廓尔喀境内全部撤出，退回济咙。

因反击廓尔喀有功，福康安受赏一等轻车都尉，为武英殿大学士兼吏部尚书。和琳升任工部尚书。

在这次战争中，和琳与福康安配合默契。福康安改变了对和琳的看法，认为他与和珅截然不同，办事稳重，一腔正气，而且精通军务，于是上奏乾隆，让和琳驻守西藏，负责善后事宜，巩固边疆。

和琳从此率军在西藏地区屯田练兵，业余时间他或读书，或下棋，乐此不疲。和珅多次写信给和琳，想将和琳调离西藏，均遭到和琳婉言拒绝，说这是他真正想要的生活。西藏地处高原，气候寒冷，当地只产出少量蔬菜水果，只能通过四川转运粮食。由于很少吃到新鲜蔬菜，士兵们很不习惯。有一次，驻军收到外地转运来的黄瓜、茄子，军士们十分高兴，和琳居然赋诗道："更欣黄瓜与紫茄，强于西域得佛牙。""吟诗大嚼挑银灯，瓜茄有灵幸知己。"可见其乐观的精神。

和珅在朝中喜欢以文会友，乾隆年间著名的状元毕沅就是和珅的好友。

毕沅，字秋帆，自号灵岩山人，中举后被朝廷授予内阁中书官职，后入职军机处，担任军机章京，从事秘书工作。乾隆二十五年（1760年），毕沅中进士，但能否在随后的殿试中拔得头筹还很难说。在参加殿试的前一天晚上，毕沅与两位同僚诸重光和童凤三在军机处值班，诸重光和童凤三也要参加第二天的殿试。当时的科举考试非常注重考生的书法水平，而毕沅的字恰恰写得不好，于是，诸重光和童凤三对毕沅说："殿试注重书法水平，你的字写得那么难看，无论如何也进不了三甲，我们两个书法不错，先回去准备准备，你就代我们两个再值会班吧。"毕沅也知道书法是自己无法克服的短板，便同意替他们二人值班。事有凑巧，当晚新疆巡抚的一份奏折送达军机处，毕沅打开一看，是关于新疆屯田的，出于好奇，他就看了一下。毕沅有过目不忘的本领，看完后对该份奏折的内容已经了然于胸。

第二天殿试开考，毕沅打开考卷一看，居然是关于新疆屯田事宜的策论，他不假思索地将昨晚看过的那份奏折上的内容用更为华丽的辞藻一挥而就。

殿试结束后，阅卷官在阅卷时发现毕沅的文章不仅颇具文采，而且将新疆屯田的要点论述得有理有据，但鉴于毕沅的书法难登大雅之堂，遂将其列为第四名。随后，乾隆亲自查阅了前 10 名考生的考卷，当他看到毕沅的策论时，不由得眼前一亮，经过与其他考卷对比，乾隆认为其他考生大多写得比较抽象，只有毕沅的策论切实而具体。于是，乾隆御笔一挥，将毕沅钦点为一甲第一名，也就是状元。

毕沅夺魁后，辗转多地为官，曾担任陕西布政使，一度与朱珪为同僚。朱珪，进士出身，历任福建粮道、湖北按察使等职，为官清廉，仁义素著。朱珪来到陕西时，正赶上陕西中部地区发大水，很多良田和房屋被洪水冲毁，朱珪命令地方官开仓放粮赈灾，但地方官平日为非作歹、挪用公款，导致各地府库都有很大亏空。朱珪见状大怒，立即下令将地方上不称职的官员革职查办。

毕沅作为陕西布政使，长期以来对下属的胡作非为都是睁一只眼闭一只眼，如今听到朱珪因救灾罢免了不少地方上的官员，不禁大吃一惊。他在陕西经营多年，地方上的官员几乎都是他一手提拔起来的亲信。消息传出后，陕西官员人人自危，纷纷找到毕沅，求他想想对策。毕沅让下属们向新任巡抚朱珪行贿，企图将朱珪拉下水，没想到朱珪根本不收任何贿赂。

毕沅无奈，只得写信向和珅求援，请和珅想办法将朱珪调离陕西，他还号召下属筹了一笔巨款送给和珅。和珅见好友有事相求，而且还送来了大礼，不帮忙实在说不过去，于是向乾隆启奏说："朱珪善于治理水患，不如将他调到工部任侍郎，专职治水。毕沅任陕西布政使多年，熟悉地方政务，可让他兼任陕西巡抚。"

乾隆觉得和珅言之有理，于是就批准了和珅的建议。朱珪收到圣旨后，知道肯定是陕西官员在朝中的靠山从中做了手脚，但他也无可奈何，只得离开陕西，到京城工部报到。毕沅通过和珅的运作，不仅成功赶走了刚正不阿的朱珪，还兼任了陕西巡抚，可谓一举两得。

转眼间，和琳已在西藏戍边屯田数年，政绩卓著，乾隆下旨升任和琳为四川总督，和琳终于跻身总督的行列。后来，湖南、贵州地区爆发了大规模的农民起义，乾隆命令福康安与和琳分兵进剿。

此时和琳正从西藏凯旋，得知松桃（今松桃苗族自治县）的起义军已经攻打到秀山，他不顾风尘仆仆，马上率兵进入贵州作战。

当时起义军已攻取遵义城，和琳指挥清军将遵义城团团围住，但起义军拼死守城，和琳发动的多次攻城行动都以失败告终。副将海兰察担忧地说："起义军据守坚城，我军急切难下，怎么办？"和琳分析道："遵义城城池坚固，起义军视死如归，不可力敌，只能智取。如今我军四面围城，兵力分散，不如撤其一面，将南门洞开，然后猛攻东门、西门和北门,起义军支持不住时必会从不设防的南门出逃,届时我军乘势掩杀,可获全功。"海兰察赞道:"此计甚妙!之前我军四面围城,敌军不得不死战;今我军网开一面,敌军势孤时必然弃城逃跑,我军随后追杀,敌军必败。"

次日,和琳下令撤走遵义城南门的守军,然后集中兵力猛攻其他三门,起义军渐渐支撑不住,见南门无守军,遂弃城从南门出逃。和琳率领清军奋勇追击,杀得起义军尸横遍野,血流成河。起义军残部向南流窜,逃入深山之中。

这时,和琳没有趁势进军,而是进遵义城抚民。他知道农民之所以揭竿而起,主要是因为贪官污吏横行不法,官逼民反,所以,他每收复一处失地便上书乾隆,请旨安民。

不多日,探马来报,贵州南部大乱,很多农民响应起义并加入了起义军,正在围攻六盘水。和琳立即整饬人马,向六盘水地区开进,起义军因装备简陋,抵挡不住装备精良的清军,很快便被击溃。

和琳率军进入六盘水后,马上派人调查贵州南部地区的吏治,很多俘虏纷纷指证当地官员巧取豪夺、贪赃枉法,和琳下令将当地的不法官员严加治罪。对于仍然在打游击战的起义军,和琳决定采用剿抚并施的策略。他下令打开当地的官仓,赈济衣食无着的百姓,还亲自将起义军将士的家属接到公衙进行开导,表示自己已经将本地贪官全部依法治罪,希望他们能给起义军写信,朝廷将无条件招安他们。在和琳的努力下,起义军迅速分崩离析,不战自溃。和琳兑现自己招安前许下的诺言,将前来投诚的起义军将士一一优抚。一传十,十传百,越来越多的起义军将士放下武器,归降清军。

初战告捷后,和琳受封一等宣勇伯,并被加封太子太保衔。

看着弟弟在朝中的地位扶摇直上,和珅心里乐开了花。而和琳虽然升了官,但仍然住在驴肉胡同的老宅子里。由于各地的军政官员纷纷登门造访,老宅的门槛都快被踏平了。和琳不像和珅那样贪婪成性,前来送礼的人几乎都吃了闭门羹,但上门送礼的人还是前赴后继、络绎不绝。和琳不胜其烦，遂于大门口立一石碑，上书"送礼者请回"五个大字。有太监将和琳拒收贿赂的事迹报于乾隆，乾隆叹道："和琳真乃我大清第一清官也！"

和珅听说和琳将无数钱财拒之门外的事情后，郑重其事地对和琳说："你荣升之后，收了多少礼物啊？"和琳说："分文未取。"和珅不由急了："你怎么这么傻呢！官场非战场，却胜似战场。你不收别人的礼物，就等于是拒绝跟别人交朋友，别人会视你为敌人，你这样处处树敌，以后如何在朝中立足呢？"和琳正色道："人在做，天在看。我自己一身正气，问心无愧便知足了，不管那么多。"和珅继续苦口婆心地劝道："你可以不收礼，但不可以一概不收，有些人的面子是必须要给的，这是最起码的官场生存法则。"和琳听了毫不客气地说："民间传言说你是大清第一贪官，我哪敢再步你的后尘，让祖宗蒙羞！"和珅怒道："你这脑袋真是木头做的，我是贪污受贿，可又有谁能奈我何？"和琳说："现在皇上倚重你，所以没人敢动你，可当今皇上老了，早晚会将皇位传给太子，到时候，没了皇上当靠山，你想过后果吗？"和珅苦笑道："罢了罢了！我作恶，你积德。"兄弟二人不欢而散。

和琳的话虽然难听，却在一定程度上给和珅敲响了警钟。和珅知道，若想真正成为官场不倒翁，必须努力在朝中培植自己的势力。清代的翰林院尽是天下英才，从翰林院出来的学士极有可能成为官场的后起之秀。于是，和珅打起了翰林院学士的主意。适逢和珅四十大寿，做寿前夕，他给翰林院的学士都发放了请柬。和珅寿诞当天，翰林院的大部分学士都前来捧场，其中有一个名叫阮元的学生给和珅留下了深刻的印象。为了取悦和珅，阮元早早就做了功课，在和珅的生日庆典上作诗10首以示庆贺，和珅高兴得合不拢嘴，从此，阮元成了和珅的门生。后来，翰林院大考时，和珅暗中活动，使阮元名列前茅；之后经和珅的活动，阮元不断加官晋爵。此为后话，暂且不提。

乾隆后期，科场舞弊之风盛行，和珅的老师吴省兰在和珅的保举下总能顺利地拿到主考官的肥差,但凡吴省兰利用职务之便收受的贿赂,都会送给和珅一半。和珅在贪污受贿的同时也不忘为乾隆建言献策,革除科考弊端。比如,他建议将科举考试的试卷延长两倍作为草稿纸,这样一来就可以杜绝考生利用草稿纸作弊的可能;他还建议乾隆进一步强化科场纪律,有胆敢作弊者,永远取消考试资格。乾隆对和珅的建议表示赞赏,吴省兰则有些不解,对和珅说:"你这不是贼喊捉贼吗?"和珅笑道:"我就是要刻意提高科场舞弊的成本,这样考生才会投入更多的钱财贿赂考官。"吴省兰这才恍然大悟。

就在和珅揽权纳贿、结党营私之际,战报再度传入京城。原来,上次和琳绥靖贵州、湖南全境后,好景不长,当地官员很快又腐败堕落了,贵州百姓感觉被朝廷欺骗了,个个愤怒不已,加上别有用心的人煽风点火,贵州很多农民再次高举义旗。

朝廷派大将军福康安和和琳领兵出征,但是,主帅福康安出征不久便积劳成疾,在军中病逝。和珅向太上皇乾隆启奏,允和琳暂代军务。乾隆当即下令和琳督办军务。和琳也不负众望,迅速生俘义军领袖石三保。起义领袖相继遇害,起义军开始失利。可是,和琳在围攻平陇(今湖南湘西土家族苗族自治州吉首市境内)的战役中,由于受瘴气而染病身亡。

接到和琳的死讯后,和珅泣不成声,悲痛不已,作了《悼亡诗》15首来悼念胞弟。他在诗序中写道:"言不成声,泪随笔落,聊以当歌。"其中的两首分别如下:

其一
看汝成人瞻汝贫,子婚女嫁住劳顿。
如何又为营丧葬,谁是将来送我人。

其二
同胞较我三年少,幼共诗书长共居。

宦海分飞五载别，至今音问藉鸣鱼。

乾隆得知和琳染病身亡，也十分伤感，下令晋赠和琳一等公爵，准许后代世袭，并且准许和家建专祠祭奠，命将其牌位放在太庙由朝廷按时祭祀。

第十七章　平叛乱举荐有功

和珅为官很擅于坐收渔翁之利，哪怕对方是自己的敌人。比如他让和琳先后投靠阿桂和福康安，借他们的光一路高升便是很好的证明。而在镇压台湾叛乱一事上，和珅也巧借福康安而坐享其成，立下一功。

清朝初期，郑成功家族割据台湾，康熙为了实现国家统一，发动了收复台湾的战争。郑成功的后代负隅顽抗，无奈清军攻势凌厉，郑氏王朝抵挡不住，清军得以收复台湾。

战争结束后，清廷在台湾建立了台湾府，归福建管辖，但岛上的反清势力一直没有消停过，郑氏家族的残余势力纠集在一起，打着"反清复明"的旗号，成立了秘密的复国组织"天地会"。

天地会成立之初，成员主要是一些反清复明的仁人志士。后来，天地会向台湾民众灌输"天为父、地为母"的观念，号召社会底层的老百姓起来反抗清王朝的统治。

康熙、雍正以来，清朝统治者推行爱民政策，使社会矛盾日趋缓和，天地会旧有的"反清复明"纲领渐渐失去民心，绝大部分老百姓都不买天地会的账。为了在乾隆朝继续从事反清斗争，天地会将斗争的矛头指向了清朝的贪官，提出了"反对贪官，劫富济贫"的口号，经过一番因势利导的宣传，再次在民间树立起了自己的威望。

乾隆继位后，社会经济蓬勃发展，百姓生活殷实，但盛世的背后却是暗流涌动、危机重重。

乾隆年间，台湾的经济虽然有所发展，但与此相伴而生的贪污腐败也随之而来。当地官员认为台湾岛孤悬海外，天高皇帝远，可以无所顾忌地在岛上为所欲为。在这种思想的驱使下，台湾官场极度腐败，官员们极尽巧取豪夺之能事，老百姓的生活极为困苦。这在一定程度上也成了林爽文起义的导火索。

林爽文是福建省漳州府平和县人，随父渡台，居彰化大里代庄（今台中县大里市），以耕田、赶车为业，后来加入天地会。有一次，林爽文带领的天地会与台湾的另一集团雷公会因矛盾而发生群体械斗，台湾总兵柴大纪带兵镇压，捉拿天地会成员，成员们逃往林爽文处。官兵要求林爽文交出逃犯，但林爽文拒绝配合，于是双方发生激战。柴大纪因此大怒，加紧追剿天地会，林爽文不得不率众起义。

台湾知府孙景燧亲自率兵镇压，被林爽文的起义军击败，孙景燧在作战中不幸阵亡。随后，林爽文自称"盟主大元帅"，振臂一呼，台湾的贫苦百姓纷纷响应。林爽文聚兵5万，先后攻取了彰化、台中、台北等地，不到一个月的时间就几乎攻占了台湾北部地区。

消息传到京城，乾隆大惊，表示要御驾亲征。和珅心想，就这几个毛贼，偌大一个朝廷没人能管得了吗，非要让皇帝御驾亲征？如果皇帝御驾亲征，朝廷势必会乱作一团，他打算找一个冠冕堂皇的理由，阻止乾隆亲征。

和珅拿定主意后，走出朝臣的队列，上前一步说："皇上，依臣愚见，皇上治国，中正仁和，爱民如子，料想台湾的百姓未曾被及圣恩，这才起心造反，责任在于地方官员没能将皇上的仁爱之心示之于民。一旦官员警醒，施以仁政，百姓必会人心思归。除继续用兵外，臣以为还可颁布告示，攻心为上，分割贼匪与普通百姓，从内部攻破。这样一来，外有大兵压境，内有人心背离，贼匪不日可破。"和珅这番话既称颂了乾隆的仁政，又指出了破敌的方略，言明破敌很容易，杀鸡焉用牛刀！

在和珅的劝说下，乾隆打消了御驾亲征的念头，随即抛出了一个问题："谁可为帅前去平叛？"和珅回道："台湾是福建省的一部分，皇上可命闽浙总督常青跨海督师平叛。台湾离福建很近，可朝发夕至。"

乾隆准其所奏。和珅之所以推荐常青，也有自己的私心。常青是他的门生，如果这次能够平叛成功，功劳便掌握在自己人手里了。

闽浙总督常青接到圣旨后，立即整饬军队，准备渡海平叛。林爽文在台北听说清军不日将渡海来战，遂领兵封锁台湾北部沿海地区。常青率领清军强渡，经过多次激烈的战斗，终于夺下了几块滩头阵地。在接下来的战斗中，清军继续进攻，不断扩大滩头阵地。

蜷缩于台南地区的清军听说援兵已经渡海而来，趁势发动反攻。林爽文分兵迎敌，常青指挥清军相继收复了台湾北部地区的几个县城，之后起义军发动反攻，又将失去的几个县城夺了回来。如此你来我往，双方在台湾北部地区展开了拉锯战。台南地区的清军本想趁机北上，与常青会师，结果被林爽文的起义军打败，进退不得。

林爽文继续发动台湾民众，不断壮大自己的力量，起义军的规模一度发展到10万人。

台湾南部的一些地主为了自保，招募乡勇组成民兵，配合清军与起义军作战。常青也想贯通台湾南北，无奈他从福建和浙江带来的部队还不到2万人，无法形成对起义军的战略优势。

这时，乾隆在北京坐不住了，他责问和珅道："常青无能，渡海剿匪数月仍然停滞不前，这样下去是不行的。"和珅遭到乾隆斥责后，内心也很惶恐，急于想个办法补救一下。他思来想去，想到了福康安。乾隆对福康安一向很器重，现在如果举荐福康安去台湾镇压叛乱，一旦福康安得胜回朝，自己便可坐享举荐之功；即使福康安败北，也可利用这个机会打击一下他的气焰。于是，和珅赶紧奏道："常青无能，当务之急是派一位能征善战的将军去平叛。臣认为陕甘总督福康安是最适合的人选，他足智多谋，身经百战，相信除他之外，再没有人能担此重任了。"

乾隆其实也正有此意，于是马上准奏，命福康安征台。同时，乾隆还从闽、浙、湘、桂、蜀、粤、黔等省调遣近6万大军赴台。

福康安接到命令后，心中暗暗叫苦，台湾与大陆隔海相望，贼匪众多,自己人生地不熟,要平定叛乱谈何容易?但君命难违,他只能硬着头皮上了。

福康安率军抵达台湾时,局势非常严峻,整个台湾地区除少数地区还在清军手里,其他地区全被起义军攻占。值得庆幸的是,福康安的部队虽然人数不及林爽文的起义军,但都是训练有素的正规军,而起义军良莠不齐,且林爽文本人在取得初期的胜利后也有点飘飘然,起义军军纪废弛,经常和土匪一样肆行劫掠。总的来说,双方实力相当。林爽文虽然兵力占优,但因战线较长,夺取的大部分州县需要分兵据守,兵力比较分散;而福康安则可以集中优势兵力攻其一点,尽管如此,清军的推进速度依然很慢。

清军攻陷台北后,林爽文决定集中兵力与清军决战。福康安背水列阵,置之死地而后生,大败林爽文的起义军。军力的此消彼长,对林爽文越来越不利。

乾隆见福康安在台湾进展仍然缓慢,多次派钦差大臣前去催战,福康安决定不再与起义军争一城一地的得失,而是集中兵力寻机决战,最大限度地歼灭起义军的有生力量。在福康安的凌厉攻势下,林爽文节节败退,台湾北部地区重新回到清军手中。林爽文集结残部,坚守彰化。

彰化是林爽文的老巢,防御工事极为坚固,福康安久攻不下。台南地区的起义军奉林爽文之命前来增援,福康安马上下令嘉义的清军主动出击,牵制台南地区的起义军。林爽文的军队久守彰化,城中粮草紧缺,遂出城与清军决战。福康安亲临前线指挥,起义军战败后向台南地区流窜,福康安穷追不舍,起义军损失惨重。时有台南地主武装配合清军作战,起义军内部发生内讧,林爽文兵败被擒。

林爽文被俘后,被押解到北京接受审判。乾隆命和珅提审林爽文,在公堂上,和珅斥责林爽文道:"你妖言惑众,煽动台湾民众反抗朝廷,罪不容诛。"林爽文毫不示弱,大骂道:"我虽久居台湾,却也听说过你贪赃枉法的事情,像你这样的贪官有什么资格来审我,快叫皇上出来。"和珅大怒道:"大胆,皇上是你说见就能见的吗!"林爽文仍骂声不绝，和珅命人将他的舌头割去。最后，林爽文被处以极刑，枭首示众。

　　福康安此次在台湾出生入死一年有余，终于成功收复台湾，乾隆非常高兴，赐他黄腰带、紫缰、珊瑚朝珠等物。而和珅也因举荐有功，赐紫缰，并封为三等忠襄伯。

第十八章　议罪银敛财有道

相对于和珅其他方面的才能来说，乾隆更加依赖的还是他的理财能力。这也是因为乾隆在执政后期特别好大喜功，偏爱大场面，花费由此大增，但内务府的银子是有限的，时常捉襟见肘。乾隆为此忧心忡忡地对和珅说："大清国富民强，为什么朕总是觉得银子不够花呢？"

和珅说："皇上乃一国之君，穷谁也不能穷皇上啊！臣建议皇上设立议罪银制度，大清的官员，谁要是犯了罪，就罚他的款。这样一来，皇上的手头宽裕了，而官员受到惩罚，自然会严谨为官，可谓一举两得。"

乾隆一听这个办法倒是不错，但又有点疑虑："还是爱卿想得周到，但这议罪银也该有个限度吧，总不能犯什么罪都可以拿钱抵罪。"

和珅回道："臣早就想好了，议罪银主要是针对一些较小的过错，在尚不足以撤职降职的前提下使用。"

乾隆觉得这个制度还算可行，于是就让和珅主持实施。很快，议罪银制度便像旋风一样横扫神州大地。

议罪银制度开始施行时，基本是按照和珅最初的设想进行的，即官员根据犯罪情节的轻重，以一定数量的银子来免除相应的刑罚。同时按照属地原则，各级官府收取所辖官员的议罪银，然后自行决定开支，专款专用，量入为出，但后来事情渐渐起了变化。

首先，议罪银没有明确的数额。皇帝不说罚多少，受罚者自己就只能往高了报，万一报少了，皇帝不满意，给驳回来，那就失去了缴钱免罪的机会。由于缺乏明确的规定，所以最终只会败坏纲纪。

其次，交了钱就可以免罪。议罪银制度使得大量贪官免于牢狱之灾，贪污受贿是犯罪，但贪污受贿得来的钱却可以赎罪，于是清朝便上演了一场荒唐的大戏。大家心里都明白，贪污腐败未必会被抓，但一旦因为贪污腐败而被抓，那么贪污腐败得来的银子就派上大用场了，大不了再贪污。

最后，受罚者白花花的银子拿出去了，势必会拼命把这些钱挣回来。即使不为盈余，他也得把这个窟窿堵上，想方设法贪污受贿。在这种情况下，官员哪里还有心思处理政务？他得先为钱绞尽脑汁。最重要的是，他通过什么方式搜刮钱财？当然是违法手段。如果按部就班，一分一分地挣辛苦钱，猴年马月才能挣够这笔巨款！于是，议罪银的负担最后都转嫁到了最底层的老百姓身上。

但和珅可管不了那么多，他的任务就是充盈内务府。看着每天都有大量的银子进账，白花花的银子滚滚而来，他心里自然乐不可支。

后来，很多官员即使没有犯什么过失，也自愿先缴纳一定的银两，以便日后有了过失，能够免除处罚。据史书记载，在乾隆朝后期13年的时间里，官员罚银代罪的事情很多，而掌管议罪银的关键人物就是和珅。他的好恶和决定，直接关系到官员能否纳银抵罪，以及罚银的多少，以至于朝中几乎所有官员都得向他溜须拍马。

任职于内务府的西宁在管理内务府财产时，一时疏忽大意，出现了漏洞，按律当斩。这时，和珅向他示意可以缴纳议罪银抵罪。西宁为了筹备银两，变卖了所有家产，弄得家道零落。但事后他还是写信给和珅，向他表示衷心的感谢，信中说："天高地厚，深恩于生生世世矣，伏乞中堂代奏，宁不胜感激切之至，谨呈。"

谁能保证自己为官生涯中不犯点过失？如果给和珅留下了坏印象，后果不堪设想，所以，有的官员在缴纳议罪银时，也会给和珅送上一定好处，希望他能欣然收下自己缴纳的议罪银。有的官员像西宁一样，即使被罚得倾家荡产，还是对和珅充满感激。而对和珅来讲，他可不想做什么活菩萨，有钱什么都好说，没钱一切免谈。

议罪银制度实施后,更加剧了乾隆后期官员腐化堕落的速度。朝堂之上,乌烟瘴气、人人自危,而那些行为不轨的官员因为可以纳银抵罪,更加肆无忌惮。

鉴于和珅在议罪银制度上的表现,乾隆御赐和珅蓝宝石一颗,令其悬于官帽之上。清代官员的官帽上一般都嵌有一颗宝石,但绝大多数只能配红宝石、绿宝石、黄宝石和紫宝石,没有皇帝钦赐,官员们是不敢在自己的官帽上放蓝宝石的,因为蓝宝石象征着一人之下、万人之上的地位。和珅被乾隆御赐蓝宝石,意味着他已经位极人臣。

看到和珅这样的贪官竟能在朝廷里呼风唤雨,有些江湖侠客看不过去了,于是便有一位无名大侠想灭一灭和珅的威风,挫一挫他的锐气。经过考虑,无名氏决定在乾隆御赐和珅的那颗蓝宝石身上做文章。

这天,和珅正在府中散步,忽见两名御前侍卫护着一名传旨太监纵马直入府中。和珅慌忙跪倒接旨,太监朗声念道:"经查,内务府总管兼军机大臣和珅主持议罪银制度,借职务之便侵吞公款,本应革职查办,朕念其多年来在朕身边鞍前马后,劳苦功高,就不加严惩了。令追回先前所赐蓝宝石,希望罪臣和珅能幡然悔悟。"和珅大惊,心想难道是皇上派人暗中调查自己了,遂乖乖地将蓝宝石交给传旨太监。太监也不多言,取了和珅的蓝宝石就纵马出府,朝皇宫方向疾驰而去。

次日,乾隆召和珅进宫见驾,和珅见到乾隆后长跪不起,乾隆奇怪地问道:"朕叫你平身,你为什么还不起来呀?"和珅战栗不敢言,乾隆见他官帽上的蓝宝石不在,又问道:"朕所赐的蓝宝石,你为什么不随身佩戴?"和珅惶恐道:"臣那颗蓝宝石昨日已被皇上收回,罪臣请皇上治罪。"

乾隆一时有点摸不着头脑:"你说什么?朕什么时候将蓝宝石收回了?朕又什么时候要治你的罪了?"和珅也搞不清楚了,于是将昨日之事向乾隆细述一遍,乾隆听完大怒道:"是哪个胆大包天的家伙敢矫旨索宝?"遂命御前侍卫将宫中的太监全部集结起来让和珅辨认,但根本没有昨天的那个传旨太监。乾隆说:"你一定是被江湖骗子给耍了。"

知道自己被骗后，和珅气不打一处来，他亲自找到刑部侍郎喀宁阿，敦促其尽快破案，几天的时间里，京城便被翻了个底朝天。

正当和珅对被骗走的那颗蓝宝石望眼欲穿的时候，一位自称刑部官员的人来找他，声称蓝宝石已经追回。和珅拿过蓝宝石一看，正是自己被骗走的那颗。下午晚些时候，和珅在自己府中宴请喀宁阿，向他道谢。喀宁阿一头雾水地说："和大人，我们现在还未侦破此案，我也没有派人给你送还过蓝宝石呀。"和珅不解地说："可那颗蓝宝石确实就是我被骗的那颗呀。"喀宁阿笑道："看来和大人又被骗子给骗了。"和珅恍然大悟，但既然蓝宝石已经"完璧归赵"，他也不想再深究下去了，否则，事情传出去只会徒生风波，遭人耻笑。

乾隆后期吏治腐败，如和珅一般的贪官遍地都是。时有礼部侍郎尹壮图出淤泥而不染。尹壮图进士出身，后入阁任内阁学士，兼礼部侍郎。他为官清正廉洁，因父丧在云南老家丁忧三年后，返回京城时途经贵州、四川、湖北、陕西、河南、河北等地，一边走一边体察民情。一路上的见闻让向来高风亮节的他气愤不已，回京后毅然上书乾隆，直言议罪银制度不利于朝廷。

"各省督抚大员犯了过失之后，蒙皇恩浩荡，不立即革去他们的官职，只罚他们若干银两，以示惩罚，也有一些官员自愿缴纳罚金。但是对于那些多行不法的官员来说，这无异于纵容了他们的行为，让他们可以继续肆无忌惮地胡作非为。即使是那些清正的官员，也因为得到了下属缴纳的银两，一旦遇到府库亏空等案件，便不得不包庇下属的恶行。所以，罚银的制度虽然很严格，但并不能令官员们羞愧，反而容易使他们滋生不轨之心，长此以往，国将不国，大清国运堪忧！请皇上快刀斩乱麻，废除议罪银弊政。国家幸甚！百姓幸甚！"

乾隆看完尹壮图的奏章，找和珅商议说："今有礼部侍郎尹壮图针砭议罪银制度，请求废除，你意下如何？"

和珅说："议罪银制度的出发点是好的，可能是在具体贯彻实施的过程中被下面的官员执行错了。"

乾隆说:"尹壮图说他从云南老家回京的路上发现议罪银制度引起的民怨极大,老百姓怨声载道。"

和珅心中恨恨不已,回禀道:"口说无凭,眼见为实,皇上可派一名信得过的钦差与尹壮图一起巡视全国,考察议罪银制度在全国各地实施的具体情况。"

于是,乾隆召来尹壮图,对他说:"朝廷每颁布一项新的政策,总免不了会引起一些人的非议。制度本来就是一把双刃剑,有利就有弊。既然你对议罪银制度深表怀疑,朕就命你和户部侍郎庆成为钦差大臣,代朕巡访全国各地,倾听各地官员和百姓的心声,集思广益,进一步健全议罪银制度。"

尹壮图说:"如今各地官员腐败堕落者甚多,议罪银制度带来的负面影响只是冰山一角。臣请皇上准许臣在查验议罪银制度的同时实地调查当地的吏治情况,此行若能为皇上揪出几个贪官来,也算是不虚此行。"

乾隆笑道:"能者多劳,朕准奏,希望你能满载而归。"尹壮图领命而去。

这次与尹壮图同行的户部侍郎庆成与和珅是一党。临行前,和珅嘱咐庆成说:"我们做臣子的,第一要务是让皇上沉浸在盛世图景之中。如今皇上老了,更不能惹皇上生气。你此行一定要盯住尹壮图,地方上的官员该保护的必须保护;凡是肯依附于我们的地方官,也都得关照好,明白吗?"庆成喏喏称是。

尹壮图和庆成外出巡查的第一站是山西大同。大同知府明保是和珅的舅父,他本是一介商人,后来在和珅的关照下做了大同知府。明保见钦差到来,赶忙出城迎接,迎入府中后以粗茶淡饭招待。原来,和珅早已驰书明保,要求他低调接待钦差。明保对尹壮图恭恭敬敬,说自己为官一向节俭,请他不要见怪。尹壮图不明就里,反而对明保甚是钦佩。

饭后,尹壮图拿出皇上密旨,要求查看大同府库。明保早有准备,从容不迫地将尹壮图和庆成带到府库盘查。尹壮图仔仔细细地盘查了一遍，没有发现任何问题。随后，尹壮图又要求稽查大同府历年来的往来账目，明保一一奉上，尹壮图也未发现任何疑点。等到将尹壮图送回驿馆后，明保才把庆成邀到家中，命人预备奢侈的宴席加以款待，席间他们还不停地嘲笑被蒙在鼓里的尹壮图。

大同巡查完毕后，庆成与尹壮图一路南下，经朔州、忻州进入太原。山西巡抚伯麟盛情接待庆成和尹壮图。

伯麟并非和珅一党，所以庆成要求盘查太原府库，并在盘查中吹毛求疵，小题大做，处处刁难伯麟。伯麟看穿了庆成的丑恶嘴脸，遂于当晚专门宴请庆成，表示愿意依附和珅，庆成方才作罢。尹壮图觉得虽然太原府库有些许亏空，但伯麟把亏空的理由说得有理有据，总的来说问题不大，便决定放伯麟一马。

太原清查完毕后，庆成与尹壮图南下临汾、运城，然后辗转来到河南郑州。河南巡抚富勒浑与乾隆是亲家，富勒浑的女儿嫁给了乾隆的儿子，富勒浑依仗自己的皇亲身份，平日里妄自尊大，根本不把别人放在眼里。和珅多次想结交富勒浑，但富勒浑并不买他的账。富勒浑连和珅都不放在眼里，更不用说尹壮图与庆成了。

因此，尹壮图和庆成到郑州后，富勒浑将他们二人晾在驿馆中不闻不问。受到冷遇的尹壮图和庆成决心在河南闹出一些动静来，灭一灭富勒浑的威风。他们走访民间，搜集了很多富勒浑贪污腐败的证据，然后将这些罪证具表上奏乾隆。乾隆大怒，下令将富勒浑革职查办。富勒浑叹道："我这是大意失荆州呀！"尹壮图和庆成抓住富勒浑的把柄后不依不饶，但乾隆有意包庇，遂下旨让尹壮图和庆成撇开河南去安徽巡查，二人只得遵命。

到了安徽后，包藏祸心的庆成拉着尹壮图到处游山玩水，尹壮图难得轻松一回，慢慢被庆成消磨得失去了斗志。和珅得报后，启奏乾隆："臣听说尹壮图以巡查之名行游玩之实，如此玩物丧志，岂不是辜负了皇上对他的信任。再说尹壮图的所谓巡查极为荒唐，事先没有明确的对象，撞上谁就查谁，庆成也跟着他遭罪。请皇上下旨将其召回。"

乾隆为难地说："朕金口玉言，亲自恩准他出去巡查的，实在是覆水难收呀。"

和珅说："臣是户部尚书，可以朝廷财力拮据为由将二人召回。"

不数日，尹壮图和庆成便接到户部通知，说户部不再支出二人的差旅费，他们若想继续查访，只能自掏腰包了。

尹壮图无奈，只得勉强又巡查了几个地方。之后所到之地，地方官员的所作所为更令他无法忍受，他们对庆成热情接待，有说有笑，但对尹壮图却视而不见，把他冷落一旁。一到晚上，庆成便被邀去赴宴，而尹壮图则独自留在驿馆之中，连饭食也没有人准备。

渐渐地，尹壮图明白了和珅的用心。他满腔愤懑，却又无可奈何，只得上奏承认自己夸大其词，捕风捉影，没有真凭实据，调查中也没有发现什么破绽，并向乾隆请求回京治罪。

庆成临出京之时便与和珅串通一气，一路查下来，庆成虽然不露声色，但实际上一直对尹壮图虚与委蛇，如今尹壮图终于知难而退，庆成也算是圆满完成了任务。

尹壮图回到北京后，乾隆对他说："俗话虽说一叶知秋，但大清疆土辽阔，岂能一一查遍？你这次出去也跑了几个省区，所见如何？"

尹壮图垂头丧气地说："臣此次出行，沿途并没有见到商人、百姓有什么不满情绪，全都安居乐业，其乐融融。臣之前的奏折夸大其词，请皇上治罪。"

随后，尹壮图被刑部以"挟诈欺公，妄生异议"关进大牢，判处斩刑。后来，乾隆宽大为怀，免去其死罪，贬为内阁侍读。不久，尹壮图便借故辞官回乡，直到嘉庆四年（1799年）才被嘉庆皇帝重新起用。

据史书记载，乾隆后期13年里，重大的议罪银案有68件，平均每年就有5件左右，其中总督、巡抚一类的官员认罪纳银的共有37人，也就是说，整个清王朝的地方大员中，平均不到3人就有一人自行缴纳议罪银。

尽管议罪银名义上是官员自知犯有过失，自愿纳银抵罪，但主动权完全掌握在乾隆和和珅手中，只要他们想让哪个官员缴纳银两，随便罗织一个罪名并非难事，即使是"法所难宥"的大罪，只要缴纳的银两足够多，也可以相互抵消。比如，内务府官员西宁因"办理不善，商人拖欠甚多"，自行缴纳议罪银8万两；伊龄阿因为写奏折弹劾窦光鼐，经查所奏不实，缴纳议罪银3万两。

朝廷每年大约共得议罪银30万两，这笔收入中的绝大部分都归内务府，而和珅从中所得应该不会少于这个数目。

作为议罪银制度的始作俑者，和珅虽然饱受诟病，但有乾隆为他撑腰，谁也奈何不了他。

一天，和珅正在家中读书，仆役忽报两淮盐政汪如龙求见，和珅急忙出去迎接，汪如龙行了一个大礼，和珅扶起他说："扬州与北京相隔千里，你大老远地跑来，想必是有什么事吧？"汪如龙恭敬道："久不听和大人教诲，心中饥渴，特来拜见。"

和珅将汪如龙请入后堂，汪如龙问道："和大人最近忙什么呢？"和珅顺口说道："还不都是议罪银的事情，对了，你们扬州的官员对我可有怨言啊？"汪如龙欲言又止："自从和大人推出议罪银新政以来，扬州官员经常在背地里骂骂咧咧，说您的不是。"

和珅闻言正色道："议罪银制度确实损害了很多官员的利益，但我也是为皇上办事，而皇上是为天下百姓操劳。换言之，我的职责要求我必须为天下人服务，不可能只顾及一小撮人的利益。"

汪如龙说："商鞅变法也是为了国家好，最终却落得个被车裂的下场。大人如今将议罪银的矛头直指朝廷命官，要知道，得罪了官员比得罪老百姓更可怕，恐怕将来会有越来越多的官员弹劾大人呀！"

"这个我心中有数，你大可放心。"和珅接着叹道，"人生得一知己足矣，你特地从扬州赶来给我敲警钟，我很感激。想我和某为官这么多年，是绝不会栽在议罪银上面的。"

汪如龙回到扬州后，扬州官员纷纷登门前来讨教，汪如龙抚慰他们说："议罪银对皇上有利，所以和大人才强推这一政策。你们最好严加约束自己，否则就是顶风作案。"对于有些官员叫嚣要联名告发和珅贪污，汪如龙说："和大人到底有没有贪污，皇上比谁都清楚，还用得着你们瞎叫唤吗？小心和大人说你们挟私诈公，那可是要抵罪反坐的。"经过汪如龙这番威吓，扬州官员终于被镇住了，再也不敢妄议朝政。

第十九章　逞主威刘全惊心

　　凭借乾隆这个大靠山，和珅真可谓事事顺心如意，这不，他很快又报了一个旧怨。

　　前面曾经提过，和珅曾邀纪晓岚为自己的亭阁题过牌匾，结果遭到戏弄。这件事发生后，和珅每每如鲠在喉，一直想找个机会报复纪晓岚，若干年后，纪晓岚终于有一个把柄落在了和珅手里。当然，纪晓岚本人并没有犯什么事，而是他的亲家卢见曾犯事了。

　　卢见曾，进士出身，历任洪雅知县、滦州知州、永平知府、两淮盐运使等职务。纪晓岚的长女嫁给了卢见曾之孙卢荫文。

　　两淮盐引案案发后，卢见曾不可避免地牵涉其中。和珅安插在全国各地的眼线甚多，早在两淮盐引案案发前夕，他便掌握了很多情况。得知涉案人员卢见曾是纪晓岚的亲家后，他大喜过望，料定纪晓岚不会置卢见曾的生死于不顾，于是便设了一个局，先是通过各种渠道秘密将卢见曾即将东窗事发的消息传递给纪晓岚，同时派密探对纪晓岚进行监控。

　　事情的发展果然如和珅所料，纪晓岚得知自己的亲家卢见曾即将翻船的消息后，如坐针毡，决定派人给卢见曾通风报信。卢见曾接到纪晓岚的密报后，惊慌之余赶紧转移了自己的不法财产。后来，江苏的大小贪官都被朝廷一锅端了，包括卢见曾在内的很多官员都被抄了家。按说卢见曾是江苏的高级官员，家里应该有很多财产才对，但让刑部官员大惑不解的是，贪官卢见曾家里竟然什么也没有搜出来。

　　乾隆也纳闷不已，在和珅的指点下，刑部将纪晓岚派去给卢见曾通风报信的信使抓到刑部大牢严刑拷打，信使很快便招架不住，全盘招供。刑部据实上奏乾隆，乾隆勃然大怒，下令将纪晓岚抓回审查。纪晓岚起初还想抵赖，但和珅棋高一着，请出信使与其当面对质，纪晓岚这才知道自己被和珅算计了。

在铁一般的事实面前，纪晓岚只好认罪伏法。乾隆下令将纪晓岚革职，发配新疆乌鲁木齐充军。和珅终于报了当年的一箭之仇。

纪晓岚倒也是个豁达之人，在去新疆充军的路上还一路吟诗作赋，到达乌鲁木齐后，他闲来无事时便作诗写词，当地军民也没有因为他犯罪被贬就对他落井下石。

不管怎样，纪晓岚依然是天下第一才子，乌鲁木齐的很多文人学子都以能结交纪晓岚而感到荣幸。对主动前来拜访的文人学子，纪晓岚也都热情接待。不久，乾隆又下旨特赦了纪晓岚。

原来，乾隆颇好文事，纪晓岚在诗词文章上的造诣独步朝中，和珅虽然也以文人自居，但毕竟无法与纪晓岚相比，包括和珅在内的朝中众臣都无法取代纪晓岚的位置。自从纪晓岚被发配充军后，乾隆每每诗兴大发时总是难逢对手，久而久之，乾隆觉得纪晓岚还真是无可取代。他仔细一想，纪晓岚在卢见曾一案中只是犯了些错误，并非罪大恶极，而且卢见曾和纪晓岚是亲家，这样做也是情有可原。

皇帝想赦免一个人再简单不过了，而和珅平日里最能洞悉乾隆的心思，于是便顺水推舟地建议乾隆宽宥纪晓岚。就这样，在乾隆与和珅的一唱一和之下，纪晓岚很快就官复原职了。经此一劫，纪晓岚变得谨小慎微起来，再也不敢明目张胆地嘲讽和珅，两人之间的关系变得十分微妙。

官场险恶，置身其中者无不战战兢兢、如履薄冰，和珅虽然为官多年，处世八面玲珑，但面对随时可能卷起的惊涛骇浪，他也不敢有丝毫大意。正所谓树大招风，多年来，和珅在朝中不停地培植党羽，同时也得罪了很多人。随着他在朝中的势力越来越大，想弹劾他的人也越来越多。不知从什么时候起，和珅信奉起江湖术士的歪门邪术来了。

一天，和珅与管家刘全在家中闲聊，和珅问道："我深居庙堂之中，事务繁忙，不知最近北京城中有何奇闻逸事？"刘全随口道："老爷，最近北京城中有一算命先生甚是灵验，京城很多达官贵人都请他相面卜卦，我忍不住好奇也请他算了一卦，他说我是当世之良禽。"和珅笑道："你是我的大管家，他竟敢借算卦之名，行骂我之实。"刘全回道："我当时也是火冒三丈，但那算命先生却不慌不忙地跟我解释道，你家老爷乃当世之贤臣，你不是当世之良禽又是什么呢？"

和珅一听马上明白了算命先生的用意："古人云，良禽择木而栖，贤臣择主而事。毫无疑问，皇上乃当世之明君，我自然是当世之贤臣，而你被他称为当世之良禽实在是再合适不过了。"刘全笑着点点头："原来如此！老爷英明！"和珅继续问道："那位算命先生姓甚名谁？哪里人士？"刘全说："他叫郝云士。"和珅吩咐道："京城既有此奇人，我不可不见，你改日将他请到府上来，我要以前程之事问他。"刘全疑惑地说："老爷现在位极人臣，一人之下万人之上，还用得着去问一个算命先生吗？"

和珅解释道："你只知其一不知其二，我表面上风光无限，实际上却是如履薄冰。皇上年迈，早晚会龙驭宾天；将来新皇登基，一朝天子一朝臣，我怕自己会遭遇不测呀！"刘全大悟，领命而去。

第二天，刘全将算命先生郝云士请到府中。和珅设宴款待，随后将郝云士请进一间密室。郝云士惶恐道："和大人乃当朝九千岁，请我一个闲云野鹤来，不知有何见教？"

和珅笑道："先生乃世之高人，我请先生来，主要是想让先生测算一下我的官运能否亨通。"

郝云士听了面色凝重地说："适才宴饮之时，我已暗中为大人卜了一卦，大人是标准的大富大贵之相，至于未来的官运嘛……"

和珅急不可耐地打断郝云士的话："现在和从前的事情都是明摆着的，我担心的是将来的前程，请先生直言相告。"

郝云士说："10年之内，当今皇上必然会驾崩。和大人为今之计是要千方百计讨好将来的新皇帝，如其不从，可设法将其架空。"

和珅说："在众皇子中，以十一皇子和十五皇子最有才能。皇上虽然不露声色，但未来的新皇帝必是他们中的一位。"

郝云士说："实力才是硬道理，不管谁是将来的新皇帝，和大人都应该不遗余力地培植自己的势力。翅膀够硬，才能飞得更高更远。"

和珅说："先生言之有理，新皇帝不可能再像当今皇上那样宠信我，以前讨好当今皇上的那套不能再用了。我要用我的铁拳对付将来的新皇帝，历代权臣就是我的榜样。无论如何，我的权柄不能旁落，权力才是我真正的护身符。"

郝云士附和道："和大人定能长盛不衰，家族荣光绵延千秋万代。"

和珅大喜，厚赏郝云士，并聘他为幕宾，准许其自由出入和第。

俗话说，宰相门前七品官。郝云士成为和珅的座上宾后，很多想要结交和珅的地方小官纷纷把目光投向郝云士。在此之前，县令之类的低级官吏根本无法入和珅的法眼。民间传言某县的县令为了见和珅一面，特地跑到京城前来拜见，因无人引荐，该县令只好单枪匹马来到和珅的府门前，门口卫兵将他拦住，向他索要贿赂。县令赶紧给门卫塞了2000两银子，门卫这才勉强向和珅通报说有一个外地的县令求见。和珅大怒道："县令是个什么东西，如果我连县令一级的官员也接待的话，岂不是乱了套了，不见！"门卫将和珅的话转述给那位县令，县令无奈，只好忍气吞声地走了。

郝云士是个极有心计之人，他见很多来自地方上的低级官吏千方百计想要结交和珅而不可得，敏锐地察觉到了其中的"商机"。他想，既然自己与和珅的关系非同寻常，为何不利用好这个关系呢。于是，他主动向和珅建言道："我听说大人向来只结交省级以上官员，对县级官员不屑一顾，我认为这样做极为不妥。"

和珅不解其意，问道："先生何出此言？"

郝云士笑道："大清王朝的权力结构就像是一座巨大的金字塔，皇上高高在上，其次就是大人您了，再往下是京城的高级官员和各省高级官员,最后才是县官。县官虽然处于金字塔的最底层,但其数量众多,全国的县令几千人。别看这些县令职位卑微,一旦他们聚集起来,能量是十分巨大的。如果大人将下面的县官悉数得罪,日积月累,后果不堪设想。"

和珅不以为然地说:"我只要跟各省的总督搞好关系,县官们又能奈我何?"

郝云士继续分析道:"大人试想一下,一旦激起公愤,各地县官联名上书弹劾大人,到时恐怕各省的督抚也是无能为力。千里之堤,毁于蚁穴,就是这个道理。大人只有将权力的根基打好了,才可做到高枕无忧。"

和珅沉思良久,说:"先生所言甚是。"

郝云士趁机毛遂自荐:"我自从跟随大人以来,尚无尺寸之功。外地来的县官数量众多,大人日理万机,自然不可能一一接见。我愿为大人负起遴选之责。"和珅欣然从之。

从此,郝云士摇身一变成为外来低级官吏结交和珅的中转站,加上郝云士的巧妙宣传,他家几乎每天门庭若市。对于前来请求帮忙引荐的外地官员,郝云士的遴选标准只有一个,那就是谁给的钱多,就帮谁引荐。对于不肯出大价钱的人,郝云士会毫不客气地将其撵走。凡是想求见和珅的外地官员,都必须准备两份厚礼,一份给郝云士,另一份给和珅。而对郝云士推荐的外地官员,和珅也来者不拒,毫不客气地收下他们的礼物。

好事不出门,坏事传千里。郝云士这个后门一开,全国各地有很多县令都渴望能够攀附和珅。起初来请郝云士帮忙的多为华北地区的一些县令,事情传出去后,很多江南地区的县令也千里迢迢跑到北京来求见郝云士。

为安全起见,郝云士奉和珅之命制定了严格的保密条例:凡恶意泄密者,严惩不贷。吃人的嘴软,拿人的手短。经郝云士遴选推荐的官员,和珅大都会给予适当照顾。在这种三角交易中,郝云士干的是无本买卖,很快便积聚起了大量财富。

可是,天下没有不透风的墙,郝云士的所作所为很快就给和珅引来了一场风波。

十七皇子永璘年方十八,生性顽劣,乾隆老来得子,本应对永璘分外溺爱才是,但永璘少不更事,不爱读书,也不喜习武,整日里游手好闲,久而久之,乾隆对这个小儿子越来越疏远,其他皇子大部分都已经封王,只有永璘还是个贝勒。当然,永璘与年事已高的父皇也没有什么共同语言,父子二人渐行渐远。

一天,永璘趁乾隆外出时到乾清宫玩耍,不小心将宫里的一个玉器盘子给打碎了。按说儿子打碎父亲的一个玉器盘子,也不是什么大不了的事情,但永璘不想挨骂,便想设法补救此事。他思来想去,想到了一个人,此人便是和珅。永璘早就听说和珅非常富有,天下的宝贝应有尽有,于是出了皇宫直奔和珅府邸。

和珅听说小皇子永璘来访,忙整衣出迎。永璘见了和珅,哭诉道:"我在宫里玩耍,不小心打碎了父皇的一个玉器盘子,为了不被父皇责骂,特来求和大人帮忙。"和珅笑道:"皇宫里的宝贝世上罕有,我实在是爱莫能助呀!"永璘也不拐弯抹角,直截了当地说:"天下谁不知道和大人您富可敌国,区区一个玉器盘子,有何难哉!"和珅继续推脱道:"贝勒爷回去跟皇上道个歉就没事了,何必在此大费周章?"

永璘见和珅不肯帮忙,赌气道:"如果和大人不肯帮忙,我便不走了。"和珅拗不过他,只好答应说:"贝勒爷随我来,我家藏宝阁里有很多玉器盘子,你挑一个差不多的便是。"永璘大喜,跟着和珅来到藏宝阁,从100多个玉器盘子中选了一个与自己打碎的那个差不多的,然后火速赶回皇宫,将玉器盘子放回原位,并嘱咐宫中的太监宫女不得声张。就这样,永璘导演了一场偷梁换柱的好戏。

在清代,皇家的开支皆由内务府拨给。乾隆自己生活铺张,对皇子皇孙的要求却非常严格,皇子每个月只有为数不多的一笔钱。在朝廷担任职务的皇子可以再从户部领些俸禄,像永璘这样没有职务的,生活就比较拮据了。永璘打小长在皇宫，养尊处优惯了，自然过不惯穷日子；而且他已经成年，乾隆平时很少照顾他，加上永璘的母亲不得宠，所以，永璘很是苦恼，他没有什么雄心壮志，只想维持现状。

永璘日思夜想，一天，他在自己府中吃饭，吃完饭后对着盘子发呆，突然想起自己曾经去和珅府上借过一个玉器盘子的事。他目睹了和第的富丽堂皇，也见识了和珅的出手阔绰，他进一步深思：和珅的俸禄一年也就几万两银子，他就是不吃不喝也攒不下那么大的家业。早就听说和珅贪污受贿，他这些定是不义之财。既然如此，何不让财大气粗的和珅分自己一杯羹呢？

打定主意后，永璘再次造访和珅，和珅见了他，笑着说："贝勒爷这次来，难不成又是跟我借什么宝贝来啦？"永璘说："和大人，请屏退左右，我有难言的苦衷要跟你讲。"和珅屏退旁人后，永璘说："和大人家财万贯，可否资助我这个穷贝勒一些？"和珅正色道："我的家业都是自己辛辛苦苦挣下来的，岂能说给谁就给谁。"

永璘也变了脸色："亏我父皇对你信任有加，你却贪赃枉法，你对得起我父皇对你的知遇之恩吗？"和珅心中一惊，说："贝勒爷何出此言？"永璘冷笑道："若要人不知，除非己莫为。你多年来贪污受贿，聚敛了大量不义之财。别人不知道，我可都清楚着呢。"和珅惶恐道："贝勒爷不可信口雌黄，须知祸从口出。"永璘怒道："我能有什么祸，不过就是换了你的一个玉器盘子而已，而你却纵容郝云士做你的捐客，公然在天子脚下结党营私。"

和珅见永璘说出郝云士的名字，不由大惊失色："你如何得知此事？"永璘面露得意之色："我如何得知并不重要，重要的是我并不想泄密，我很乐意为和大人保守秘密。"和珅试探道："你想如何？"永璘说："请和大人拔九牛一毛于我，我定会守口如瓶。"和珅笑道："原来你是冲着我的钱来的，说吧，你想要多少？"永璘笑嘻嘻地说："不多，500万两银子。"和珅有些恼怒地说："什么，500万两银子？你当我的钱都是大风刮来的不成？"永璘冷笑一声："500万两银子还多吗？我堂堂一个贝勒爷，难道你以为我是叫花子不成？"和珅说："你这是明抢呀，500万两银子太多，我一时无法筹措。"永璘沉吟片刻，决定先退一步："你可以先给我200万两银子，剩下的300万两银子可以缓一缓。"

和珅无奈，只好吩咐管家刘全给永璘拿来几张巨额银票。永璘毫不客气地接过来，笑道："你贪了我父皇的钱，现在转到我的手里，可谓天经地义！"和珅虽然气愤，但也只能是哑巴吃黄连——有苦说不出。

永璘扬长而去后，和珅对刘全说："他若不是皇子，我必将他灭口。"刘全安慰道："他虽是皇子，但更是个贪财之徒，这种人并不可怕，老爷尽管放心。"

和珅也松了口气，说道："是啊，所幸此人可以用钱摆平，否则就麻烦了。"刘全说："当务之急是赶紧叫停郝云士，不能让他坏了老爷的事！"

和珅深以为然，忙勒令郝云士停止一切对外活动。郝云士不明就里，问道："大人的权力网正在全国范围内迅速铺开，为何要暂停呢？"和珅责备他道："你办事过于招摇，亏你还能掐会算的，竟然如此没有自知之明，误我不浅啊！"

郝云士的事情刚告一段落，和珅的心腹管家刘全却惹上事了。

清朝初期，眼镜从欧洲流入中国，但康熙与雍正一直没有对眼镜给予太多的重视；直到乾隆年间，眼镜这种稀罕物件还只有王公贵族在使用。和珅虽然是个读书人，但视力一直很好，从来没有用过眼镜。有一次，刘全戴着一副眼镜翻看账目，被和珅撞见，和珅取笑他说："就你肚子里的那点墨水，还好意思戴眼镜？"刘全笑道："我年纪大了，有些老眼昏花，不过这眼镜确实是个好东西，现在那么多文人学士，如果我们从欧洲进口一批眼镜来销售的话，肯定不愁卖。"

和珅一直保持着商人特有的敏感，当下拊掌称善道："你真是一语点醒梦中人，眼镜在国内确实有巨大的市场。这件事就交给你了，你想办法联系几个欧洲的商人，从国外进口一批眼镜，相信一定可以大赚一笔。"

刘全领命后迅速张罗起来，三个月后，几个欧洲商人经海路运来10万副眼镜。和珅令刘全负责，刘全也颇具商业头脑，短短几个月时间，全国各地几乎都有了售卖眼镜的店铺。市场的反应让和珅大喜过望，刘全从国外进口的第一批货很快就一售而空。

半年后，和珅又命刘全从国外进口了20万副眼镜，也很快就售卖一空。刘全销售眼镜有功，为和珅赚了很多钱。和珅对刘全也极为大方，将眼镜生意赚来的钱三七开，自己留七成，剩下的三成全部分给刘全。每副眼镜的进口价也就十几两银子，和珅与刘全一倒手以50两银子的价格卖出，不到一年时间就卖了30万副眼镜，每副获利超过30两银子，获利共计超过900万两银子！

和珅作为朝廷大员，不太方便直接从事商业活动。管家刘全是他毕生信任的为数不多的几个人之一，因而也当仁不让地担负起了具体实施的任务。和珅的家产数不胜数，但他并不满足于把钱存到钱庄里吃利息，他对商业活动的涉猎是极为广泛的，最早的时候只是开当铺，后来扩大到客栈、酒楼等行业。由于手握大权，又有乾隆这个大靠山，无论做什么生意，他总能做得风生水起，刘全作为具体操办人自然也获利丰厚。

紧随和珅发家之后，刘全在北京盖起了豪宅大院，计有大小房屋100间，平日出行乘坐的都是三匹马拉的大型豪华马车。在和珅的默许和纵容下，刘全还做起了自己的营生，主要从事当铺和高利贷生意。

一人得道，鸡犬升天。和珅出任首席军机大臣后，刘全也越来越骄纵——他不再满足于传统行业的微薄利润，堂而皇之地在京城开起了赌场和妓院。为了排挤和打击商场上的对手，刘全狐假虎威，打着和珅的旗号为自己的生意开路。

一直以来，刘全有个心愿，那就是垄断京城的当铺生意——他仗着有和珅作后台，自然是有恃无恐。他在自己的酒店里设了一个鸿门宴，宴请北京城里所有的当铺老板。席间，他提出要出资购买北京的其他当铺，并给出了相对丰厚的价格——前来赴宴的当铺老板畏惧和珅的权势，都投鼠忌器，向刘全妥协了。得陇望蜀、欲壑难填的刘全不仅在京城商界搞垄断，还四处出击，广交各地商界大佬，试图染指全国市场。

刘全的种种作为，引起了一个人的不满，他就是监察御史曹锡宝。

曹锡宝是江南人，乾隆初年以举人的身份考授内阁中书，出任军机章京，后来又参加科举，考中进士，屡经辗转，被乾隆授为陕西道监察御史。

曹锡宝对和珅的所作所为一向不满，但和珅的党羽遍布朝廷内外，就连皇帝也偏袒他，一时间谁也不敢轻易动他。曹锡宝这次听到刘全欺行霸市的消息后，经过一番调查，准备从刘全入手，弹劾他的各种吃穿用度超出一个管家应有的规格，有僭越之罪。

他写好奏折后，担心言词上有不妥之处，就想找个人商量润色一下。他想来想去，想到了与自己同乡，又有过同窗之谊的吴省钦。但他万万没有想到，吴省钦已经投靠和珅。吴省钦正愁没有机会向和珅示好，于是先稳住曹锡宝，然后快马通报正在热河避暑山庄陪乾隆消暑的和珅。

和珅赶紧派人命刘全迅速拆掉其逾制房屋，烧掉超过规格的车舆，把不该穿戴的东西统统销毁，不留一丝痕迹。等到曹锡宝的奏折呈递给乾隆时，刘全家中一切逾制的东西已经完全销毁。

同时，和珅又给乾隆上了一道奏折，说自己平时对属下警戒约束十分严格，但是或许自己随从护驾在外，奴仆无人管束，在外惹是生非，请求严格查办，加重惩罚。

乾隆命令留在京城处理政务的亲王大臣召见曹锡宝询问情况，又命令亲王大臣派人和曹锡宝一起到刘全家搜查，结果什么也没有发现。于是，乾隆命曹锡宝到热河当面责问，斥责曹锡宝凭空捏造，弹劾刘全是假，借机打击和珅是真，完全是公报私仇、图谋报复。

事已至此，曹锡宝无奈，只得承认自己鲁莽轻率，改口说自己是为了防微杜渐，给和大人预先提示，让他约束好家人、仆从，免得到时惹出乱子来，反而为家人所累。他这次参奏过于冒昧，措辞欠妥，理当受罚。

最后，乾隆颁下手谕说："朕平时任用人才，处理政事，从来没有事先猜疑别人心存欺诈，或怀疑别人不诚信的想法，如果委任群臣百官却不能示人以诚，凭着一时没有根据的谈论，仓促地给别人罗织罪名，使得全天下的人重足而立，侧目而视，朕又如何面对群臣呢？曹锡宝没有查清实际情况，仅以书生拘泥迂腐的见解，假托是合于正道的话来向君王进言，姑且宽恕他的罪行，改为革职留任。"

曹锡宝这次冒着危险弹劾和珅，不但没有扳倒和珅，反而受罚，最后郁郁而终。

第二十章　逐英使无意通商

和珅能够屡屡化险为夷，与他的机智及出色的应变能力是分不开的，同时，他的语言天赋也为乾隆所器重。

鉴于和珅会说几门民族语言，乾隆任命和珅为理藩院尚书，总理蒙古、西藏、新疆等少数民族地区事务。

当东方的清朝统治者沉湎于自己天朝上国的美梦时，西欧的一个岛国正在以前所未有的速度崛起——17世纪中期，英国爆发了资产阶级革命，确立了君主立宪制。资本主义政治体制极大地促进了英国国内的生产力，使英国经济得以迅速发展。乾隆年间，改变世界的工业革命在英国铺天盖地地展开，人类从此进入了新时代。

英国在经济飞速发展的同时也加快了对外侵略扩张的脚步，非洲和北美洲的很多国家都被英军占领。侵略者从来都是穷凶极恶的，英国殖民者也不例外，他们对各个殖民地的民众进行敲骨吸髓般的压榨。1775年，英属北美十三州发动反英起义；次年，起义领袖华盛顿签署《独立宣言》，美国自此诞生。英国军队和美国军队酣战数年，起初美军不敌英军，后来由于法国向英国宣战，战场上的形势发生了逆转。在法军和美军的联合进攻下，英军最终战败，一个从废墟上建立起来的国家逐渐跻身世界民族之林。

英国虽然失去了部分殖民地，但依然是世界上最强大的殖民国家。乾隆后期，即18世纪末，英国工业革命如火如荼地进行着，殖民侵略使得英国的资本主义经济空前繁荣，英国当时的煤炭产量和钢铁产量比世界上其他国家加起来还要多。

为了适应新的形势,英国迫切需要开发新的市场。这时,东方的中国引起了英国的注意,但由于清王朝长期奉行闭关锁国政策,很多西方国家对中国并不了解。英国主流社会一直认为中国是一个繁荣昌盛的伟大国度,基于这样一种认识,英国非常急切地想与中国通商往来。

乾隆五十七年(1792年),英国国王乔治三世派使臣马戛尔尼率团访问中国,目的是为大英帝国开辟新的市场。

马戛尔尼是一位经验丰富的外交家,曾奉命与沙俄谈判,后长期在多个英属殖民地任职。他是一个很有才能的人,深受英国朝野两党的赞赏。

以当时的情况来说,中英两国的贸易现状亟须改变。自从英国到中国开辟市场,及至两国发生贸易关系以来,相比欧洲其他国家的商人,英国人在中国的地位并没有多大改善。基于此,英国政府希望通过马戛尔尼使团访华,改善中英之间的关系和现行贸易体制。

当时,广州一口通商已无法满足英国对华贸易的需要。英国国王应英国东印度公司的请求,派凯思·卡特为使臣,前往中国交涉通商事务,并谋求建立外交关系,不料凯思·卡特在途中病故,此事便耽搁下来。

其实,乾隆早在执政前期就决定关闭宁波、泉州和云台山(今连云港市)等通商口岸,仅留广州一港与外国商船进行贸易,并且严格规定了贸易制度,包括外国商人每年在广州的逗留时间、住处与活动范围等,同时规定只有"十三行"的行商才能与洋人接触,进行贸易,一般百姓不能与洋人来往。这使英国对华贸易受到了很大限制。

这次英国派遣马戛尔尼使团访华,目的是想通过与清王朝谈判,取消清廷在对外贸易中的种种限制和禁令,打开中国门户,开拓中国市场;同时也是为了搜集有关清朝的情报,评估清朝的实力,为英国政府的下一步行动提供参考。

曾在英国东印度公司担任过监督委员会主席的邓达斯告诫马戛尔尼说:"你一到中国便要受到接见,一定要遵守中国朝廷的礼仪,既不要损害自己君主的尊严，也不要被礼仪上的小事束缚住手脚。"

同年九月，马戛尔尼使团700余人，分乘三艘战舰从英国本土的朴次茅斯港启航驶向遥远的中国。这三艘战舰上运载着英国送给乾隆的很多礼物，包括地球仪、望远镜、气压计等科学仪器，还有蒸汽机、织布机等工业机器。为了最大限度地讨好乾隆，英国人甚至将他们当时最先进的武器迫击炮、榴弹炮等作为礼物送给乾隆。

乾隆五十八年（1793年），马戛尔尼一行先在在澳门逗留数日后再次启航北上，终于于这年夏天抵达天津大沽口。他们在天津登陆后，发现迎接他们的不是鲜花和掌声，而是让他们瞠目结舌的一幕：当地的清军登上英国战舰，在战舰插上了很多小旗，旗帜上用中国文字写着"英吉利贡使"五个字。

乾隆听说英国使团前来"进贡"，倒也颇为重视，命令钦差大臣徵瑞、天津道乔人杰和通州副将王文雄全程负责接待事宜，并委派和珅相机处理相关事务。

马戛尔尼一行进入京师后，被安排在城内和西郊居住。当时乾隆正在承德避暑山庄，并决定在此举办他的83岁寿辰庆典。于是，马戛尔尼一行分成两部分，一部分人由他亲自率领，赶往热河乾隆驻地，另一部分人则暂时留在北京。

在与马戛尔尼接洽时，和珅发现英国人的礼仪与中国大不相同，于是对远道而来的马戛尔尼说："你既然来到中国，就得遵守中国人的礼节，这叫入乡随俗。在拜见我国皇帝时，必须行三跪九叩的大礼。"

马戛尔尼反驳道："我们英国是日不落帝国，我们使团远道而来，不是向你们的皇帝进贡来的，我们两国的关系是平等的。我们英国有我们自己的礼节，或脱帽，或握手，让我们给你们的皇帝下跪磕头是绝对不可能的。"

和珅坚持道："你若不肯磕头的话，我们的皇上是不会见你的，你自己看着办吧。"

由于和珅态度强硬，双方的谈判一度中断。与和珅有过一定的接触后，英国使者感到这个中国官员不简单，态度也不像之前那么强硬了。

据英国使团的斯当东记载："和珅总是跟随在皇帝御驾后面。当皇帝停下轿子差人走过来向特使（马戛尔尼）加以慰问的时候，几个官员过去在和中堂轿前下跪致敬。值得注意的是，除了和中堂之外，没有其他大臣和皇亲跟随着皇帝陛下，足见和中堂地位之特殊。"

后来又经过几次磋商，双方各有让步，也各有保留，约定祝寿大典前举行一次礼节性招待宴会，允许英国正、副使臣行英国礼——即单腿跪拜，但没有让他们亲乾隆的手。但是在八月十三日（即乾隆生日当天），在澹泊敬诚殿举行的万寿盛典之日，英国使臣一律要行"三跪九叩首"礼。

乾隆在避暑山庄万树园接见了马戛尔尼。马戛尔尼行过礼后，向乾隆呈递了英王的信件，并送上几只西洋表作为礼品。

英国国王乔治三世在信中说：

"我乔治三世代表大不列颠、爱尔兰和印度，祝中国大皇帝万岁万万岁。

"我知道中国地域辽阔，管理的百姓也多，皇上您操心天下大事，不但是中国，就连外国，都要您去保护，这些国家都心悦诚服，皇上您太操劳了。

"如今全球各国都说，只有中国皇帝统治的地方，制度才是完善的，所以我也越来越神往。皇上，今年是您的八十三岁大寿，我向您进献贡品，盼您能体恤我们。"

这是英国国王第一次给大清帝国写国书，所以措辞非常严谨，只不过按照中国的封建礼法来翻译，自然就变成了一篇歌功颂德和谀意奉承的文章，乾隆不免有些飘飘然了。

随后，乾隆问马戛尔尼道："你们英国离我们大清到底有多远啊？"

马戛尔尼回答道："皇帝陛下，我国与贵国相隔万里。"

乾隆又问："你们的国王是怎么治理国家的？"

马戛尔尼说："我们国家实行的是君主立宪制，一切权力都掌握在内阁手中，国王很少过问政事。"

乾隆一副难以置信的模样，说："你们洋人真是匪夷所思，我大清法度森严，你既然万里迢迢跑来了，就多转一转，回去以后好好弘扬我大清的威德。"

马戛尔尼忙转入正题："陛下，我此行的主要目的是想与贵国建立贸易关系，与贵国互通有无。"

乾隆摆摆手说："具体的事情你找和大人谈吧，朕赏你黄金一万两，算是给你们使团接风洗尘。"

马戛尔尼领命谢恩。实际上，乾隆对与英国通商毫无兴趣，于是示意和珅打发他们回去。

和珅得到报告说英国人因远涉重洋，水土不服，已经病倒了三人，便以此为借口，对马戛尔尼说："公使先生，听说贵国使团中有几位随员不幸病倒，我代表皇上表示慰问。中国和英国气候差异很大，尤其入冬以后，中国北方天寒地冻，你们远道而来，本来应该留你们多住些日子，但鉴于这种情况，皇上体谅你们，只好让你们早些回国了。"

原本是打发别人走的话，但从和珅嘴里说出来，反而成了处处为对方着想。马戛尔尼访华的目的没有达成，怎肯轻易回国，他说："和大人，我们此次前来主要是想与贵国加强贸易往来。"

和珅说："我大清地大物博、无所不有，完全可以自给自足。"

马戛尔尼笑道："据我所知，你们现在用的眼镜就是我们欧洲制造的。"

和珅并不气恼，从容说道："不错，眼镜确实是你们制造的，你说吧，你们想如何通商？"

马戛尔尼表示，英国有六项请求：

第一，允许英商到宁波、舟山和天津贸易；

第二，允许英商像以前的俄商那样，在北京设立商馆；

第三，将舟山附近的一处海岛让给英国商人居住和收存货物；

第四，在广州附近划出一块地方，任英国人自由来往，不加禁止；

第五，英国商货自澳门运往广州者，享受免税或减税；

第六，确定船只关税条例，照例上税，不额外加征。

和珅听后不卑不亢地说："足下是想在大清国土上建立一个国中之国吗？"

马戛尔尼连忙否认道："当然不是，如果贵国有不同意见，我们还可以商量。"

和珅皮笑肉不笑地说："贵国想要使用中国的土地又不允许我们设防，这种事能怎么商量呢？"

马戛尔尼一时无言以对。和珅见气氛有些僵，忙让人拿来乾隆赐给英使的礼物，向马戛尔尼诉说其妙处。这些难得一见的珍贵礼物，加上和珅的巧舌如簧，使马戛尔尼暂时忘记了刚才的不愉快，将通商的事暂且放在一边。

事后，和珅将英使的要求呈报乾隆，乾隆坚决反对，并下了一道谕旨说："我大清物产丰富，应有尽有，本不需外夷货物。因为茶叶、瓷器、丝绸乃西洋各国必需的东西，朕体谅西洋各国的难处，所以准许在澳门开设洋行，满足夷人所需。至于额外贸易之事，与大清法度不合，不准进行。大清法度森严，每一寸土地都不容分制。英国人请求赏地一事，绝对不能容许。至于英商免税、减税一事，西洋各国一律平等，也不方便单独减少英国的税费。公布准则一节，粤海关向来有定例，无须另行晓谕。"

第二天，和珅便召见马戛尔尼，把乾隆回复英国的国书交给他，示意他马上率团回国。马戛尔尼仍不死心，说："我们可以谈判吗？贵国有什么条件尽管提出来。"

和珅严肃地说："租借岛屿一类的事情是不可以谈判的。"

马戛尔尼说："难道一点商量的余地也没有吗？"

和珅说："这里已经不欢迎你了，请你带上你的人立刻回国吧，先生！"

说完，和珅拂袖而去，马戛尔尼坐在谈判桌前呆若木鸡。

马戛尔尼的要求几乎都被清廷拒绝了，但事后他并没有立即回国，而是辗转各地考察。在为时数月的考察中，他看到了中国老百姓的贫困与落后，认为乾隆时期的中国是一座雄伟的废墟。试想一下，如果乾隆当时能奉行较为开放的外交政策，大量引进西方的机器和技术的话，近代中国可能就完全是另外一个样子了。马戛尔尼回国后，对中国的未来做出了一个大胆的预言：清朝一日不灭亡，中国将永无崛起之日。

在这次接待英国使团的过程中，和珅仍然没有忘记中饱私囊，指使属下报销大大超出实际数额的使团差旅以及接待费用。此外，他还接受了马戛尔尼赠送的一辆四轮玻璃大马车。

第二十一章　结皇亲攀龙附凤

为了巩固自己的地位，和珅除了做好本职工作外，还额外花了很多心思去讨好乾隆。他知道要讨好一个人，去讨好对方喜欢的人更为方便有效。而乾隆最宠爱的莫过于十公主，即固伦和孝公主。

因此，当长子诞生后，和珅欣喜若狂，因为乾隆最小的女儿也在这一年诞生，这个小公主排行第十，因此被称为十公主。

十公主日渐长大，乾隆因其相貌与自己相似而对她极为宠爱。和珅下定决心，要让长子娶到乾隆最宠爱的小公主。

和珅的长子自幼眉清目秀，继承了和珅俊朗的长相，活脱脱一个小和珅。乾隆也很喜欢他，赐名丰绅殷德。"丰绅"二字在满语中是"有福泽"的意思，即希望丰绅殷德福祉长远。

和珅非常疼爱丰绅殷德，丰绅殷德3岁时，和珅便给他请了先生，等到7岁时，丰绅殷德已经能够熟读四书五经。

由于和珅与乾隆关系十分密切，和珅又经常带丰绅殷德进宫与小公主一起玩耍，所以丰绅殷德和十公主可谓青梅竹马、两小无猜。和珅很喜欢十公主，常常说笑话逗她开心，还给她买一些小玩具，如小鸡、小狗。有时奉乾隆之命去外地巡察，和珅也会带当地的特色物品回来供十公主赏玩，因此十公主一见到和珅，就会飞奔前去，扑进他的怀里。

丰绅殷德长得挺拔俊秀，乾隆非常喜爱他，有意将十公主许配给他，而和珅也正想攀龙附凤，于是丰绅殷德和十公主很早便订立了婚约。

乾隆五十三年（1788年），十公主13岁，被册封为固伦公主，并开始留起头发，准备出嫁。留头发是满族的风俗，未婚女子出嫁前都要留起头发，意为该女子马上要结婚了。同时，乾隆还赏给她许多绫罗绸缎、珠宝玉器。

在清代，一般只有中宫皇后生的女儿才能被封为固伦公主，其品级相当于亲王。十公主乃惇妃所生，按理只能被封为和硕公主，其品级相当于郡王。乾隆破格将十公主封为固伦公主，可见他对十公主的宠爱程度之深。

乾隆五十四年（1789年），乾隆下旨命十公主与丰绅殷德完婚。大婚当天，整个北京城张灯结彩，朝中文武百官齐聚和第庆贺。乾隆给十公主送的嫁妆非常丰厚，不仅赏赐大量土地和庄丁，还有各种奇玩珍宝。

从此，乾隆与和珅不仅是君臣，还成了儿女亲家。

十公主与丰绅殷德婚后不久，乾隆就下令在北京为十公主建立公主府，因为按照清朝规制，公主出嫁后不能将驸马家作为永久居所。公主出嫁后三年之内，内务府应拨款为出嫁的公主建造公主府，公主府建成之后，驸马必须随公主一起入住并将公主府作为自己真正的家。作为皇帝的女婿，驸马不准纳妾，就算公主死后也不能续弦，必须为公主守节。

丰绅殷德与十公主的婚后生活还算融洽，但两人性格却迥然不同。丰绅殷德是一个典型的书生，老成持重，不苟言笑；而十公主性格外向，天性好武，经常去郊外打猎。两人在一起时，经常出现公主一人谈笑风生，而丰绅殷德默然无语的场面。

作为和珅唯一的儿子，丰绅殷德一出生就可以继承爵位，成为驸马后更是志得意满，担任朝廷各种要职、肥缺。一天夜里，丰绅殷德来到公主的房间，隔着帘子向公主请安，公主让他进去，丰绅殷德才与公主同枕共眠。两人激情缱绻一番后，公主对丰绅殷德说："你父亲在朝中的名声不太好，你若不趁着现在年轻建功立业，将来你父亲若有个三长两短，我也得跟着你受罪。"丰绅殷德叹道："父亲为官不良的事情我也知道，至于将来的祸福，听天由命吧。"

他们婚后不久便生了一个儿子，十公主全身心地投入到幼子的抚养教育上，而丰绅殷德公务繁忙，所以两人的感情也出现过裂痕。所幸丰绅殷德很喜欢自己的儿子，一家人总的来说还算是其乐融融。可惜天意弄人，他们的幼儿早夭，十公主和丰绅殷德为此悲痛欲绝。和珅听到消息后也伤心不已。

一天，十七皇子永璘到丰绅殷德家做客，丰绅殷德与十公主殷勤接待，三人相谈甚欢。十公主嫁给丰绅殷德后，永璘经常过来探望，一来二去的，丰绅殷德与永璘的关系也变得非同一般了。

自诩为"十全老人"的乾隆一生文武兼修，年逾八旬还经常外出打猎。有一次，乾隆出门打猎，几位皇子皇孙随行，十公主也奉诏陪同。到了木兰围场后，随行的御林军排开阵势，方圆十里尽在覆盖之中。乾隆命令皇子们各自出击，看谁能够满载而归。十公主也不甘落后，奋勇争先。围猎结束后，乾隆命人清点猎物，十公主巾帼不让须眉，捕获了很多猎物。乾隆见状不禁感叹道："十公主若是男儿身，朕必封其为太子。"

作为年轻人，丰绅殷德和十公主都富于浪漫情怀和冒险精神。十公主从小在皇宫长大，丰绅殷德也几乎没有出过北京城，所以，他们对外面的世界十分向往。丰绅殷德有个沙俄朋友叫高盛，是西伯利亚人，出于对中国的好奇而到中国游学，丰绅殷德经常听他说东方的中国不过是世界的一隅，在西方的土地上还有无数神秘的国度。

十公主和丰绅殷德结婚数年后，两人上奏乾隆，想要出国旅游。乾隆回复道："朕早就知道大清之外异邦甚多，你二人既然想去外面探索未知世界，朕支持你们！只是有一点要谨记，出国后，你们每到一处都要密切留意当地的政治、经济、军事和民生问题，回国后向朕提交一份言简意赅的考察报告。"

十公主和丰绅殷德满口答应下来，随后，他们请高盛当向导，从北京出发，经东北三省一路北上，然后向西横穿西伯利亚来到沙俄的首都莫斯科。

当时的沙俄也是一个农业国家,农民靠天吃饭,很多方面跟中国大同小异。离开莫斯科后,他们一路向西来到沙俄的"欧洲之窗"圣彼得堡,圣彼得堡是沙俄的陪都,其繁华程度不亚于北京。

在沙俄逗留一段时间后,高盛带着十公主和丰绅殷德横穿东欧大陆,进入西欧大陆,首先来到法国,当时法国正处于大革命时期,政局很不稳定。一连数日,高盛带着十公主和丰绅殷德徜徉在巴黎的大街小巷,他对丰绅殷德开玩笑说:"巴黎什么都好,就是不像北京那样有那么多的花街柳巷。"丰绅殷德笑而不答。

在法国各地的所见所闻,使丰绅殷德和十公主感觉到,与沙俄、中国不同,法国是一个工业国家,工人比农民多得多,工厂里面有不少先进的机器设备,生产效率非常高。法国的老百姓也普遍比较富裕。

高盛告诉十公主和丰绅殷德:"法国和英国是欧洲最强大的两个殖民国家,它们在非洲和美洲拥有大量殖民地。工业革命的兴起使得英、法两国率先进入工业时代。"

法国之行结束后,高盛又带着十公主和丰绅殷德巡游了南欧的巴尔干半岛和北欧的斯堪的纳维亚半岛。一年多后,十公主和丰绅殷德由原路返回中国。

回到北京后,丰绅殷德写了一篇叙述欧洲见闻的文章呈送乾隆。他在文章中特别提到了机器工业给欧洲带来的日新月异的变化,以及英法两国的海外殖民扩张政策等。

乾隆看完文章后,亲自召见了丰绅殷德,对他说:"你所说的机器工业对我们国家来说是不可行的——几千年来,我国一直是一个农业国家,如果让农民都去工厂里做工,那国人都得饿死。至于对外搞殖民扩张,大清的疆域已经够大的了,没有必要那样做。"

丰绅殷德说:"我和公主去过欧洲的很多大城市,就繁华程度而言,北京丝毫不亚于那些城市,美中不足的是北京的花街柳巷太多,搞得整个城市乌烟瘴气的。堂堂天子脚下,这样成何体统?请皇上下令整饬!"

乾隆说："朕早些年与你父亲探讨过这件事，他反对打破传统，后来也就不了了之了。"

丰绅殷德继续进谏道："在全国范围内进行整顿确实不太现实，但至少应该在北京清除妓院和赌场，逐步改变社会风气。"

乾隆笑道："既然你有此壮志，朕就命你负责此事，务必在三个月内彻底清除北京的妓院和赌场。"

随后，丰绅殷德亲自带兵查封了北京的所有妓院和赌场——很多妓院和赌场的老板被逮捕，交了保释金后又马上被释放——没有了花街柳巷，北京老百姓走在大街上顿感风气一新。

乾隆限令丰绅殷德在三个月内清除妓院和赌场，而他三天之内就办完了。就在他沾沾自喜之时，下属报告说，北京的妓院和赌场又死灰复燃了。这是怎么回事呢？原来，自从朝廷下令关停妓院和赌场后，很多妓女和赌徒都失业了，不得不暗中寻找新的途径来重操旧业，于是，很多招牌上写着旅馆、客栈的场所纷纷成为妓女和赌徒的藏身之所——大街上一下子多了很多拉皮条的掮客。

丰绅殷德通过暗访了解到北京地下妓院和赌场的实情后，有条不紊地指挥下属严查每一家涉嫌参与经营黄赌的场所。他还亲自带领属下官员深入民间，宣传黄赌的危害，鼓励民众揭发社会上的不法行为。在他的不懈努力之下，北京的妓院和赌场纷纷转移出了京城。

由于丰绅殷德在肃清北京妓院和赌场的工作中成绩斐然，乾隆任命他为正黄旗护军统领。后来，为了表彰丰绅殷德在工作中的雷厉风行，乾隆又任命他为二品散秩大臣，负责警备皇宫。

在官场的磨炼中，丰绅殷德逐渐领悟到了能言善辩的重要性，加上他本人平易近人，完全不像他的父亲和珅那样玩弄心机、盛气凌人，因此他很快就和同僚们熟络起来。乾隆见他成长迅速，也大加赞赏，感叹自己没有选错人。

另外，在家学渊源的影响下，丰绅殷德对诗词歌赋颇感兴趣，他的诗作多流露出一种恬淡无为的道家精神，后来他还曾自号"天爵道人"。

  为了让丰绅殷德到军中历练,和珅请求乾隆恩准丰绅殷德到湘黔清军中视察,把握军中的兵士动态,积累资历,以利于日后的提拔。

  和珅的如意算盘倒是打得很好,可惜两三年之后,一条白绫夺走了他的性命,也宣告了丰绅殷德政治生涯的基本完结。

第二十二章　除福崧党同伐异

和珅深得乾隆的宠信，并与乾隆结成了儿女亲家，但他与乾隆毕竟相差约39岁，随着乾隆日益老迈，他逐渐感觉到自己前途堪忧。而乾隆一直没有明确地立过太子，和珅即使想巴结未来的新皇帝也苦于没有目标，怎么办呢？他思来想去，觉得一切只能靠自己，只有将更多的权力掌握在自己手中，才能保证自己日后平安无事。在这种心理的驱动下，和珅加快了在朝中广植党羽的步伐，除了在京的官员外，外省督抚也是他笼络的重要对象。他对待外省督抚有一个重要标准：凡是肯给他送礼或主动上门结交的，他就把对方当作自己人，一有机会就想方设法为自己人谋取好处；反之，如果既不给他送礼也从不登门拜访，他就会暗中将对方列入异己的黑名单。

时有浙江巡抚福崧偏偏不买和珅的账。福崧是满洲正黄旗人，湖广总督硕色之孙，曾跟随朝中老臣阿桂南征北战，东讨西伐。有一次，他奉命率军攻城，城上矢石如雨，他奋不顾身，率先登城，头上的花翎都被打掉了仍奋勇冲杀。破城后，福崧浑身是血。阿桂嘉其勇，屡升其职。在阿桂的举荐下，福崧官至浙江巡抚，荣耀一时。可以说，福崧的官位是靠自己出生入死、一刀一枪拼出来的。出任浙江巡抚后，福崧会按规定进京述职。有　年，福崧进京述职，和珅派人请福崧到自己家中做客，但福崧向来对和珅不屑一顾，便回绝了和珅，两人的梁子自此结下。

和珅在浙江有一个亲信名叫全德，任两淮盐政。与福崧交恶后，和珅命令全德注意搜集福崧及其手下的犯罪证据。为了向和珅尽忠表功，全德开始暗中调查福崧及与其关系比较密切的部下。功夫不负有心人，几个月后，全德查到两淮盐运使柴桢私自挪用了府库银子20多万两，而福崧作为浙江巡抚，对此置若罔闻。随后，全德又私自查阅盐道旧档，发现柴桢有"馈福公金一千两"的记录。

全德将自己暗访到的情况一五一十地向和珅作了汇报，和珅对全德查到的"馈福公金一千两"的线索有些拿不准，因为他知道自己的好友福长安与江南某些官员有不少秘密交易，于是，他将福长安请到自己府上，试探道："听说你收了两淮盐运使柴桢1000两黄金，可有此事？"

福长安与和珅交情深厚，遂承认道："确有此事，和大人是怎么知道的？"

和珅装腔作势地说："此事已在江南传开，我看不久就会传到皇上的耳朵里。"

福长安吓得面如土色，哭丧着脸说："不可能吧，我和柴桢只是私下交易，怎么会搞得人尽皆知？"

和珅也不卖关子，有一说一："这事是我在浙江的眼线全德暗中查到的，柴桢在给你送金子的同时留下了记录。"

福长安恳求道："和大人神通广大，这次一定要救救我啊！"

和珅见福长安已入套，便将自己的计划和盘托出："实不相瞒，浙江巡抚福崧是我的死敌，我欲除之而后快，既然你与福崧的名字中都带有一个福字，不如索性将你受贿的罪证栽赃到福崧身上。"

福长安犹豫道："此事太冒险了，柴桢与福崧的关系非同一般，恐怕他不肯反口咬福崧，万一将我给抖搂出来，那我就完了。"

和珅笑道："我听说柴桢为人见利而忘义，这种人不难对付。"

福长安说："柴桢是不难对付，只是福崧岂会承认一个莫须有的罪名？久闻福崧乃行伍出身，性格刚烈，现在又贵为一省巡抚，到时候要是皇上亲自过问此案，福崧死不认罪，我们诬陷他的计划可能会流产，届时你我都难以交代。"

和珅安慰他道："放心吧，我不会让福崧见到皇上的，到时见机行事,实在不行就杀人灭口。"

福长安见和珅如此坚持,也只得同意下来。两人商议好后,和珅自信满满,福长安却忧心忡忡、惴惴不安。

随后,和珅授意两淮盐政全德告发柴桢及福崧。急于立功的全德以最快的速度给乾隆上了一道弹劾奏章,揭发两淮盐运使柴桢挪用公款、亏空府库一事,并以此弹劾浙江巡抚福崧贪污受贿、包庇下属等罪。

乾隆接到全德的奏章后,对和珅说:"有人弹劾浙江巡抚福崧和两淮盐运使柴桢贪赃枉法,你怎么看?"

和珅顺水推舟地说:"千里之堤,毁于蚁穴。现在朝廷中的贪官污吏太多了,皇上应该抓住这次机会廓清吏治。"

乾隆叹口气道:"朕不明白,这天下的贪官怎么就杀不绝呢?柴桢这个人朕不甚了解,但浙江巡抚福崧是阿桂的老部下,朕也见过他几次,他为人耿介,怎么看也不像是贪赃枉法之徒。"

和珅建议道:"耳听为虚,眼见为实,皇上可派钦差大臣赴浙江调查,事情自然会水落石出。"

乾隆也觉得此计可行,于是问道:"何人可当此重任?"

和珅说:"兵部尚书庆桂明察秋毫,铁面无私,派他去浙江查案,可保万无一失。"

兵部尚书庆桂是满洲镶黄旗人,大学士尹继善的儿子,以荫生授户部员外郎,历任内阁学士、副都统、参赞大臣、将军、都统,擢工部,调兵部尚书,署理甘肃总督。乾隆对庆桂的印象一直不错,只是有一点他被蒙在鼓里,那就是庆桂与和珅的关系非常密切,和珅一直把庆桂当成是自己人,庆桂也愿意依附和珅。

乾隆在任命庆桂为钦差大臣的同时,又下令福崧、柴桢即日起停职,听候调查处理。庆桂临走之前,和珅约其密谈,对他说:"你此行的主要目标不是柴桢,而是福崧。福崧是我的死敌,此人不除,后患无穷。你这次去浙江,一定要想办法给福崧罗织罪名,特别是那个'馈福公金一千两'的罪名,一定要想办法加到福崧的身上。"庆桂点头道:

"和大人放心，我此去必置福崧于死地。"

庆桂到达浙江查看府库后，提审了柴桢。柴桢承认府库亏空是自己所为，庆桂问其"馈福公金一千两"是什么意思，柴桢起初不招，但在庆桂的严刑拷打下，他不得不承认那1000两黄金是送给京城的福长安大人的。庆桂闻言大怒，呵斥柴桢道："大胆柴桢，一派胡言，福长安大人怎么会与你们这些地方官交往，你简直就是疯狗乱咬人。"

柴桢混迹官场多年，顿感庆桂话中有话，遂问道："不知大人是何意，请明示。"

庆桂屏退左右，暗授玄机道："所谓'馈福公金一千两'是你送给福崧的，与福长安大人无关。你若想活命，就这样说。我会在皇上面前替你求情，放你一条生路。"

柴桢一时犹豫不决，庆桂继续恫吓道："如若不然，灭你九族！我跟你说实话吧，此案乃和珅和大人一手运作，你是死是活皆在和大人反掌之间。"

柴桢这才明白庆桂与和珅的真正目的是要对付福崧而非自己，便决定见风使舵，保住自己的身家性命要紧。

客观地讲，福崧在清朝官员中算是比较奉公守法的，但是，当时的官场大环境很是污浊，置身其中者很难做到出淤泥而不染。庆桂摆平柴桢后立即提审福崧，福崧直言不讳地说："你也是做官的，应该也知道现在官场的大环境，我出任浙江巡抚以来确实贪污了一些银子，但数额不大，只有2万两。"

庆桂开始步入正题："柴桢挪用公款，你包庇纵容，可有此事？"

福崧老实说道："不错，我是包庇过柴桢，隐瞒过朝廷。"

庆桂又问："你向柴桢索贿，柴桢送你黄金1000两，想必也是事实吧？"

福崧说："我是收过柴桢送的银子，但从来没有收过什么金子。"

庆桂呵斥道："柴桢都招了，他曾送你黄金1000两，难道你想抵赖不成？"

第二十二章　除福崧党同伐异

福崧怒道："大丈夫敢作敢为，我确实没有收过柴桢馈送的黄金。"

庆桂也怒了："铁证如山，你即使不招，我也照样办你。"

庆桂基本理清浙江的案情后，上表乾隆说："两淮盐运使柴桢挪用公款，浙江巡抚福崧贪污受贿合计白银10万两，黄金1000两。请皇上下旨，判处福崧斩立决，柴桢斩监候。"

乾隆接到庆桂的表章后，不禁有些犹豫不决。在他看来，福崧跟随阿桂征战多年，为大清的太平盛世立下过汗马功劳，这样的功臣不能说杀就杀，应该将其押解京城，经刑部再审后才能定罪。于是，乾隆下旨命庆桂将福崧押到北京，交刑部议罪。福长安得知此事后十分着急，他找到和珅说："和大人，大事不妙，皇上突然对福崧念起旧情来了，等福崧一到京城，我们的计划就彻底完蛋了。"和珅从容地笑道："你不必担心，我自有办法。"

次日，和珅求见乾隆，奏道："臣听庆桂从浙江派来的信使说，福崧俨然就是浙江的土皇帝，庆桂大人提审他时，他口出狂言，说自己为朝廷立下过赫赫战功，如今不过贪污了一些钱财，皇上想要卸磨杀驴，苍天不佑大清。"

乾隆闻言勃然大怒："竖子悖逆，竟敢诅咒我大清，简直是罪不容诛。"

和珅趁机进言："福崧居功自傲，皇上把他押解到京城来，难免他不会胡言乱语，不如将其就地处决。"

乾隆犹疑道："福崧好歹也是一省巡抚，就地正法，似有不妥吧。"

和珅早有准备，建议道："皇上英明，那就赐他自尽吧。"

乾隆正在气头上，遂命和珅传旨庆桂，让福崧于途中自尽。

话说庆桂接到乾隆要他押解福崧到京城的旨意后，怀着忐忑不安的心情，硬着头皮将福崧押进囚车，护送京城。他们刚走到山东地界，突然接到了新的旨意，乾隆在圣旨中说："浙江巡抚福崧贪赃枉法，大逆不道，为害一方，本应凌迟。今念其前功，恩赐自尽，不必再将其押解进京了。"

庆桂不由得大喜过望，对福崧说："君要臣死，臣不得不死。现在皇上赐你自尽，你还有何话可说？"

福崧大怒道："我征战半生，早已将生死置之度外，皇上定然是受了小人的蒙蔽，我死不瞑目啊。"

庆桂并不理会他，只是问道："皇上赐你自尽，你是想用剑自刎还是想用白练一条？"福崧执意不肯自尽，坚持要进京面圣："此事必有小人从中作梗，我不能死，我要去面见皇上。"庆桂见福崧不从，遂命人用毒酒将福崧毒杀。

大功告成后，庆桂回京向乾隆复旨。乾隆对自己一怒之下杀掉福崧已然感到后悔，但已经来不及了，为此他迁怒于浙江其他官员，下旨将浙江省的主要官员全部革职，两淮盐运使柴桢判处斩立决。这个时候，和珅与福长安则在家中摆宴庆功。事后，和珅也对庆桂投桃报李，给予了相应的关照。

和珅不仅通过种种手段打击异己，为了控制官吏、培植心腹，他还主动、先后担任教习庶吉士、经筵讲官、翰林院掌院学士、日讲起居注官等职务，借机安置自己的亲友、党羽到重要部门，从而打击政敌、仇家和一切自己看不上的人。

乾隆平生最崇拜自己的祖父康熙，早在执政之初，他就立下誓言，如果自己将来能够长寿的话，也绝不超过康熙执政60年的期限。乾隆五十九年（1794年）是乾隆执政的第59年，他在这一年重用十五皇子永琰，让永琰主持这一年的会试。永琰随即任命窦光鼐为会试主考官，洪亮吉为会试副考官。

会试是文人学子通往仕途的一个捷径，因此，历届会试的主考官和副考官都是肥差，营私舞弊的事情屡见不鲜。和珅曾经多次主持会试，借机捞了不少钱。这一次，窦光鼐和洪亮吉被太子永琰任命为主考官和副考官，和珅心里很不是滋味，便想借机找茬打击他们。

窦光鼐，字元调，山东诸城人，进士出身，后迁至内阁学士，被授予左都御史，督浙江学政。洪亮吉，字君直，祖籍安徽，科举高中榜眼，授编修。

当时窦光鼐任监察御史，在朝中有些威望，不太好对付，和珅便想从文字狱入手，狠狠打击一下副考官洪亮吉，因为之前他曾想结交洪亮吉，但洪亮吉不买他的账。

文人学士借诗词影射朝廷在当时是大忌，和珅暗中搜集了一些洪亮吉的诗词，经过仔细筛选，终于找到了一首涉嫌影射朝廷的诗。他如获至宝，将洪亮吉的这首问题诗句念给乾隆听：

六王虽毕间左空，男行筑城女入宫。
长城东西万余里，永巷迢迢亦无休（麻）。
宫中永巷边长城，内外结成怨苦声。
入宫讵识君王面，三十六年曾不见。

这首诗原本是洪亮吉针砭秦朝时政的一首诗，和珅在这里将其搬出来诋毁洪亮吉影射清朝，他说："皇上，洪亮吉居心叵测，影射朝廷。十五阿哥任命此人为会试考官，恐怕不妥。"

乾隆通晓诗词，听完和珅的叙述，觉得如果将洪亮吉的这首诗定性为反诗，实在是有些牵强附会，于是召军机大臣王杰前来评议。王杰启奏道："洪亮吉的大部分诗词包括这首诗在内，臣都读过，并无不妥之处。和大人举报的这首问题诗，据臣所知是洪亮吉当年读秦朝历史时随笔写下来的，并无影射之意。"

乾隆觉得王杰说得很有道理，遂责备和珅说："你当了这么多年的会试考官，难道还没有当够吗？如今我儿任命洪亮吉为会试考官，你便如此穿凿附会、断章取义，你以为朕老糊涂了吗？"

和珅惶恐道："臣一时鬼迷心窍，请皇上恕罪。"

乾隆说："朕念在你以往对朕忠心耿耿的份上，就不追究了，你好自为之吧。"

王杰在一旁见和珅被乾隆臭骂了一顿，心中很是解气，但是，王杰也意识到和珅与乾隆的关系依然十分密切，即使和珅如此"指鹿为马"地诋毁朝臣，乾隆依然没有治他的罪。

这次会试的主考官窦光鼐学识渊博，在他和洪亮吉的主持下，该年会试纪律严明，基本上没有营私舞弊的事情发生。到了阅卷环节，窦光鼐坚持以文取士，其他的一概不问。揭榜后，一件中国历史上数千年罕见的怪事出现了，就连窦光鼐本人也震惊不已——浙江考生王以銜和王以鋙兄弟两人分列第一、第二名。更离奇的是，王以銜和王以鋙兄弟曾是窦光鼐的学生。

朝廷正式放榜后，很多参加会试的考生纷纷抨击这次会试的主考官窦光鼐，并对此次会试的公平、公正性表示质疑。窦光鼐本人虽然也对王氏兄弟二人同时高中感到惊讶，但因为他自己并没有营私舞弊，心中倒也坦然，怎奈舆论哗然，乾隆不得不下旨过问。

就在舆论一片哗然之时，耐不住寂寞的和珅也不禁对窦光鼐的幼稚举动感到好笑。追溯中国科考的历史，各朝各代都非常注重省级平衡，一些朝代甚至有不成文的惯例，每次会试及第的考生名额一般是按照北方40%、南方60%来录取。明朝开国初期发生过一次南北榜争，当年的会试中被录取的50多名进士全都是南方人，朱元璋大怒，严肃处理了主持会试的主考官。从此以后，每届会试无不按照地域和省级分配名额，尤其是每届会试的前三甲，绝不会出自同一个省份。乾隆年间，政失于宽，很多约定俗成的惯例逐渐淡化，所以才会出现兄弟二人同时高中的局面。

话说此次会试同时高中的王以銜和王以鋙兄弟祖籍安徽，后来迁居浙江，其祖上以耕读传家，兄弟二人自幼聪明过人，是当地有名的神童。长大后，二人均师从窦光鼐，窦光鼐在浙江任学政期间对他们兄弟颇为欣赏。此次会试的题目是窦光鼐出的，兄弟二人深得窦光鼐的真传，但这并不能说明窦光鼐营私舞弊。

面对此起彼伏的讨伐声，窦光鼐难辞其咎，别的暂且放下不说，仅就窦光鼐录取考生时打破省级平衡一事就足以让他成为众矢之的。乾隆下旨将两位主考官降职，同时下令取消此次会试的结果，发回重考。

为慎重起见，乾隆任命和珅与纪晓岚为主考官。和珅意外地成为主考官，甚是欣喜。他有个门生叫李隆，听说和珅主持会试，忙登门请求给予照顾，和珅欣然应允。以往考生作弊，常用的手段是将自己的名字暗藏于文章之中，这次和珅决定别出心裁，他对李隆说："现在考试查得特别紧，以往的作弊方式肯定不能用了。一般考生在会试中很少用淡墨书写，你这次就用淡墨书写，我想办法让你高中便是。"李隆大喜，拜谢而去。

无独有偶，在和珅与纪晓岚主持的这次会试中，除了和珅的门生李隆是用淡墨书写外，还有一人也是用淡墨书写，这人不是别人，正是窦光鼐的学生王以衔。由于上次会试的名次被取消，王以衔只得重考，没想到二次会试放榜时，王以衔再次高中状元。这是怎么回事呢？

原来，和珅在阅卷时最先找到的不是李隆的试卷，而是王以衔的试卷，由于二人的试卷都是用淡墨写的，所以和珅才会弄错。当然，王以衔的文章也确实非同凡响，所以当和珅提议将王以衔列为第一名时，纪晓岚便表示同意。最后的会试结果是，王以衔名列第一，而和珅的门生李隆则排在第二十名。

两次会试，王以衔的成绩都很优异，这一结果使得曾经怀疑王以衔兄弟作弊的谣言不攻自破。和珅精心安排自己的门生李隆用淡墨书写以便照顾，不想却弄巧成拙，真是哑巴吃黄连——有苦说不出。

乾隆听说王以衔再次高中的消息后，非常好奇，下旨宣王以衔进宫，亲自出题刁难王以衔，王以衔应对自如。乾隆甚喜，钦点他为状元，破格任命为内阁学士。

从乾隆四十年（1775年）到嘉庆四年（1799年），和珅担任军机大臣、步军统领、户部尚书等要职二十余年，几个重要部门几乎完全控制在他一人手中，偶有敢违背其意图者，他就不遗余力地打击排挤。

当时，和珅在军机处有一个死对头，这个人不是阿桂，而是王杰。

在和珅看来，阿桂虽然瞧不上自己，但他毕竟德高望重，从某种程度上说，阿桂对自己不屑是情有可原的，但王杰不一样，和珅觉得王杰对自己的不尊重是不可容忍的。那么，王杰是什么人呢？他怎么就敢明目张胆地与和珅作对？

王杰是陕西韩城人，状元出身，据说他这个状元中得颇为侥幸，本来当年会试的第一名是南方人赵毅，但乾隆觉得王杰的书法清雅脱俗、苍劲有力，而且清王朝自开国以来，大部分状元都出自南方，因此，乾隆想在北方点一个状元。种种机缘巧合，使得王杰成为清代陕西省第一个状元。在乾隆的关照下，本应得状元的南方人赵毅从第一名被降到了第二名，而王杰则由第二名升为第一名。

王杰高中状元后，有些来自山东的考生想刁难一下这位新科状元，遂出题说："孔子圣，孟子贤，自古文章出齐鲁。"王杰不假思索，马上回应道："文王昭，武王穆，如今道统在西秦。"那些对王杰不服气的山东考生都禁不住鼓掌喝彩，觉得王杰这个状元实至名归。

此后，由于乾隆的赏识，王杰历任内阁学士、户部侍郎、左都御史、兵部尚书、军机大臣等要职。王杰在军机处任职期间，正是和珅专权时期，据《清史稿》记载，当时和珅经常私自决定一些事情，同朝官员对此大都不吭声，但王杰碰到这样的事情总是据理力争，极力争辩。

有一次，和珅在外面买了一幅山水画并拿到军机处炫耀，福长安说："和大人好眼力，这幅画一定价格不菲吧。"和珅高兴地说："如果你喜欢的话，我就送给你。"王杰在一旁冷眼旁观，讽刺二人道："军机处乃朝廷办公之处，不是市井集市，更不是权钱交易的地方。想不到如今的贪腐之风竟然如此猖獗，真是上梁不正下梁歪。"和珅闻言大怒道："你这话是什么意思？什么叫上梁不正下梁歪？难道你是在变着法地骂皇上不成？"王杰冷冷地回应道："如果你认为我是在影射皇上，大可以到皇上那里告我的状。"和珅还欲争辩，福长安急忙劝开他。

还有一次，时值冬天，天气寒冷，和珅走进军机处，看见王杰正坐在火炉边搓手取暖，他当时心情比较好，便一把握住王杰的手开玩笑说："王大人的手简直比女人的手还要柔软，王大人上辈子肯定是个大美人。"王杰对和珅这一举动很是厌恶，当即将手抽回来说："不错，我的手是很柔软，但我从来不会伸手向人要钱。"和珅变色道："王大人，我跟你有仇吗？你为什么老是跟我过不去啊？"王杰说："你权倾朝野，谁敢跟你过不去！"和珅怒道："真是莫名其妙！"

王杰的儿子名叫王笃，自幼聪明好学，还写得一手好字。王笃成年后想参加科举考试，但王杰认为自己是朝廷高官，怕自己的儿子一旦高中会被人指责是营私舞弊，因此，他一直禁止王笃参加科考。由于父亲的掣肘，王笃直到道光年间才考中进士。从这件事也可以看出王杰性格的偏执之处。面对王杰这样一个不食人间烟火的"怪人"，和珅也有些无可奈何。

一个偶然的机会，和珅听说王杰在老家陕西韩城建有"三王府、四王府"，没有派人查验就迫不及待地向乾隆禀告说："臣听说军机大臣王杰表面廉洁，却在暗中敛财。有人说他在老家陕西建有多处豪宅，其华丽程度堪比王府。请皇上明察！"

乾隆听了也颇感好奇，便派人暗中去王杰的老家调查，结果发现王杰老家的房子破旧低矮，所谓"三王府、四王府"不过是他老家的人对王杰的戏称而已。

乾隆知道实情后非常感动，特地赏银一万两，让王杰修缮老家的房屋。和珅弄巧成拙，乾隆责骂他道："你身为朝廷大员，岂能时常以风闻言事，以后切莫再胡言乱语。"和珅惶恐称罪。

和珅腰腿经常疼痛，乾隆屡次派宫中御医为他诊治，但仍不见好转。有一天，纪晓岚劝和珅说："和大人的腰腿疼是老毛病了，既然寻常医生治不了，为何不找个偏方试一试？"

和珅点点头说："纪大人言之有理，民间百姓治病多有用偏方者，这偏方倒是可以一试，只是不知道哪路神仙会开偏方啊？"

纪晓岚说："我听说朝中御史陈溁精通偏门的医术，善于给人开偏方，而且多有应验而痊愈者。和大人不妨请他诊治一下，或许会收获意想不到的效果。"

和珅问道："你说的可是出自海宁第一望族的陈渼？"

纪晓岚说："不错，陈渼正是浙江海宁陈阁老的后代，此人刚到京城担任御史，知道他的人并不多。"

和珅喜道："既如此，我这就叫人去请他。"

和珅马上派管家刘全到陈渼府上，请陈渼过来给自己看病。刘全拿着礼物来到陈渼家后，说明来意："我家老爷患有腰腿疼的老毛病，多年来遍访名医，但始终不见好转。听纪大人说您医术高明，尤其擅长以偏方治病，所以我家老爷命我来请陈大人去府上为他看病，不知陈大人今天是否方便？"

陈渼借故推辞道："我这几天也是身体不适，行动不便，过几天好些了就去。"

刘全没有多想，回去向和珅复命说陈渼这几天不便前来，过几天会过来探视。和珅信以为真。

其实，陈渼是军机大臣王杰的门生，陈渼知道王杰与和珅的关系势同水火，所以不敢轻易答应和珅的请求。刘全前脚刚走，陈渼便跑到王杰府上报告说："和珅派管家刘全请我去给他开偏方治病，我知道老师与和珅不睦，故而今日推辞未去。"王杰大喜，出主意道："东汉末年有太医吉平敢于舍生取义，借治病之名给曹操投毒，你今天不妨效仿之。"陈渼不确定地说："老师的意思是让我借治病之名除掉和珅？"王杰点头道："和珅之罪甚于曹操，难道不可以吗？"陈渼摇摇头说："此事万万不可，和珅虽是权臣，但朝廷自有法度，我怎么可以借看病之名行刺杀之实呢？"王杰无奈，只得说："既然你不肯，至少也不能将和珅的病治好，让他继续危害朝廷。"陈渼同意道："老师放心，我不会去给和珅看病的，即使得罪他也在所不惜。"

日复一日，和珅对陈渼望眼欲穿，但陈渼却迟迟不来。上次是刘全去请的，难道是刘全的分量不够吗？和珅思来想去，决定请纪晓岚帮忙。他给纪晓岚送了一份厚礼，委托纪晓岚去请陈渼，纪晓岚不好推辞，只得来到陈渼府上。纪晓岚见陈渼毫无病色，遂问道："和大人请你去给他看病，你怎么托病不去呢？"

陈渼知道纪晓岚乃忠义之士，遂直言相告："纪大人有所不知，军机大臣王杰是我的老师，他与和珅的关系很不好，我作为学生，不能不考虑老师的感受啊！"

纪晓岚这才明白过来："原来如此，只是和珅素来睚眦必报，你驳了他的面子，他岂肯善罢甘休。"

陈渼无奈地说："顺其自然吧！"

两次请陈渼未遂令和珅极为恼火，数年后，他果然利用手中的职权将陈渼贬出京城。

第二十三章 贤妾多不负此生

对和珅来说，王杰、陈淮这些人不过是生活中一些不太和谐的小插曲，总的来说，他的人生还是十分顺遂的，家庭生活也相对美满幸福。

人们常说，"一个成功的男人背后总有一个女人。"和珅也不例外，他的发迹与其夫人冯霁雯是分不开的。饮水思源，和珅也常常感念冯霁雯及其祖父冯英廉，如果没有他们，他不可能成为一代权臣。

结婚后，和珅与冯霁雯感情和睦，相亲相爱。冯氏不但秀美绝伦，而且知书达礼，全然没有一般官宦人家小姐的恶习。他们的长子丰绅殷德出生后，一家三口过得其乐融融。

冯霁雯是一个贤妻良母，在家相夫教子，对和珅特别体贴，而且对和珅的继母也很孝顺。管家刘全与冯霁雯的关系也比较好，由于刘全与和珅多年来荣辱与共的特殊关系，冯霁雯从来不把刘全当下人看，平时都称刘全为刘叔。

随着和珅在朝廷中平步青云，冯霁雯主动劝和珅纳妾。其实，事业成功、春风得意的和珅早就有了纳妾的念头，只因冯英廉一家对自己有恩，故而不忍心纳妾，怕伤了冯霁雯的心。冯霁雯隐约猜到了和珅的心思，遂主动劝他纳妾。

后来，冯霁雯又生下了第二个儿子。小儿子的降生让和珅夫妇非常高兴，中年得子的和珅异常宠爱次子，这正应了一句俗话："皇帝爱长子，百姓爱幺儿。"次子与长子丰绅殷德相差十几岁，全家上下都非常疼爱他，没想到这个小儿子后来患了重病，不幸夭折。

当时和珅正陪同乾隆在热河避暑，接到次子夭折的消息后，爱子如命的他顿觉如晴天霹雳，提笔写下了《忆悼亡儿绝句十首以当挽词》：

河汉盈盈两泪倾，都关离别恨难平。
双星既有夫妻爱，应视人间父子情。

老来惜子俗皆然，半百生男溺爱偏。
今竟无情抛我去，几回搔首问青天。

襁褓即知爱字章，痴心望尔继书香。
归家不忍看墙壁，短幅长条一律藏。

学语行先知父母，每逢退食是娱吾。
秋来归去无聊甚，触处伤情痛切肤。

寄语老妻莫过伤，好将遗物细收藏。
归时昏眼如经见，竹马斑衣总断肠。

和珅的诗，将痛失幼子的彻骨之痛写得令人不忍卒读。之后和珅经常无缘无故地怨天尤人，还怪罪同僚举办的庆典吓坏了孩子，甚至认为是同僚是故意为之。更为不幸的是，冯霁雯因为小儿子的去世而郁郁寡欢，以致一病不起。

嘉庆三年（1798年），冯霁雯病重，心急如焚的和珅请求乾隆派宫中的御医为其诊治，但冯霁雯已病入膏肓，宫中的御医也无力回天。

农历七月十五鬼节那天，和珅决定用钱贿赂鬼神，祈求鬼神能够放过自己的爱妻。他在家里摆上香案，一边焚香祈祷，一边将数十张十万两银子的巨额银票当作纸钱烧掉。果然钱可通神，冯霁雯顺利熬过了鬼节。丰绅殷德和十公主也过来探望，冯霁雯的病情似乎有所好转，但这不过是回光返照，冯霁雯还是于数日后溘然长逝。看着夫人紧闭的双眼，和珅不由得悲从中来，放声大哭。

和珅敬重冯霁雯，当然有冯霁雯娘家于他有恩的缘故，更重要的是，冯霁雯给了他无微不至的关怀，甚至在病重期间，她还念念不忘和珅的腰腿疼病，千叮咛万嘱咐他要注意保养身体。

冯霁雯亡故后，和珅向朝廷告假一个月为其守灵。悲痛之余，他为冯霁雯作《悼亡诗》六首，以下是其中三首：

其一：
结褵三十载，所愿白头老。
何期中道别，入室音容杳。
屏帏尚仿佛，经卷徒潦倒。
泪枯挽莫从，共穴伤怀抱。
游川分比鳞，归林叹只鸟。
追思病时言，尚祝余足好。
犹忆含殓前，不瞑心未了。
自此退食余，谁与伴昏晓？
抚棺一长痛，嗤彼蒙庄矫。

其二：
茕茕儿与女，泣血牵我衣。
寸肠欲断绝，双泪空弹挥。
挥泪语儿女，父在莫悲苦。
吾已半百人，光景日过午。
修短各有期，生死同别离。
扬此一坏（抔）土，泉壤会相随。
今日我哭伊，他年谁送我？
凄凉寿椿楼，证得涅槃果。

其三：
夫妻辅车倚，唇亡则齿寒。
春来一齿落，便知非吉端。
哀哉亡子逝，可怜形影单。
记得去春时，携手凭栏杆。
玉蕊花正好，海棠秀可餐。
今春花依旧，寂寞无人看。
折取三两枝，供作灵前观。
如何风雨妒，红紫同摧残。

这几首诗发自肺腑、掷地有声，将和珅哀悼亡妻的心情刻画得淋漓尽致。安葬完夫人后，和珅命人将冯霁雯生前住过的屋子辟为永久的灵堂，除了他本人与丰绅殷德一家可以去凭吊怀念外，其他人一律不准靠近。

在和珅的生命中，还有一个女人至关重要，此人名叫长二姑。长二姑出身贫贱，她的父亲是内蒙古草原上的一个牧民，母亲原本是一个达官贵人家里的奴婢。长二姑是家中长女，也是这个穷苦家庭里唯一的一个女孩，她的下面还有两个弟弟。由于家境贫寒，长二姑10岁那年，父母把她送到刑部曹司员家做奴婢。

命苦的长二姑因祸得福遇到了贵人。曹司员的夫人也是奴婢出生，对长二姑的遭遇很是同情，她见长二姑聪明伶俐，经常抽空教她读书识字，两人的关系非常亲近。在曹夫人的悉心培养下，长二姑15岁时已出落得亭亭玉立，而且粗通文墨。曹司员看到家里有这么个美女奴婢，不觉心猿意马，和夫人商议，准备过两年纳长二姑为小妾。

次年，刑部有一个职位空缺，曹司员觊觎这个职位很久了，但以他的能力，若想取得这个职位，恐怕只能望洋兴叹。当时和珅在朝中的地位已经举足轻重，京城官场中甚至流传着这么一句话："朝中有事找和珅"，于是，曹司员便想找和珅帮忙走走后门，但贿赂和珅需要一大笔钱，曹司员拿不出来。有一次，他无意中听说和珅还没有小妾，灵机一动，决定将长二姑送给和珅做小妾。在他的精心安排下，和珅与长二姑秘密约会了一次，长二姑亭亭玉立的身材和姣好的面容让和珅非常满意；长二姑对和珅的印象也不错，当时和珅才30多岁，长得非常俊美，可谓英俊潇洒、风流倜傥。

既然郎有情妾有意，剩下的事情就好办了。和珅回家跟冯霁雯商量纳妾一事，冯霁雯欣然同意。得到了夫人的首肯，和珅就放心大胆地将长二姑纳为小妾了。

和珅得了长二姑后，觉得很是称心，于是践行诺言，帮助曹司员获得了那个肥缺。

长二姑成为和珅的小妾后，得以经常出入和珅的书房。和珅的书房藏书很多，长二姑爱学习，经常手不释卷，几年下来成了一个学识渊博的才女。自学成才的她不仅能作诗填词，还精通算术。

和珅见长二姑学有所成，遂吩咐她与刘全一起打理家里的生意，刘全负责统筹规划，长二姑负责财务。有了这两人充当左膀右臂，和珅的生意做得越发风生水起。

冯霁雯对理财管账不感兴趣，平日里喜欢做甩手掌柜，这使长二姑在和珅家里的地位更高了，家里的仆人皆尊称她为"二夫人"。和珅不仅将生意上的账目交给长二姑打理，还将很多见不得光的黑账也交给长二姑负责，比如某官员送了多少银子，长二姑都会认认真真地替和珅记下来。

长二姑有个弟弟叫巴特尔，巴特尔18岁时被长二姑带进和珅府中做事，和珅让他跟着刘全学些做生意的本领。因为长二姑在和珅府中地位颇高，所以巴特尔经常有恃无恐地在外面胡来。有一次，巴特尔带了一个家奴驾着和珅的马车在北京城的大街上耍威风。当日正好朝中御史谢振定在北京城内巡视，只见一辆豪华马车飞驰而来，路人纷纷躲避。谢振定问左右道："这是何人的马车，竟敢在天子脚下横冲直撞？"左右回答说："这是军机大臣和珅的马车，但现在车里坐的显然不是和珅，而是和珅的小舅子。"谢振定怒道："速将此车拦下来。"左右领命，上前将马车拦了下来。巴特尔见有人拦车，大怒道："是哪个不知死活的东西，竟敢拦我的驾？"谢振定闻言火冒三丈，命左右将巴特尔绑起来抽了50鞭子，巴特尔被打得皮开肉绽、哭爹喊娘、连连求饶。谢振定感觉还不解气，又命人将和珅的马车当街烧毁，街上围观的百姓无不鼓掌叫好。

这下巴特尔算是闯了大祸了，不但自己挨了打，而且连姐夫和珅的马车也被烧掉了。他回家后向长二姑哭诉了一番，长二姑怒气冲冲地对和珅说："那个御史谢振定也太不把老爷您放在眼里了，这打狗还得看主人呢，何况巴特尔是我的弟弟。他打巴特尔也就算了，活该他那么招摇过市，可谢振定竟敢一把火将老爷的马车给烧成灰烬，实在是目中无人！"和珅闻言也怒不可遏："不看僧面看佛面，谢振定不过是一个小小的御史，竟敢如此明目张胆地向我示威。不给他点颜色瞧瞧，说不定他还以为我是好捏的软柿子呢。"

那么，谢振定是何许人呢，竟敢当街火烧和珅的马车？谢振定祖籍湖南，乾隆年间进士，负经世才，尚气节。他担任江南道监察御史期间，北上的漕运船只一度被大风阻于江苏，他听说后利用"法术"向河神祈祷，突然大风转向，北上的漕运船只顺利过江，事后人皆称其为"谢风"。谢振定晚年著有《清史列传》，至今流传于世。

谢振定在朝中虽然官小位卑，但他天性耿直、刚正不阿，早就对和珅的贪腐行为深恶痛绝，所以才会发生上面提到的火烧和珅马车的事情。和珅对此一直怀恨在心，半年后，他指使自己的一名亲信弹劾谢振定徇私舞弊，朝廷将谢振定革职。和珅被嘉庆处死后，谢振定再次入朝为官。嘉庆经常戏称谢振定为"烧车御史"。此事口耳相传，于是天下人都知道京城有个"烧车御史"谢振定。

以上都是后话，我们还是回到和珅的二夫人长二姑身上。长二姑在和珅家中得势后，她的弟弟巴特尔跟着刘全做生意积累了不少钱财，如愿以偿地成为一名富商，她的另一个弟弟则在和珅的运作下谋得了一个县令的职位。和珅倒台后，长二姑到处找人求情，她首先想到的就是十公主。十公主作为和珅的儿媳妇，自然义不容辞，但和珅牵涉的案子太多，谁也保不了他。和珅被赐自尽后，长二姑不愿继续苟活于世，追随和珅去了。

在和珅的众多小妾中，才女吴卿怜不可不提。她出身江南，温柔乖巧，体态轻盈，不仅琴棋书画样样精通，而且诗词文章名噪一时，很多乾隆时期的著名诗人都自愧不如。

吴卿怜的身世颇为曲折，她原本出身大户人家，是家里的独生女，自幼聪明乖巧。父母从小就非常溺爱她，把她当作男孩来培养。吴卿怜15岁时，家中遭遇变故，父母双亡，她从此成为孤儿，流落风尘。浙江杭州的一家妓院将她买了下来，浙江巡抚王亶望听说吴卿怜的身世后非常同情，遂花6000两银子将她从妓院赎出。由于吴卿怜色艺俱佳，王亶望对她格外宠爱。后来，甘肃捐监冒赈案东窗事发，王亶望作为原甘肃布政使系该案主犯，被朝廷处死，并抄没全部家产。

王亶望死后，吴卿怜身如浮萍，孤苦无依，官员蒋锡棨久闻其艳名，派人将她收入府中。蒋锡棨虽然风流成性，但他收留吴卿怜并非出于好意，而是想将她送给高官，从而为自己谋取政治利益。和珅是乾隆身边的大红人，蒋锡棨早就想结交他，却苦于不能投其所好。吴卿怜艳名远播，和珅也早有耳闻，但一直没太放在心上。一天，和珅与刘全闲聊，刘全说："我听京城的人传言说蒋锡棨最近收了一个绝世美女，不仅人长得美，而且诗词文章俱佳。"和珅问道："那女子叫什么名字？"刘全答道："听说叫吴卿怜，原是浙江巡抚王亶望的小妾，王亶望被诛杀抄家后，蒋锡棨趁机将其收入府中。吴卿怜真是命运多舛，刚逃出虎口又入狼窝，蒋锡棨指不定会将她送给谁呢。"和珅说："久闻吴卿怜乃盖世奇女子，不知道是否名副其实？"刘全出主意道："这有何难，只要老爷一句话，蒋锡棨必定乖乖将吴卿怜送过来。"和珅也有点心痒痒了："百闻不如一见，我倒是对吴卿怜颇感兴趣，要不你替我去蒋锡棨府上走一遭，看他如何反应。"

刘全马上出发，来到蒋锡棨府上，开门见山地说："听说蒋大人最近收了一个叫吴卿怜的江南美女，我家老爷让我过来查实一下，不知可有此事？"蒋锡棨正想巴结和珅，于是对刘全说："想不到和大人消息如此灵通，真是什么事情也瞒不了和大人呀！如果和大人对吴卿怜感兴趣，蒋某愿拱手相让，绝无二话。"

数日后，蒋锡棨果然带着吴卿怜来到和珅府上，和珅对吴卿怜一见倾心。蒋锡棨说："和大人，我这次可是忍痛割爱啊！"和珅得了美女不禁心花怒放，慨然允诺道："蒋大人放心，以后朝中遇到什么棘手的事情，尽管向我开口，和某绝不推辞。"

和珅将吴卿怜纳为小妾后，闲暇时两人经常一起吟诗作赋，夫唱妇随，和珅对吴卿怜卓绝的才情很是欣赏。和珅听说吴卿怜在杭州时，王亶望曾经为她建过一座迷楼，于是，他也特意为吴卿怜在北京郊外建了一座迷楼。

冬去春来，吴卿怜站在迷楼之上俯望周围景色，只见楼下百花争艳，蜜蜂与蝴蝶交相飞舞、来去匆匆，她触景生情，联想到自己本是江南人氏，被人几番倒卖落到了和珅手里。幸运的是，和珅不像王亶望和蒋锡棨那样把她当作交际花。想到这里，吴卿怜内心颇感欣慰。

就在这时，和珅悄然而至，从背后将吴卿怜紧紧搂住。吴卿怜说："老爷煞费苦心为我建造迷楼，妾不胜感激。"和珅笑道："一家人不说两家话，你太见外了。对了，这两天没来看你，是不是又有新诗出笼啊？"吴卿怜将自己这几天刚作的新诗拿给和珅看，和珅接过来，边看边称赞道："你写的诗词意境深远、荡气回肠，恐怕就连天下第一才子纪晓岚见了也会啧啧称奇的。"吴卿怜谦虚地说："随感而发罢了。"和珅叹道："你若女扮男装前去参加科举考试，肯定能高中进士，只可惜你是女儿身。"

和珅对爱妾从来都是百依百顺。据说吴卿怜喜欢吃荔枝，可能是受唐朝的杨贵妃影响。杨贵妃吃的荔枝是用上报军情的快马马不停蹄地送进宫里，而吴卿怜吃的荔枝则是各地高官、富商巴结讨好和珅送来的。

在荔枝成熟的季节，广东的大员就会派快马将荔枝送到京城。与荔枝一样，当有其他时令水果上市时，各地都纷纷向皇上进贡，当然也少不了孝敬和中堂的一份。

然而，吴卿怜与和珅的甜蜜时光随着和珅的倒台戛然而止。当和珅因擅权纳贿、贪赃枉法、网罗亲信、祸国害民而被抄家时，吴卿怜吓得六神无主，连夜写下一组自诉之诗。在走投无路的情况下，吴卿怜于和珅自杀后也上吊自尽，追随和珅而去。一代红颜从此香消玉殒。

在女色方面，尽管有了长二姑和吴卿怜，和珅仍然感到不满足。话说乾隆原本有一香妃，因身体有香味而得名。可惜红颜薄命，香妃英年早逝，香妃死后，乾隆着实难过了好一阵子。和珅与乾隆的关系非同寻常，平日里最善于察言观色，揣测圣意。他密令自己在江南的心腹汪如龙搜寻容貌酷似香妃，体有异香的美女。这个消息对汪如龙来说无异于天降福星，他一直想要博取皇上欢心，却不得其法。和珅的秘信给他打开了通往财富和权力之路的大门。随后，他遍访江南各地，终于找到了两个体含异香的美女。

万事俱备后，和珅又成功说服乾隆再下江南，乾隆遂摆驾扬州。汪如龙趁机将其中一个美女进献给乾隆。此女名叫雪如，生来就体含异香。年迈的乾隆看着眼前的雪如，闻着雪如身上的香味，不禁回想起原来的香妃。事后，龙颜大悦的乾隆重赏了汪如龙。

和珅看着乾隆抱着美人归，心里羡慕不已。办事周到的汪如龙早有准备，趁机向和珅献上另一名体含异香的美女丽芳。和珅对汪如龙的细心安排颇为满意。江南之行结束后，和珅将丽芳带回京城纳为小妾。

第二十四章　斗新君机关算尽

正所谓盛极而衰，家庭、事业双得意的和珅，随着乾隆退位当太上皇，也不可避免地开始走下坡路了。

乾隆一生可谓志得意满、风光无限，他登基时曾立下一个誓言，宣称他最多做60年皇帝，因为他自幼崇拜的祖父康熙皇帝在位61年，乾隆想借此表达对康熙的尊敬。其实，乾隆立下誓言时也没想到自己能够如此长寿，但天子理应一言九鼎，眼看自己马上就要做满60年皇帝，践行诺言的时刻即将到来。

乾隆共有17个儿子，年长的几个儿子已经去世，所以只能从剩下的几个小儿子中挑选继承人：最小的儿子永璘顽劣不堪，不必考虑；十一皇子永瑆才华出众，但他嗜酒纵欲，生活腐化，不堪为帝；八皇子永璇才能平庸，不堪大用；十二皇子永璂聪慧，但英年早逝；只有十五皇子永琰聪明仁孝、笃厚干练，可以继承大统。

乾隆六十年（1795年）九月一日，乾隆召和珅、阿桂等几名朝廷重臣入宫，对他们说："朕已在位60年，毕生之愿足矣，今当昭告天下，册立新君。卿等以为朕的皇子之中，谁可为君？"

和珅忙奏道："皇上万寿无疆，何必急着退位，臣等愿侍奉陛下到千秋万岁。"

乾隆摇摇头说："朕知道你的忠心，但朕退位这件事60年前就已经定下来了，朕贵为天子，岂能自食其言？"

阿桂进言道："如果皇上执意退位，臣以为十五皇子永琰睿智贤明，堪承大统。"

和珅马上表示反对:"臣不同意阿桂大人的意见,所谓'王者无情',十五皇子永琰虽然精明干练,但做事优柔寡断,更重要的是,永琰过于老实敦厚,这样的人不适合当皇帝。"

阿桂针锋相对地说:"和大人所言谬矣,正因为十五皇子永琰老实敦厚,所以才更适合做皇帝。时值太平盛世,做一个太平天子,最重要的就是要老实敦厚,只有这样的皇帝才会爱民如子,并得到天下百姓的爱戴。"

乾隆点头表示同意:"阿桂所言与朕之意暗合,和珅你就不要再说了,朕意已决,即日起,十五皇子永琰就是太子了。朕决定于十二月底举行禅让大典,将皇位正式传给十五皇子永琰。"

九月三日,乾隆发布上谕说:"朕寅绍丕基,抚绥方夏,践阼之初,即焚香默祷上天,若蒙眷佑,得在位六十年,即当传位嗣子,不敢上同皇祖纪元六十一载之数,其时亦未计及寿登八旬有六也。自临御以来,仰荷昊苍垂佑,列圣贻庥,寰海昇平,重熙累洽,御宇之年,庆周甲子。……兹天恩申锡,竟获周甲纪元,寿跻八旬开五,精神康健,不至倦勤。天下臣民以及蒙古王公、外藩属国,实皆不愿朕即归政。但天听维聪,朕志先定,难以勉顺群情!……立皇十五子嘉亲王永琰为皇太子,用昭付托!"

在这篇详细、冗长的上谕中,乾隆回顾了自己当皇帝以来的成绩,说明了自己禅位的来龙去脉,同时也表明了他当太上皇后,实权依旧得掌握在他手中的愿望。

乾隆退位是大势所趋,和珅也知道不可阻挡,但他心里还是觉得空落落的,20多年来,他一直陪伴乾隆左右,两人的关系早已超出君臣之义。由于年龄上的差距,和珅很多时候是把乾隆当作父亲来侍奉的,乾隆自然也能体会到和珅在自己身上倾注的情感。即使和珅贪赃枉法,乾隆也经常包庇纵容他。人心都是肉长的,王者也并非无情,自谓英明的乾隆早就知道和珅是个大贪官,但无论如何和珅不能由自己处死,他们之间的感情太深厚了,所以乾隆始终对和珅网开一面。也许乾隆是有心将和珅这个烫手的山芋扔给嘉庆，让嘉庆借惩治和珅在朝中树立威信。总之，一个显而易见的事实是，明君乾隆与大贪官和珅多年相安无事，不仅如此，乾隆还不停地给和珅升官。

随着禅让大典的临近，和珅心里五味杂陈。他知道，新皇帝上台后，自己很可能失势或倒台。在这一心理的驱使下，他启奏乾隆说："自从皇上准备退位以来，臣没有一天不是寝食难安。臣舍不得皇上呀！皇上经常自比尧舜，据说尧在位70年，舜在位90年，如今皇上身强体健，再做几十年皇帝也未尝不可，何必拘泥于60年前的一句话呢？"

乾隆见和珅说得至情至理、涕泪横流，喟然叹道："尧舜到底享国多少年是不可考的事情，朕不敢奢望能活到百年。好了，朕退位这件事已然昭告天下，你以后就不要再规劝朕了。"

和珅知道事情已无回转的余地，只得退一步说："太子永琰毫无执政经验，臣建议皇上让位不让权。等太子具备君临天下的能力后，皇上再将皇权彻底授予他。"

这话正合乾隆心意，他点头道："爱卿说的有道理，太子登基后，朕当退居幕后训政。"

和珅不由心中暗喜："诚如此，国家幸甚！社稷幸甚！"

乾隆又安慰和珅说："爱卿放心，只要朕还活着，谁也别想撼动你在朝中的地位。"

尽管有了乾隆的口头承诺，和珅心里还是觉得不踏实，他思来想去，决定试探一下太子永琰对自己的态度。他从自家的藏宝阁中取了一件价值连城的玉如意，准备送给永琰。他来到永琰的府邸后，恭喜道："再过几个月，太子您就要君临天下了，微臣特来贺喜。"

永琰一向厌恶和珅阿谀奉承的嘴脸，但他知道现在还不能得罪和珅，自己刚刚当上太子，废与立都是父皇一句话的事，而和珅与父皇关系密切，还得防着他在父皇面前说自己的坏话。因此，他强压内心的怒火，笑着说："我登基以后还要多多仰仗和大人辅佐呀。"

和珅笑着取出玉如意说:"太子即将成为天子,臣无以为贺,今有玉如意献给太子,不成敬意。"

永琰推让道:"这个玉如意,和大人还是自己留着吧!我对这玩意不感兴趣。"

和珅好心送礼却吃了闭门羹,这使他感到太子永琰跟自己根本不可能成为一路人。所幸乾隆同意暂时让位不让权,只要乾隆健在,量永琰即位后也不敢随便清洗旧臣。想到这里,和珅心中稍微安定了一些。

在中国古代的皇位禅让中,很多禅让者都是被逼无奈。三国时期,汉献帝禅位于曹丕;宋朝时,赵匡胤逼迫周后主让位;唐朝时,李世民发动宫廷政变杀死自己的兄弟,李渊被逼无奈做了太上皇……往事历历在目,但乾隆的禅让与历史上的其他禅让不同,因为没有人逼他禅让,是他自己坚持要让出皇位的。60年来,皇权一直牢牢地掌握在他手里,只要他还活着,不管他是皇帝还是太上皇,大清的天下还是由他掌管。康熙开创了大清盛世,雍正进一步夯实了它,乾隆则将大清盛世推向了辉煌的顶点——盛极而衰,嘉庆执掌的大清王朝则无可避免地走向衰败。

禅让大典当天,太子永琰缓缓登上受禅台,乾隆将玉玺交到永琰手里。就在这时,难得一见的日食出现了,刹那间,太阳被阴云吞噬,刚刚还是艳阳高照,转眼之间就变得天昏地暗,参加受禅仪式的文武大臣皆大惊失色。和珅大呼道:"皇权至高无上,如今皇上大仁大义,将皇位让给太子,就连上天也感动了。"

几分钟后,阴云退去,太阳慢慢露出了脸,惊慌失措的乾隆和太子永琰终于回过神来,受禅大典照常举行。太子永琰接过玉玺后正式即位,文武百官山呼万岁。乾隆坐在受禅台上神情肃穆,和珅带头高呼道:"太上皇万岁!"文武百官不敢不从,也只好跟着高呼:"太上皇万岁!"乾隆向台下挥手示意安静,受禅台下顿时鸦雀无声。乾隆随即宣布:"朕今日将皇位禅让给太子永琰,希望诸位大臣能好生辅佐他。朕虽然逊位,但鉴于太子尚无治国理政之经验,所以朕决定从今日起实行太上皇训政制度，朝中大事朕仍将继续过问。"群臣闻言皆高呼："太上皇英明，皇上睿智，大清必然绵延万代。"

禅让大典结束后，清王朝正式进入嘉庆时期。清朝的历代皇帝都住在养心殿，这是一个不成文的规矩。乾隆早在禅让前一年就下令修缮宁寿宫，准备退位后搬出养心殿，迁入宁寿宫居住。可是，现在皇位已经禅让，乾隆仍赖在养心殿不走，嘉庆对此敢怒而不敢言。乾隆可能也觉得这样下去不是个办法，于是语重心长地对嘉庆说："朕在养心殿住了60年，对这里有一种割舍不断的情感。朕担心贸然搬到宁寿宫去住会睡不着觉，朕的心情希望你能够理解。"

既然乾隆都把话说到这个份上了，嘉庆只好宽慰乾隆说："儿臣知道父皇眷恋此处，父皇就一直住在这里吧，反正儿臣住哪里都一样。"

嘉庆继位后，将自己之前的太子妃加封为皇后。按理皇后应该住在坤宁宫，可现在乾隆赖在养心殿不走，如果嘉庆的皇后搬入坤宁宫居住，岂不是闹出了笑话？按照惯例，养心殿和坤宁宫分别是皇上和皇后居住的地方。文武百官对乾隆的行为颇为不满，和珅看在眼里，急在心上。一天，他鼓起勇气对乾隆说："太上皇，现在朝中大臣多有非议太上皇者，他们说太上皇既然已经退位，就应该搬出养心殿。特别是皇上册封皇后之后，很多大臣都为皇上和皇后鸣不平。"

乾隆闻言不禁勃然大怒："天下乃是朕的天下，朕现在虽然退居太上皇，但朕想住在哪里，就住在哪里！爱卿，你帮朕想个办法解决这件事。"

和珅沉思片刻，出主意道："臣建议太上皇以坤宁宫破旧需要修缮为名将坤宁宫拆除，然后命工匠慢慢修缮。此为缓兵之计，可绝天下人之谤。"

乾隆大喜："这个办法好，就这么办吧。"

就这样，嘉庆的皇后由于乾隆的缘故迟迟未能搬入坤宁宫居住，如此等了一年后，她居然病死了。嘉庆为此非常伤心。乾隆此时已经80多岁，对于丧事非常敏感。和珅对乾隆的心思可谓了如指掌，他对乾隆说:"皇后去世是一件晦气的事情,太上皇可下一道敕令,命令皇上不要把皇后的丧事办得过于隆重。"乾隆便让和珅去找嘉庆谈一谈,让他丧事从简。

和珅奉了太上皇的旨意,找到嘉庆,对他说:"现在太上皇如一盏摇曳的孤灯,时日无多了,对丧事特别敏感。如今皇后不幸去世,太上皇希望皇上能够考虑太上皇的感受。"嘉庆苦笑道:"朕明白,皇后的丧事,朕不会大操大办的,一切从简。"

为了照顾乾隆的心情,嘉庆命令宫中人等一律不必穿丧服,所有的丧葬仪式都要避开乾隆居住的养心殿。乾隆对嘉庆的仁孝非常满意,感觉自己选对了继承人。

为了庆祝新君即位,乾隆命令和珅筹办千叟宴。这是因为中国自古有"仁者寿"一说,试想一下,近千名白发苍苍的老者齐聚一堂,同庆同乐,既可以看出乾隆归政禅位、年高德劭,又可以表明在乾隆统治的60年中,四海升平,百姓都得以长寿。

乾隆七十大寿时,和珅曾经为乾隆筹备过一次千叟宴,这次乾隆再次下令筹备千叟宴,和珅已是驾轻就熟。上次举办千叟宴时,效果其实不是很好,因为当时数九寒天,来自全国各地的几千个老人坐在大殿里吃饭,干冷难耐,多少有些受罪。

和珅是个聪明人,他吸取上一次千叟宴的经验教训,制定了一个比较适应当时实际情况的计划。

正月时节,正是北京城一年之中最寒冷的时候,如何在皇宫中取暖无疑是一个大问题。和珅别出心裁,调来1500多个火锅,决定举行火锅宴。这一设想实在是妙不可言,不但可以保证殿内的温度,而且燃烧的煤炭、沸腾的浓汤都能很好地烘托喜庆气氛。

正月初四,在和珅的安排下,千叟宴如期在宁寿宫皇极殿举行,全国数千老人齐聚一堂。

千叟宴举办当天,乾隆和嘉庆接见了前来庆祝的老人们。这次举办千叟宴的目的是为了庆祝嘉庆继位,按说主角应该是嘉庆才对。但和珅却不这样认为，他在千叟宴上对乾隆说："这次来的都是来自全国各地的老人，皇上尚且年轻，怎么能让一个年轻人充当老人宴会的主角呢？"乾隆认为和珅说得在理，于是临时决定"越俎代庖"。嘉庆作为皇上，不得不跟在乾隆后面打转，心里很不是滋味。

由于处处受到乾隆的掣肘，嘉庆深感自己这个皇帝做得名不副实。宫外虽然是嘉庆元年，但在宫里却是乾隆六十一年，乾隆仍然死死抓住皇权不肯放手。对和珅来说，他依然和以往一样，凡是他经手的朝廷事务一律先禀告乾隆，然后再报告嘉庆。嘉庆深知其中况味，一直韬光养晦，隐忍不发。

当时，不管是在军机处还是其他事务上，福长安都是和珅的忠实追随者。乾隆禅位后，和珅依然唯太上皇之命是从，这不免让福长安感到忧心忡忡。一天，福长安将和珅请到自己府上，意味深长地说："现在太上皇已经将皇位禅让给皇上了，我们以后办事应该更多地向皇上这边倾斜，否则，一旦太上皇驾崩，我们在朝中的地位就岌岌可危了。"

和珅说："我并非不想讨好当今皇上，他还是太子的时候，我就给他送过玉如意，可他坚决拒绝了我的好意。由此可以看出，我们与他难以成为一路人。"

福长安闻言惊恐万状："如果是这样的话，就大事不妙了。太上皇一旦驾崩，你我前途堪忧。"

和珅不以为然地笑道："事情并没有你想的那么悲观，太上皇虽然年迈，但身体依然健康。我们应该抓住太上皇在世的时间把朝廷各个部门的权力牢牢掌握在自己人手里。届时，即便太上皇驾鹤西去，皇上也已经被我们架空，又能奈我何？"

福长安不确定地说："难道你想学鳌拜不成？"

和珅面露凶狠之色："现实所迫，不得不如此，我们必须想办法自保。"

福长安沮丧地说："话虽如此，要想架空皇帝，谈何容易啊！"

和珅对此倒颇有信心:"自古以来,权臣执柄,皇帝成为傀儡的例子并不少,我们索性也博一回,总比坐以待毙要强。这也是没有办法的办法!"

福长安也下了决心,说:"好吧,我愿追随你一条道走到黑。"

就在这时,和珅遇到了一个千载难逢的机会——白莲教起义,使他得以在军中大量安插亲信,排除异己,巩固自己的权力。

乾隆后期,官员贪污腐化,土地兼并现象严重,很多小地主破产,大量的土地集中到了官僚手中。与此同时,人口却迅速增长,数以万计的无地农民流离失所,只能外出谋生。川楚地区有大量的荒地和原始森林,自古以来就是流民的聚集之所。嘉庆元年(1796年),四川、陕西、湖北、河南四省交界地区聚集了上百万无家可归的流民,在这里艰难谋生。

与朝廷无视流民的冷漠态度不同,白莲教的领导人敏锐地觉察到了机会。白莲教在当时是一个秘密宗教组织,向教民宣传普世思想,倡导教民之间"有患相救,有难相死"。所有教民一律平等,教中所获钱财悉以均分。白莲教了解到川楚一带流民生活困苦不堪的情况后,决定不遗余力地向那里的流民宣传白莲教教义,并伺机鼓动流民团结起来反抗清廷。哪里有压迫,哪里就有反抗。就在清朝官员们纸醉金迷的时候,川楚地区的流民在白莲教的蛊惑下揭竿而起,声势越来越大。消息传到北京,乾隆和嘉庆大惊,立即下令调集全国的军队进行镇压。

这时,和珅推荐苏凌阿做了大学士,又奏请太上皇、皇上免去宜绵的军机章京职位,封为大将军,奔赴前线。这样一来,一帮统兵剿匪的大员,转眼间都成了和珅的党羽。这样的军队当然没什么战斗力,所以,当乾隆要撤去几个前方战将时,和珅也不反对,因为换来换去都是自己人,谁上都一样;况且他还可借此机会向乾隆表忠心,何乐而不为呢?不过,白莲教是一定要镇压的,否则朝廷都要被他们一锅端了。所以,和珅根据前线发回来的情报,虽然对上报喜不报忧,对下却要求他们穷心竭力,全力对付白莲教。

此外,在镇压起义的过程中,和珅还与其党羽上下勾连,借机牟取私利。

当时,透过川楚起义的战火,和珅看到了无限的商机。他对管家刘全说:"现在四川、陕西、河南、湖北一带都在打仗,那里的很多地主纷纷低价卖地,你多带些人去那里低价收购土地。将来流民叛乱被镇压下去后,这些土地就值钱了,利润将非常可观。"刘全听了佩服不已,赞道:"老爷真是高明啊!"很快,刘全亲赴起义地区收购土地,那里的地主看见白莲教起义声势浩大,都吓破了胆,纷纷低价出售土地。刘全按照和珅的吩咐,在川楚地区收购了大量土地,只等将来起义平息后倒卖出去大赚一笔。

白莲教起义的战火在湖北燃烧起来以后,湖广地区官员督军镇压,不料连吃败仗。湖北地区高官给朝廷上了一道奏章,要求派兵增援。奏章到了军机处后,和珅先看了一遍,发现这位官员在奏章中把嘉庆放在前面,太上皇放在后面,便借机弹劾:"如今在朝廷上虽然嘉庆是皇帝,但朝廷明文规定由太上皇乾隆训政,此人本末倒置,竟然把皇上放在太上皇的前面,实属对太上皇的大不敬。朝廷应该严惩,以儆效尤。"

和珅这番话戳到了乾隆的痛处,于是下旨将这位官员免职下狱。嘉庆认为太上皇这是小题大做,和珅则属于吹毛求疵。他暗暗发誓,将来太上皇驾崩后一定要好好跟和珅算账。

白莲教掀起的战火越烧越旺,前线的奏折不断传至北京,乾隆事必躬亲,坚持亲自批阅奏章。和珅与嘉庆在乾隆左右侍奉,嘉庆劝道:"儿臣也不是小孩子了,父皇何必如此辛劳,不如让儿臣替父皇分担一下吧。"乾隆执意不肯:"川楚剿匪非同小可,全部交给你处理,朕放心不下。"说着说着,乾隆手中的笔竟有些不听使唤,无意间写错了好几个字。乾隆叹道:"不服老不行呀!朕现在连笔都拿不稳了。"和珅赶紧说:"既然写错了,不如撕掉重写。"随即很自然地将乾隆写错的诏书撕掉。

乾隆对和珅的这种随意举动早就习惯了，但侍立一旁的嘉庆却有些怒不可遏，在他看来，和珅的做法属于大逆不道，太上皇写的东西怎么可以随便撕掉呢？和珅见嘉庆面带愠色，遂开玩笑道："我看皇上不太开心，是不是为白莲教造反的事情忧心？"嘉庆见和珅得了便宜还卖乖，遂沉默不语。

本欲退位后适当放权、颐养天年的乾隆，万万没想到半路会杀出个程咬金，白莲教起义令他心烦不已。某日，和珅见驾，只见乾隆坐在地上，双目紧闭，嘉庆侍立一侧。和珅向乾隆请安，乾隆也不回答，只是口中念念有词。良久，乾隆突然大叫道："那人叫什么名字？"嘉庆不知乾隆是何意，和珅反应灵敏，顺口答道："徐天德，苟文明。"乾隆听了，不再言语。

和珅与嘉庆退出后，嘉庆很好奇和珅刚才的举动，问道："徐天德和苟文明是白莲教叛军首领，你刚才在太上皇面前说出他们的名字是什么意思啊？"和珅笑道："皇上有所不知，太上皇刚才正在念一种喇嘛教咒语，这种咒语非常灵验，据说凡被诅咒之人，三年之内必然会死于非命。太上皇日日为白莲教的事情担心，他刚才肯定是想给白莲教的首领下咒语，所以我就趁势说出了徐天德和苟文明的名字。"嘉庆恍然大悟，说："原来如此，难道你也会念那种喇嘛教咒语？"和珅笑而不语。

为了及时掌握嘉庆的一举一动，和珅准备在嘉庆身边安插一个自己信得过的眼线，他向乾隆建议说："内阁学士吴省兰才学兼优，可让他随侍皇上左右，帮助皇上处理公务。"乾隆准奏。

吴省兰是和珅的老师，也是和珅的心腹，和珅将他安插到嘉庆身边，目的不言而喻。乾隆并非不知和珅的用意，只是他此时揽权之心甚重，反正和珅忠于自己，让和珅监视嘉庆对自己也是有利的。而嘉庆在朝中本来就较为孤立，现在身边又多了个太上皇与和珅的耳目，心中忧愤不已。

由于在朝中总是孤掌难鸣，时间一长，嘉庆有些耐不住寂寞了，他一时冲动，下旨给军机处，要求军机处代为传旨，将两广总督朱珪召回北京任内阁大学士。

福长安在军机处值班，得知这一消息后迅速禀告和珅。和珅说："朱珪原来做过皇上的老师，皇上这是想明目张胆地夺权呀！"

福长安充满疑虑地说："和大人的意思是？"和珅说："前事不忘后事之师，康熙朝时，诸皇子争宠，多有私自结交外臣者。康熙皇帝曾为此数度废立太子，如今太上皇虽然老迈，但依然雄心不死，他最怕的就是自己的权力被架空。我意已决，此事大有可为。"

随后，和珅跑到乾隆那里说："皇上下旨召他的老师朱珪回京任内阁大学士，不知太上皇可知道此事？"乾隆说："没听永琰说过这件事啊！"和珅挑拨道："朱珪曾是皇上的老师，他们两人关系密切。如今皇上宣召朱珪回京任职，朱珪早年在朝中党羽众多，他回京后，太上皇有被架空的危险。更重要的是，如此重大的人事调动，皇上事前竟然没有跟太上皇提过，太上皇不可不察啊！"

乾隆被和珅的话给激怒了，遂宣嘉庆问罪。嘉庆来到乾隆面前后，乾隆质问道："律例规定，皇子不准私交外臣，你难道不知道吗？朕听说你私自下旨召朱珪回京，是何居心啊？"嘉庆惶恐地说："儿臣知罪，朱珪是儿臣的老师，儿臣将其从南方调回北京，是想让他回来替父皇分忧，别无他意。"

乾隆说："朕认为朱珪暂时就不用回来了，你收回成命吧。"嘉庆顺从地说："既然父皇不悦，儿臣遵旨！"乾隆继续训斥道："你现在虽然是皇帝，但朕还活着，朕一天不死，就要训政一天。你只应在朕的训政之下施政。朝廷大事，特别是重大的官员调任，朕不点头，你不可擅自做主。"嘉庆悻悻而退。

这次未能彻底扳倒嘉庆，和珅感到很遗憾。从此，嘉庆对和珅更加恨之入骨。

嘉庆二年（1797年），首席军机大臣阿桂病笃，乾隆亲临探视，阿桂说："臣今年81岁了，一生南征北战，东讨西伐，颇不负大丈夫平生之志也！"乾隆说："朕这里有一条活佛念过经的陀罗经被，据说可以让人起死回生，你把它盖上，希望你能早日痊愈。西南地区白莲教造反，朕还等你病好了为朕剿除逆贼呢。"说罢，将陀罗经被盖在阿桂身上。阿桂感动不已，说："太上皇对臣有知遇之恩，臣虽死不能报万一也。"乾隆安慰道："朕比你还大几岁呢，朕都不言死，你着什么急呀，朕相信你一定会好起来的。"阿桂说："古有廉颇、黄忠、赵云、张郃，此四人皆不服老。今臣虽有古人之志，但终究难逃一死。若有余恩未报太上皇，愿俟之来世。"

从某种层面上来讲，乾隆与阿桂的关系比乾隆与和珅的关系更为密切——他们两人年龄差不多，乾隆做了60年皇帝，阿桂做了60年乾隆朝的大臣，二人的关系由此可见一斑，如今阿桂病重，旦夕难保，乾隆不禁感慨万千！

听说阿桂病重，军机大臣王杰和董诰也前来探病。阿桂对他们说："我眼看就要死了，我死之后，你们好生把持军机处，切莫让和珅一手遮天。"王杰担忧地说："大人一走，未来首席军机大臣的位置必然是和珅的，我等恐怕难以与其相抗衡。"董诰也说："和珅深得太上皇信任，满朝之中唯有大人可与其抗衡，一旦大人有个不测，和珅在朝中就再没有让他忌惮的对手了，未来的前景黯淡无光呀！"阿桂倒没有这么灰心丧气，他说："我料皇上离亲政的日子不会太远了，你二人务必要等待时机。"王杰与董诰满口答应下来，与阿桂洒泪而别。数日后，阿桂病逝，一代名将就此陨落。

阿桂去世后，乾隆果然任命和珅为首席军机大臣。福长安与和珅一起掌控军机处。王杰因厌恶和珅，不想在和珅手下工作，遂辞职回乡去了；董诰则奉行隐忍政策，对和珅阳奉阴违。和珅与福长安密谋要把董诰驱逐出军机处，恰巧董诰的母亲去世，董诰不得不回老家居丧守孝，军机处从此成为和珅的天下。此后，和珅利用军机处对全国进行政治布局，很多地方官员纷纷投入他的麾下。对于白莲教起义，和珅对乾隆报喜不报忧，这在一定程度上也助长了起义军的气焰。董诰和王杰离开军机处后，嘉庆不放心和珅，经常亲自去军机处查看奏折。

由于继位以来一直饱受乾隆与和珅的压制，几年儿皇帝做下来，嘉庆自己也觉得窝囊，为了进一步凸显自己大清皇帝的地位，树立自己在军中的威信，他下旨举行秋季阅兵。和珅知道嘉庆准备举行阅兵仪式后，非常气愤，再次上表乾隆。乾隆将嘉庆叫到养心殿训斥道："如今西南地区叛乱不断，值此国家危难之际，你阅哪门子兵？"嘉庆无言而退。

和珅的做法激起了不少朝臣的愤怒，两广总督朱珪上表弹劾和珅贪污腐败。嘉庆出乎意料地下旨为和珅辩白："首席军机大臣和珅乃国之忠臣，朱珪不明所以便含沙射影诽谤朝廷忠臣，朕决定将朱珪贬为安徽巡抚。"

福长安迷惑不解地问和珅："皇上的葫芦里到底卖的什么药啊？"和珅笑道："这是朱珪和嘉庆唱的一曲双簧，为的是让朱珪离北京近一些，万一朝中有变，也好策应。"福长安着急地说："看来皇上已经在密谋对付我们了，怎么办呢？"和珅说："当务之急是要把军权掌握在自己手里，特别是京城卫戍部队的指挥权。"

次日，和珅便上表乾隆，请求将九门提督的职位授予自己，乾隆答应了和珅的请求。和珅兼任九门提督后，基本上掌握了京城的军权，嘉庆对此愈加不安。

控制军权之后，和珅又与嘉庆争夺选官权，他说："太上皇、皇上，值此皇上亲政之际，正应肃整吏治，以彰太上皇、皇上的恩威，张国法，明纲纪，故考察文武官吏之事甚为重要。臣以为，此等重大事宜应悉归内阁与军机处署理，吏部辅助参考，以杜绝徇私舞弊。"

真若如此，和珅就能完全控制官吏的任命与选择，嘉庆怎会不明白和珅的心思？他说："依祖法，考察官吏由吏部考功司主持，大学士同察，朕以为吏部熟悉各级官吏，吏部尚书刘墉清正廉明，天下共知，且有大学士同察，太上皇鉴察，朕以为此等大事依祖法仍交吏部、都察院处理为好。"

这番话说得在情在理，和珅也挑不出任何毛病，可是嘉庆却忘了乾隆，他触动了乾隆最敏感的神经，乾隆最怕的就是嘉庆自作主张。因此，乾隆不愠不火地说道："此事交王公大臣、内阁、军机处再议。"

和珅马上明白了乾隆的意思，待嘉庆悻悻而走后，和珅说："太上皇，皇上是要掌握选调天下重官之权，示恩于刘墉。如此，天下的官吏尽入皇上案前了。"乾隆受此刺激，遂颁旨调刘墉为工部尚书，福长安为吏部尚书。和珅趁机推荐纪晓岚为礼部尚书，正好在乾隆面前显示自己的正直无私。

就这样，考核官吏的权力由祖法所定的吏部转到了内阁和军机处，吏部仅仅提供考选材料，官员考选的权力被和珅牢牢抓住，乾隆也丝毫没有感到大权旁落。

第二十五章　旧主逝劫数难逃

嘉庆四年（1799年）正月，乾隆病危，嘉庆一直守在病榻前。然而，乾隆病势愈重，纪晓岚和刘墉入宫探望，乾隆嘱咐他们二人好生辅佐嘉庆。最后，乾隆宣和珅进宫，望着弥留之际的乾隆，和珅不禁泪流满面。乾隆首先开口问道："你现在执掌军机处，西南各省的白莲教叛军剿灭得怎么样了？"和珅回道："臣无能，西南各省的叛军依然猖獗。"乾隆叹口气说："从嘉庆元年到现在，三年多了，白莲教叛军怎么越剿越多，难道是天要亡我大清？"和珅忙安慰道："太上皇勿忧，臣誓灭叛军。"

在弥留之际，乾隆突然回光返照，要求和珅执笔，他要口述一首《望捷诗》。和珅领命，乾隆用最大的力气口述道：

三年师旅开，实数不应猜。
邪教轻由误，官军剿复该。
领兵数观望，残赤不胜哉（灾）。
执讯速获丑，都同逆首来。

这是乾隆生平写的最后一首诗，可见其对持续蔓延的白莲教起义的担忧。口述完这首《望捷诗》后，乾隆带着未能扑灭白莲教起义的遗憾，不情愿地闭上了双眼，享年88岁。和珅哭倒在地——乾隆的去世也标志着他政治生涯的终结。

乾隆死后，谥号为"高宗法天隆运至诚先觉体元立极敷文奋武钦明孝慈神圣纯皇帝"，庙号高宗，葬在裕陵。

此时清王朝已经面临严重的危机，民生困顿，民不聊生。乾隆留给嘉庆的不再是什么盛世，而是一个矛盾交集、问题成堆，正急剧走向没落的衰败之世。可以说，嘉庆面临着严峻的考验，这也使他成为清朝历史上一位起到转折作用的帝王。如果他能够兴利除弊、解决危机，那么大清王朝将继续康乾盛世的繁荣，否则就将不可避免地走向衰败。

就在乾隆闭上眼睛的那一刻，嘉庆便下定了决心，马上发布了亲政后的第一道圣旨：命和珅与福长安为乾隆守灵，不能外出，以示诚心。

当此之际，吏部给事中王念孙首上弹劾奏章，列举和珅种种不法之事，弹劾和珅。

当天晚上，嘉庆给自己的老师朱珪下了一道密旨，命他三日内赶到京城。与此同时，嘉庆紧急召见内阁大学士刘墉，商议处置和珅的事宜。

刘墉说："和珅在朝中党羽众多，皇上必须以最快的速度打他一个措手不及。否则，一旦他缓过神来，后果不堪设想。"

嘉庆胸有成竹地说："朕运筹久矣，你马上入职军机处，朕任命你为首席军机大臣。"

少顷，成亲王永瑆进宫见驾，嘉庆对他说："皇兄，朕任命你为九门提督，掌管京城卫戍部队，你马上率兵入宫。和珅与福长安正在守灵，你的任务是隔绝和珅与外界的一切联系。"永瑆领命而去。

此刻，和珅正在为乾隆守灵，对于自己被架空一事仍一无所知。但福长安隐约有一股不祥的预感，他担忧地对和珅说："我们在这里守灵，与外面消息不通，不知道皇上此刻在做什么？"

和珅安慰他道："太上皇刚刚驾崩，朝中文武百官皆居丧，皇上不可能在此时对我们下手，待守灵完毕，我自有安排。"

福长安仍心有疑虑："我总感觉宫中的气氛有些不对，我们是不是已经被皇上给软禁了？"

和珅自信地说："不可能，皇上手里没有一兵一卒，你不要多想，安心守灵吧！太上皇尸骨未寒，皇上不可能在此时动手。"

朱珪接到嘉庆的密旨后，日夜兼程向京城赶来，他一路上换马不换人，只用了三天时间便赶到京城，面见嘉庆。嘉庆将目前的情况详细述说了一番，朱珪问道："下一步皇上计划怎么做？"

嘉庆说："朕这次决定彻底拔除和珅这个毒瘤。请老师持朕密诏晓谕群臣，鼓励他们揭发和珅的罪行，一旦罪证确凿，朕就拿下和珅。所有这些必须赶在太上皇出殡之前完成，绝不能让和珅有还手的机会。"

事不宜迟，朱珪马上活动开了。太上皇驾崩，和珅为太上皇守灵，这本来是很正常的事情，但由于长期以来和珅与嘉庆之间的微妙关系，朝中依附于和珅的大臣都感到惶恐不安。就在这个敏感的时刻，朱珪手持嘉庆的密诏四处活动，很多大臣见到朱珪后都明白和珅的末日即将到来，于是纷纷上表弹劾和珅。前后仅两天的功夫，弹劾和珅的奏折便如雪片般飞到嘉庆的案头。

一时之间，众臣群起攻击和珅，甚至将和珅比作曹操、王莽，说他有篡夺皇位的野心。刚刚掌控政权的嘉庆感到有点难以招架，不得不考虑怎么收场，让朝廷回归正轨。

就在嘉庆进退两难、内心焦虑之时，直隶布政使吴熊光来到了北京。

吴熊光是江苏人，进士出身，授内阁中书，充军机章京，累迁刑部郎中，改御史。吴熊光性格耿直，他担任军机处秘书的时候，有一次乾隆想召见军机大臣询问事情，恰好他在值班，乾隆问了几个问题，他的回答都深合圣意。乾隆认为他是一个难得的人才，想要提拔他，于是让和珅尽快落实此事。和珅借口说吴熊光品级不够，乾隆当场下旨让吴熊光晋级；和珅又说吴熊光家穷，乾隆马上下旨赏银1000两。和珅仍继续找借口，反复阻挠，最后乾隆勃然大怒，和珅才照办，但不到半年，他就把吴熊光调了外任。

吴熊光抵达京城后，嘉庆特意召见了他，在谈话中，嘉庆谈到有人揭发和珅有野心谋权篡位。对此，吴熊光直言不讳地说："和珅贪污，罪不容诛，但要是硬给他扣上个篡位谋反的罪名，臣不敢苟同。"

嘉庆不解，问道："为什么呢？"

吴熊光解释道："凡有不轨之心者，哪一个不收买人心？今天看和珅倒台后，朝中大臣没有一个真正归附他的，如果他敢造反，又有谁会跟随他呢？"

嘉庆觉得他言之有理，又追问道："朕这么快处理和珅，会不会有点操之过急？"

吴熊光回道："和珅受到太上皇的格外恩宠，不思报效，反而贪赃枉法。如不从速办理，百官必然观望揣测，说不定徒生事端。皇上处理神速，是端正朝纲的大义之举。"

嘉庆点点头，又问："如果现在结案，是否妥当？"

吴熊光听了，毫不犹豫地说："结案迅速，才能稳定时局。"

看来时机已经成熟，可以对和珅下手了。嘉庆亲自草诏，派朱珪到太上皇灵位前拘捕和珅。

和珅正在守灵，忽见朱珪带兵前来，不由大惊失色。朱珪高声朗读嘉庆的圣旨："奉天承运，皇帝诏曰，首席军机大臣和珅贪赃枉法、败坏朝纲，罪不容诛。兹将和珅革职查办。"

和珅和福长安都听得目瞪口呆，一时不知所措。这时，朱珪一声令下，将他们押入狱中。一代权臣和珅就这样沦为阶下囚。

和珅下狱后，嘉庆下旨将原先被和珅排挤走的军机大臣董诰和王杰官复原职，并让他们负责搜集和珅的罪证。很快，嘉庆公布了和珅的20条大罪。

第一条大罪：嘉庆刚被立为皇储时，和珅向嘉庆暗献玉如意。嘉庆说，和珅此举名为拥戴，实为贿赂天子——说和珅拿一个玉如意贿赂天子，实在是有点牵强附会，皇帝富有四海，何须他人贿赂。其实，和珅向刚被立为皇储的嘉庆献玉如意，确实是出于真心拥戴之意！嘉庆之所以批判和珅，说他贿赂天子，实际上也是对大贪官和珅的一种讽刺。

第二条大罪：太上皇乾隆在世时，和珅经常骑马在皇宫中横冲直撞，僭越礼法——乾隆在世时，曾批准和珅可以在紫禁城内骑马，现在乾隆死了，嘉庆就不认账了。

第三条大罪：和珅虽然患有腿疾，但并非时时发作，而和珅经常假托腿疾，乘轿入宫，肆无忌惮——和珅的腿疾只有在天气恶劣的时候才会发作，假托腿疾乘轿入宫的事情，还真没有冤枉和珅。

第四条大罪：和珅利用手中职权勾结宫中的太监，暗中将遣返出宫的女子纳为小妾——这条罪名也没有冤枉和珅。

第五条大罪：西南各省白莲教造反，朝廷派大军征剿，和珅把持军机处，谎报军情，贻误战机，致使西南匪患迟迟未能消弭——阿桂去世后，和珅接任首席军机大臣，为了讨太上皇乾隆的欢心，和珅在军机处与其党羽福长安向年迈的乾隆报喜不报忧，使得西南地区的匪患日益严重，清军深陷泥淖之中。仅此一条罪名，就足以置和珅于死地了。

第六条大罪：太上皇乾隆病重时，朝廷上下无不忧心如焚，而和珅却谈笑自若——这条罪名是从道德方面谴责和珅。其实，太上皇病重时，和珅比任何人都更加难过，因为太上皇的生死将直接影响他的政治生涯乃至身家性命。

第七条大罪：昔日，太上皇乾隆批阅奏章时，因笔误而写错字，和珅竟然代为撕掉——和珅的行为确实是犯了大罪。

第八条大罪：和珅在担任户部尚书时，专权跋扈——此罪名属实。

第九条大罪：循化等地有暴民作乱，聚众千人，为害一方，地方官上报朝廷，和珅竟然将奏报私自扣下，隐匿不报——这条罪名确有其事，其时乾隆身体欠佳，和珅怕乾隆知道后会担心，遂对暴民作乱一事隐匿未报。后来，暴乱虽然没有进一步扩大，但和珅难辞其咎。

第十条大罪：太上皇乾隆驾崩后，嘉庆谕令蒙古王公俱来吊唁，和珅却假传圣旨，命蒙古王公俱不必来京，居心叵测——此罪名没有冤枉和珅。

第十一条大罪：和珅任职吏部时，乾隆命其对朝廷官员量才委用，和珅却任人唯亲、党同伐异，苏凌阿和吴省兰都是和珅通过暗箱操作提拔起来的。

第十二条大罪：首席军机大臣阿桂去世后，和珅在军机处肆意清洗异己。这条属实。

第十三条大罪：和珅家的房屋多有用楠木建造者，僭越逾制——在清代，楠木是皇家御用之物。

第十四条大罪：和珅在蓟州大兴土木，建造和陵，陵墓规格与皇陵无异。

第十五条大罪：所藏珍珠手串二百余，多于大内数倍，大珠大于御用冠顶。

第十六条大罪：宝石顶戴乃御用之物，和珅竟然暗中收藏，且数量多于大内。

第十七条大罪：藏银、衣服数逾千万。

第十八条：夹墙藏金二万六千余两，私库藏金六千余两，地窖埋银三百余万两。

第十九条大罪：和珅作为朝廷大员，却同时经营生意，与小民争利，罔顾廉耻。

第二十条大罪：和珅的管家刘全从事当铺生意，经常依仗和珅的势力欺行霸市。

嘉庆公布和珅的20条大罪后，马上下旨抄家。查抄结果显示和珅的财产多得惊人，这些财产包括土地、房产、黄金、白银等。普遍的说法认为和珅的总财产达10亿两白银，清朝当时一年的财政收入不过几千万两白银！

嘉庆得知和珅的家财数量后，不由得又惊又喜。惊的是和珅竟然能在短短的时间里敛集如此巨额的财富，他因此愈发对和珅恨之入骨，朝廷内竟存在如此之贪官，如此之祸患，严重危害到了江山社稷；喜的是从此国库可以充实了，再也不用过国库空空的日子，更重要的是，终于可以治和珅的罪了，任凭他再奸诈狡猾，也没法翻身。

随后，嘉庆要求各省督抚议和珅的罪。直隶总督胡季堂首先向和珅发难，建议判处和珅凌迟，其他各省的督抚也纷纷上表附议。

为慎重起见，嘉庆就如何处死和珅的问题征询刘墉、朱珪二人的意见。刘墉首先开口道："和珅虽然罪大恶极，但他只是贪污受贿、结党营私。我与他同朝为官多年，深知他对太上皇忠心耿耿，并无谋反之意。请皇上从轻发落，判处凌迟太重了。"

朱珪也基本同意刘墉的意见，他说："和珅为官多年，臭名昭著，但他毕竟是太上皇旧臣，如今太上皇刚刚驾崩，就凌迟处死他，确实不太妥当。但和珅必须得死，请皇上赐他自尽吧。"

嘉庆然其言，命人持白练一条送给狱中的和珅。

和珅自从入狱后，已知难逃一死。嘉庆四年（1799）正月十五日，时值元宵佳节，在万家团圆之际，身处刑部大牢的和珅备感凄凉和愁苦，想起往年家中欢喜热闹，自己在众人簇拥下悠然自得、尽情享乐的情景，不由感慨万分，提笔写了《上元夜狱中对月两首》：

其一：
夜色明如许，嗟令（余）困不伸。
百年原是梦，廿载枉劳神。
室暗难挨晓，墙高不见春。
星辰环冷月，缧绁泣孤臣。
对景伤前事，怀才误此身。
余生料无几，空负九重仁。

其二：

今夕是何夕，元宵又一春。
可怜此月夜，分外照愁人。
思与更俱永，恩随节共断（新）。
圣明幽隐烛，缧绁有孤臣。

从以上两首诗可以看出，和珅已经预感到自己剩下的时间不多了，末日即将来临，伤感前事，发出几声悲鸣。他至死仍执迷不悟，表现出"落花流水春去也"般的无可奈何的心情。

正月十八日，和珅在狱中接到白练一条，刘墉和朱珪站在牢房外面监刑。和珅饮酒数杯后，冷笑一声，从容赴死。

上吊前，他口占一绝，留下了一首诗：

五十年来梦幻真，今朝撒手谢红尘。
他日水泛含龙日，认取香烟是后身。

和珅至死，他的富贵梦、权力梦从来都没有醒过。

刘墉目睹和珅自尽的全过程，失声叹道："和珅生前是太上皇身边的大红人，如今可以追随太上皇去了，两人在黄泉路上再相见！"

和珅伏法后，嘉庆下罪己诏曰："朕继位之初，西南各省白莲教造反，今历时数年而未尽剿。此次白莲教暴动，很多人说是官逼民反，朕认为皆是因为贪官污吏横行不法，而和珅则是天下贪官的代表。朕俯察民情，顺从民意，已经将大贪官和珅绳之以法，望四海臣民百姓切勿再听信邪教蛊惑，妄起刀兵。国家幸甚！百姓幸甚！"

和珅虽然已经被铲除，但他在全国的党羽众多，是否要一网打尽呢？在办理和珅案件时，为了避免引起连锁反应，嘉庆从一开始就反复强调罪在和珅一人，余皆不问。这对稳定时局是有积极意义的，但也有消极作用，那就是使大量贪官成了漏网之鱼。

但也有一人例外，他就是福长安。福长安兄弟几人都在朝担任高官，且是乾隆的侄子，其妻也是皇族，所以满朝文武都要让他三分。嘉庆本来很看重他的特殊身份，希望能把他从和珅的阵营中争取过来，但他却死心塌地追随和珅，一点也不提供和珅的罪证。嘉庆对他万分痛恨，所以连他一起治罪，但念他属于皇亲，判处斩监候。

和珅这棵大树倒了，在下面乘凉的人必然也跟着遭殃。和珅的管家刘全被嘉庆流放3000里，刘全的几个儿子也一并流放。和珅的小妾长二姑、吴卿怜先后自尽；其他小妾统统被朝廷变卖为奴，而且永远不准捐赎。

嘉庆虽然仇恨和珅，但他很疼爱自己的妹妹十公主，而且丰绅殷德并没有干过什么伤天害理的事情，加上十公主为其苦苦求情，因此嘉庆并没有加罪于丰绅殷德，只是免除其大部分职务。同时，十公主享有的一切礼遇照旧，让他们能维持正常生活。

在被免除大部分职务的几年里，丰绅殷德充分体会到了世态炎凉。嘉庆十一年（1806年），朝廷授予丰绅殷德头等侍卫，擢副都统，后赐伯爵衔。由于生活抑郁，官场又不得志，丰绅殷德于嘉庆十五年（1810年）患病，不久病逝，年仅36岁。

和珅得势之时曾梦想死后像皇帝一样风光气派，在蓟州（今蓟县）修建了巨大的坟墓，规格甚至超过了亲王，民间称之为"和陵"，可惜他没来得及"住"进陵墓便被赐死。在他死后，嘉庆认为"和陵"逾制，下令强行拆毁。和珅死后，他的儿子丰绅殷德在蓟州找了一块地，草草埋葬了他。

人们常说，爬得越高、摔得越狠。和珅从权力的顶峰一下子跌落到万劫不复的深渊，仅仅十几天便由"当朝第一宠臣"走到了生命的尽头。他的一生正应了古人的一句话："机关算尽太聪明，反误了卿卿性命。"这也是他贪权纳贿所必须付出的代价。

"和珅跌倒,嘉庆吃饱。"现代人最为津津乐道的是和珅的贪,他身后的财产可以用富可敌国来形容。这也使其天下第一巨贪的形象就此定格在历史的长河中。